传媒人才的培养与锻铸系列丛书

总主编◉高晓虹

时代之需：
中国国际新闻传播教育前沿研究

吴炜华 ◉ 编著

中国传媒大学出版社
·北京·

图书在版编目(CIP)数据

时代之需:中国国际新闻传播教育前沿研究/吴炜华编著.--北京:中国传媒大学出版社,2022.12
ISBN 978-7-5657-3381-9

Ⅰ.①时… Ⅱ.①吴… Ⅲ.①国际新闻-新闻工作-教育研究-中国 Ⅳ.①G219.26

中国国家版本馆 CIP 数据核字(2023)第 013968 号

时代之需:中国国际新闻传播教育前沿研究
SHIDAI ZHIXU: ZHONGGUO GUOJI XINWEN CHUANBO JIAOYU QIANYAN YANJIU

编　　著	吴炜华
策划编辑	沈　悦
责任编辑	沈　悦
封面制作	大鹏设计
责任印制	李志鹏

出版发行	中国传媒大学出版社		
社　　址	北京市朝阳区定福庄东街 1 号	邮　编	100024
电　　话	86-10-65450528　65450532	传　真	65779405
网　　址	http://cucp.cuc.edu.cn		
经　　销	全国新华书店		
印　　刷	唐山玺诚印务有限公司		
开　　本	787mm×1092mm　1/16		
印　　张	12		
字　　数	208 千字		
版　　次	2024 年 6 月第 1 版		
印　　次	2024 年 6 月第 1 次印刷		
书　　号	ISBN 978-7-5657-3381-9/G·3381	定　价	68.00 元

本社法律顾问:北京嘉润律师事务所　郭建平

前　言

时代之需　中国之路：
国际新闻传播教育的探索与征程

我们正亲历一个史无前例的新时代，走向中华文明发展创新的新征程；我们置身于传统媒体与全媒体迭代共存的新传播情境，书写着世界百年未有之大变局风云演变的新篇章。

党的十八大以来，以习近平同志为核心的党中央高度重视国际传播工作和文化宣传工作，党的二十大报告要求加强国际传播能力建设，全面提升国际传播效能，增强中华文化的国际影响力。习总书记指出，加强国际传播能力建设、培养全媒体人才，促进世界文明交流互鉴。

在战略急需、技术变革和理念升维的多重压力下，我国国际新闻传播教育如何与时俱进、开拓创新，尤其是面向国家战略，培养更多胸怀国之大者又能讲好中国故事的专门人才，这是亟待学界思考和回应的重要命题。

培养一批立场坚定、视野宽广、本领高强的国际传播人才是做大做强国际传播、争取国际话语权的关键所在。面向国家战略，我国国际新闻传播教育应不断探索凸显中国特色、适应全媒体发展、具有国际视野和战略高度的人才培养体系：扎根中国大地，以多元实践培育学生家国情怀；顺应媒介变革，以融合创新塑造学生全媒体能力；面向国家战略，建强多层次的国际传播专门人才队伍。

站在新的历史起点上，从战略高度加强国际传播能力建设，为人才培养提出了更高的要求。新时代的国际传播人才培养须紧跟国家传播战略，让学生坚定前进信心，立大志、明大德、成大才、担大任，深刻理解技术赋能下的融合传播，不断增强创新能力、实践能力，真正成为民族复兴征程中的有用之才。从这个角度而言，国际传播人才培养应注重复合性、融合性和以问题为导向的实践性，以更务实的路径、更前瞻的视野、更具战略性的高度去完成国家对我们提出的要求。

本书基于中国传媒大学国际新闻传播教育的教学实践与研究,纵览探索的经验性场景、平行观察与比较当下的发展模态,从国际新闻传播教育和人才培养实践的观念演进、技术跃升、知识路径和模式发展等多个视角对国际新闻传播教育实践的研究推进与教学应用展开分析。本书共分十三篇,开篇以教学理念梳理与实践经验结合的分析模式,宏观上探索了"守正创新:中国特色国际新闻传播人才培养研究""全媒体时代国际新闻传播人才培养的三大路径""跨学科视野下的国际新闻传播教育理念、趋势与创新"等议题;《马克思主义新闻人才观与国际新闻教育的实践研究》《新时代中国特色国际新闻教育的新视野与新责任》《国际新闻传播教育的中国理念与实践探索》《国际传播事业下全媒体人才之业界需求》则从中观的视野,立足中国的国际新闻传播教育的经验视域,展开探寻;《媒体融合背景下国际新闻传播教育的比较研究》《卓越国际新闻人才培养中的外语课程思政建设研究》《国际新闻人才培养海外游学实践教学理念探索与知识创新》《基于国际影像节展的国际传播人才培养路径与平台创新》《教育共同体框架下"一带一路"国际新闻传播人才培养:中国探索与国际经验》则从微观视角,从中国传媒大学国际新闻传播教育的实践经验出发,逐一呈现其教学理念与教育行动回应时代之需的方式与策略。本书最后的篇章《国际新闻传播教育的本土案例》则集结了多所一流院校国际新闻传播教育的实践案例,进行梳理与呈现,并征询了中国人民大学、清华大学、北京大学、复旦大学、北京师范大学、武汉大学、厦门大学等高校相关专业负责人的意见,予以列于书中,感谢兄弟院校和学界同仁的合力支持。

中国国际新闻传播教育从萌芽到变迁、从提升到转型,正体现了新时代新征程的中华文明扩增国际影响力、创新时代伟业的中国经验与中国理论的重要成果。本书抛砖引玉,自有缺漏挂疵之处,在理论框架和方法论模型上均有不足,研究发现的进一步优化空间很大。希望在未来的研究中,我们能克服缺陷,完善方法,建设理论,为国际新闻传播教育的实践与研究贡献新知与参照。

本书编者
2024 年 1 月于中国传媒大学新闻传播学部

目　录

守正创新：中国特色国际新闻传播人才培养研究　高晓虹　冷　爽　赵希婧 / 1
　　一、坚持"价值引领"，服务国家国际传播战略大局 / 2
　　二、创新"知识传授"，优化国际传播教育教学体系 / 4
　　三、强化"能力培养"，塑造知行合一的国际传播队伍 / 7
　　结　语 / 9

全媒体时代国际新闻传播人才培养的三大路径
　　——基于中国传媒大学国际传播人才培养实践的探究　曾祥敏　汤　璇 / 11
　　一、厚植家国情怀，培育马克思主义新闻观 / 12
　　二、拓展海外实践及高水平教育资源，开拓国际视野 / 14
　　三、创新融媒体实践，塑造全媒体人才 / 16
　　结　语 / 18

跨学科视域下的国际新闻传播教育理念、趋势与创新　杨　芊　吴炜华 / 19
　　一、研究背景 / 19
　　二、跨学科视域下的本土范式与探索 / 20
　　三、国际新闻传播教育的融合趋势与创新思维 / 22
　　结　语 / 24

马克思主义新闻人才观与国际新闻教育的实践研究　程素琴　张方媛 / 25

　　一、马克思主义新闻人才观之建构 / 25

　　二、守正与培根：高校国际新闻传播教育 / 29

　　三、行动与创新：国际新闻人才培养实践 / 35

　　结　语 / 39

新时代中国特色国际新闻教育的新视野与新责任　高胤丰　石宇杭 / 41

　　一、中国特色国际新闻传播人才培养的时代背景 / 41

　　二、国际新闻的概念与国新教育动机 / 43

　　三、新视野：识别国际新闻定位 / 46

　　四、新责任：建构学生发展面向 / 52

　　结　语 / 57

国际新闻传播教育的中国理念与实践探索

　　——基于马克思主义新闻观的教育传播研究　姜　俣　李尽沙 / 58

　　一、马克思主义新闻观与国际传播教育：理论追溯与中国探索 / 58

　　二、人才培养：马克思主义新闻观视野中的新闻工作者素养
　　　与当代新闻传播教育 / 63

　　三、新时代全球传播人才素养结构与应用实践 / 68

国际传播视野下全媒体人才之业界需求

　　——基于定性比较分析方法　吴炜华　张守信 / 75

　　一、研究背景 / 75

　　二、国际新闻传播教育的研究路径回溯 / 77

　　三、研究问题与方法论 / 82

　　四、测量与分析 / 84

　　五、研究发现 / 93

　　结　语 / 95

媒体融合背景下国际新闻传播教育的比较研究
——基于北京与上海的高校专业调研　刘志成　佘海森 / 98

 一、研究设计 / 99

 二、媒体深度融合的时代背景 / 101

 三、课程设置 / 104

 四、专业技能 / 106

 结　语 / 108

卓越国际新闻传播人才培养中的外语课程思政建设研究　李艾珂 / 109

 一、中国国际新闻传播人才培养的历史与发展 / 109

 二、新时代卓越国际新闻传播人才培养的探索与创新 / 110

 三、国际新闻传播专业定制式外语课程思政建设的经验与启示 / 112

 结　论 / 118

国际新闻人才培养海外游学实践教学理念探索与知识创新　胡　芳　邹佳丽 / 119

 一、研究背景 / 119

 二、"体验式学习"理论视域下"国际新闻人才培养海外游学实践"
  教学理念探析 / 122

 三、研究设计与问题 / 123

 四、研究设计与发现 / 124

 结　论 / 129

基于国际影像节展的国际传播人才培养路径与平台创新
——以中国传媒大学电视学院国际传播人才培养实践为例　李昉 / 130

 一、基于国际影像节展的国际传播人才培养创新 / 130

 二、基于国际影像节展的国际传播人才培养目标 / 132

 三、基于国际影像节展的国际传播人才培养路径 / 134

 四、以国际交流为基础，全面提升国际传播能力 / 137

 结　语 / 138

教育共同体框架下的"一带一路"国际新闻传播人才培养：中国探索与国际经验

丰 瑞 / 140

 一、研究缘起　/ 140

 二、文献综述　/ 142

 三、中国道路：来华留学生培养现状及存在问题　/ 144

 四、路径初探：中传国际班人才培养方案　/ 148

国际新闻传播教育的本土案例：全国优秀案例分析　/ 154

 案例一 中国传媒大学：坚持海外实践，开拓"体验式"国际新闻传播教学 苗琨鹏　/ 154

 案例二 中国传媒大学：领略"亚得里亚海之夏"，搭建跨国专业实践平台 王昭阳　/ 157

 案例三 中国传媒大学：创新"3+1"办学模式，探索传媒类外语人才多样培养 石宇杭　/ 159

 案例四 复旦大学：加强国际新闻学科建设，落实跨国教育培养方案 戴焰山／162

 案例五 北京师范大学：推行海外交流项目，促进新闻人才教育高等化发展 杨雨千　/ 165

 案例六 清华大学：开展海外社会实践教学，推动国际化新闻人才联合培养 樊安妮　/ 169

 案例七 厦门大学：立足地缘特色，开拓国际视野 方思琦　/ 171

 案例八 武汉大学：创办学术会议，开展跨国交流 黄　珩　/ 174

 案例九 中国人民大学：跨学科的国际化新闻传播教育实践 曹航宇　/ 177

 案例十 北京大学：学界业界多方合作，开展国际化新闻教育 杨　芊　/ 179

后　记　/ 183

守正创新:中国特色国际新闻传播人才培养研究

◇ 高晓虹　冷　爽　赵希婧

2020年以来,国际局势的风云变幻和地区动荡的加剧转变,让国际传播的总体环境变得更加复杂。面对波谲云诡的国际舆论形势,培养讲好中国故事、传播好中国声音的国际新闻传播人才更加具有重要的战略意义。党的十八大以来,习近平总书记高度重视国际传播队伍建设与人才培养问题,在中央政治局第三十次集体学习时专门强调要"建强适应新时代国际传播需要的专门人才队伍"[①],再一次指明,提升国际传播能力,人力是关键,人才是核心。

我国国际新闻传播教育经历了初创期、成熟期、发展期,走过了不平凡的岁月,始终致力于探索具有中国特色的国际新闻传播教育教学体系、人才培养体系,培养了一批优秀的国际新闻传播人才。

回顾发展历程,我们越发清醒地认识到,开展国际新闻传播教育不能简单复制国外的经验,而是要在充分了解国际局势、认清中国与世界关系的基础上,找到适合我国的教学理念和培养路径,破解国际传播能力建设的"痛点"问题。

正如习近平总书记所强调的,"人才培养体系必须立足于培养什么人、怎样培养人这个根本问题来建设,可以借鉴国外有益做法,但必须扎根中国大地办大学"[②]。今天的国际新闻传播教育,只有努力探索具有中国特色的教育教学体系、人才培养体系,使之不仅具备全球高等教育的共性,更能体现中国风格、中国气派,才能立足国际舞台,回答好中国之问、世界之问、时代之问。

---

① 习近平在中共中央政治局第三十次集体学习时强调 加强和改进国际传播工作 展示真实立体全面的中国[N].人民日报,2021-06-02(1).
② 习近平在北京大学师生座谈会上的讲话[N].人民日报,2018-05-03(1).

一、坚持"价值引领",服务国家国际传播战略大局

高等教育是做"人"的工作,不仅赋予人知识与技能,更要培根铸魂、启润心智,给人以正向的价值引领。国际新闻工作者所处的意识形态环境纷繁复杂,在国际舆论场中坚守立场、认清方向,必须树立正确的世界观、人生观、价值观、新闻观。为此,国际新闻传播教育向来重视"价值引领"。各大高校都致力于推动将爱国主义教育、国情社情教育、马克思主义新闻观教育融入国际新闻传播专业课堂,从而让同学们在政治上更加清醒,思想上更加成熟,对中国的历史和国情有更深刻的了解,成为胸怀祖国、立场坚定的国际新闻传播人才。

(一)加强爱党爱国教育,厚植家国情怀

爱国主义是从事一切活动的精神支撑。对于国际新闻工作者而言,拥有爱国心、满怀爱国情,才能从祖国的立场出发,描摹时代风云、书写浩然正气。[①] 但是,对于党和国家的热爱,对于家国命运、国家福祉的关切,并不是一种天然的情感,而是需要通过教育和培养才能树立的观念。所以,国际新闻传播教育不仅是"术"的教育,更需要外化于行、内化于心的政治立场教育、家国情怀教育。

首先,就教育的内容而言,要引导学生学历史、知国情,通过深读党史、国史、改革开放史和社会主义发展史,将我国今天取得的成就与未来要面对的问题都置于历史的总体脉络中,用发展的眼光看待中国特色社会主义道路,理解马克思主义中国化的历史必然,从而在内心深处增强对中国共产党的信赖、对中国特色社会主义的信心、对马克思主义的信仰,在国际传播中更好地阐释我国的发展观、文明观、安全观、人权观、生态观、国际秩序观、全球治理观。

其次,就教育的手段而言,爱党爱国教育是一项大工程,需要久久为功,其过程就好比"勘探挖掘、冶炼加工"[②];要在专业教育中"勘探"和"挖掘"思政元素,通过遴选、讲解"心中有祖国,笔下有乾坤"的优秀国际报道案例,深挖专业教育中的育人内涵,引导学生树立"坚守中国立场、发出中国声音"的职业理想;要在实践创新中"冶炼"和"加

---

① 高晓虹,赵希婧.改革开放40周年:中国新闻传播教育的坚守与创新[J].新闻与写作,2018(12):18-24.
② 叶雨婷.课程思政:把"我要告诉你"转变成"我想学什么"[N].中国青年报,2020-06-15(5).

工"国情大课、思政大课、专业大课,如新文科建设中的"中国新闻传播大讲堂",通过邀请一线记者讲授新闻报道的"行与思",教会学生向世界讲好中华民族大团结的故事、脱贫攻坚的故事、生态保护的故事、科技创新的故事。经过"勘探挖掘、冶炼加工",原本"干巴巴的讲解"变成了"热乎乎的教学"①,炼就了国际新闻传播人才的拳拳报国心,激发了同学们向全世界推介中国、传播中国的雄心壮志。

(二)开展形势政策教育,深化国情认知

古语有言,"欲人勿疑,必先自信"。国际新闻工作者要面向全世界的受众"在人的头脑里做工作",若想把中国故事讲述好、把中国立场阐释好、把中国形象塑造好,必须先筑牢自己的思想根基,对所报道的国情、社情有深刻的认知、深入的了解。因此,国情社情教育、形势政策教育是当务之急。

首先,要明确教育的目的。开展国情和形势政策教育,是为了帮助学生全面了解党和政府的方针政策、准确把握我国经济社会发展的阶段性特征,为立足世界、报道中国打好基础、做好准备。在国际传播中,中国故事博大精深、内容丰富,我们要从百年前的积贫积弱讲到百年后的欣欣向荣;要从国家的"大工程"讲到老百姓的"小日子";既要生动讲述改革开放以来我国取得的非凡成绩,也要客观分析我国当前面临的难点、痛点问题。对于国际新闻工作者而言,只有深入了解国情发展的历史走向和内在逻辑,正确认识当前的形势和政策,才有底气讲出真实、立体、全面的中国故事,才有能力塑造可敬、可亲、可爱的中国形象。

其次,要优化教育的形式。近十年来,党和政府联合新闻院校、主流媒体共同探索了以"国情教育讲座"为代表的形势与政策品牌课程。从2010年开始,在中宣部、教育部的统一部署下,来自外交部、商务部、科技部等部门的相关负责人担纲主讲,为国际新闻传播人才构建起了关于国家内政外交的知识框架。与传统意义上在学校上思政课不同,国情教育讲座将不同学校的学生集中在一起,共上一堂"国情大课"。在课堂上,既有权威、专业的系统讲授,也有结合当下中国实践的案例分析,还专门设有让同学们提问、讨论的环节,让国情和形势政策教育更富活力、更有效力。当学生毕业后走向国际传播一线,他们回忆道:"'国情教育讲座'是'上接天气、下接地气,鼓舞心气'的课程,不仅培养了年轻人的大局观,也让我们更加了解脚下的热土,从心底里更加热爱自己的国家。"

---

① 叶雨婷.课程思政:把"我要告诉你"转变成"我想学什么"[N].中国青年报,2020-06-15(5).

二、创新"知识传授",优化国际传播教育教学体系

"知识"是人类经验理性化的成果,它来源于实践,又经过实践的检验。在国际新闻传播教育中探讨"知识传授",也要面向当下的国际传播实践,进而思考如何把握"世界变局"之中的"民族复兴关键期",怎样抓住"技术革命"带来的"传媒发展新机遇",打造具有中国特色的国际新闻传播教育体系。

(一)突出"厚基础、强专业"特点,打牢国际传播业务功底

首先是"厚基础"。厚基础"包括两个方面,一是以通识教育丰富学生从事国际传播工作的知识储备,二是通过理论教育提升学生对国际传播的认识水平与研究能力。我们要通过这两方面的努力,将置身象牙塔的教学和育人,与国际传播主战场的人才需求有效对接,培养有思想深度、有知识广度的国际新闻传播人才。

在丰富知识储备方面,要引导学生在学好专业的同时,广泛涉猎经济、政治、文化、现代科技等不同领域,拥有充盈的知识储备和跨学科的视野。教育家梅贻琦在担任清华大学校长时就曾指出"大学教育应在通而不在专",在今天的国际传播教育中,大力推进"通识教育"已经成为高校的共识。比如,清华大学提出"1+1+2+N"的模块化培养逻辑,其中的 N 就是指创建复合资源平台,打破学科方向壁垒;中国人民大学将"开放性"作为国际新闻传播专业课程体系的特点之一,将国际政治、国际经济、国际法律等列为选修课。加强"通识教育",将有利于学生在多元化的学习中培养立足国际舞台的洞察力、应变力以及运用多学科知识化解危机、解决问题的能力,使他们既能做国际报道的"专家",也能成为善于分析国际局势、研判国际问题的"杂家",胜任日趋复杂的国际传播工作。

在筑牢理论根基方面,要在把握国际秩序大变局的总体规律下,用中国特色新闻传播学教书育人,引领正确方向、夯实理论基础。传播学起源于西方,西方学者通过在资本主义世界的诸多探索提出了一系列传播理论和传播模式。如今,信息技术的演进将我们带入了一个意识形态多样化,价值观及其表达多元化的社会①,不仅传统的西

---

① 新时代中国国际话语权建构的现状与进路[EB/OL].(2022-02-17)[2023-03-12]. http://politics.rmlt.com.cn/2022/0217/639968.shtml.

方理论已经无法解释当代的媒介实践,西方学者所奉行的"自我中心主义"也开始被"人类命运共同体"这类基于尊重和对话的传播观所取代①。可见,今天的国际新闻传播教育早已脱离了"言必称西方"的局面。我们要有底气、有勇气探索中国自主知识体系的育人价值,引导学生将马克思主义新闻观与当代中国的国际传播实践有机结合、同中华优秀传统文化的创造性转化和创新性传播有机结合,用中国理论阐释中国实践,构建国际新闻传播教育领域的"中国学说"。

其次是"强专业"。习近平总书记对宣传思想队伍提出了"四力"要求。在国际新闻传播人才培养中强化专业教育,也应通过理论教授、案例分析、实践创新等多种方式,引导学生练就坚实的脚力、明亮的眼力、睿智的脑力、强劲的笔力。

"脚力"是指"行动力"。国际新闻传播人才担负着对外讲好中国故事、站在中国立场报道世界大事的职责和使命。想要对外讲好中国故事,就要带领学生到一线去,只有扎根中国大地,学生所讲述的故事才能沾泥土、冒热气、带露珠,真实、立体而全面;想要在国际报道中阐明中国立场,更要教育学生养成第一时间深入现场的工作作风,做到先人一步、先声夺人,抢占国际舆论话语权。

"眼力"是指"辨别力"。习近平总书记指出:"新时代的中国青年,更加自信自强、富于思辨精神,同时也面临各种社会思潮的现实影响。"②国际新闻传播专业的老师要为学生解开民族和世界、主义和问题等思想困惑,教会他们用马克思主义的立场、观点、方法"拨开迷雾见真章",认清西方"新闻自由"的虚伪性,时刻保持头脑清醒,不为杂音、噪音干扰,不为错误思想迷惑。

"脑力"是指"思考力"。我们要面向当前国际传播的"重头戏",引导学生多动脑、勤思考——什么是中国故事?如何讲好中国故事?,带领学生将国际传播的专业知识与生动丰富的媒介实践结合起来,思考怎样把古老的历史、灿烂的文化,还有经济飞速崛起、人民生活改善、精神文明建设等新时代的成就融入中国故事,通过故事化叙事、细节化表达,沟通情感、凝聚共识。

"笔力"是指"传播力"。所谓国际传播能力,强调的是立足国际舞台发出中国声音的"真本事",这有赖于在大学阶段练就国际新闻传播人才的"传播力"——包括夯实采

---

① 新时代中国国际话语权建构的现状与进路[EB/OL].(2022-02-17)[2023-03-12].http://politics.rmlt.com.cn/2022/0217/639968.shtml.
② 习近平在庆祝中国共产主义青年团成立100周年大会上的讲话[N].人民日报,2022-05-10(1).

访、写作、拍摄、编辑、制作等新闻传播的基本功,也包括在技术的赋能下,教会学生如何运用新媒体开展国际报道,培育一支有立场、有思想、有能力、有作为的网络生力军,写好新时代的国际传播"奋进之笔"。

(二)发挥"多语种、跨文化"优势,培养融通中外的优秀人才

语言是对外交流的工具,也是人才走出国门、走向国际的基础,熟练掌握外语是国际新闻传播人才的基本素质。所谓培养"融通中外"的国际新闻传播人才,先要把好"语言关",提升学生的语言应用能力和跨文化传播能力。

首先,培养多语种的后备人才。回顾我国国际新闻传播人才的培养历程,新中国成立后,国际新闻传播教育依托于外语类院系慢慢起步,在此后的发展中,各大高校也将强化外语能力放在了重要位置,尤其注重培养学生的英语听、说、读、写能力。迈入新时代,精准化、差异化传播成为国际传播的主流趋势,仅仅通过英语对外发声已经无法满足"一洲一策""一国一策"乃至"一群一策"的新需求,这一变化也直接影响了国际新闻传播教育。通过调研,我们发现,以北京外国语大学为代表,今天的国际新闻传播专业学生不仅英语水平高,很多同学还拥有非通用语专业的学习背景。在中国人民大学国新班,除了法语、德语、俄语等非通用语人才,还有不少人掌握阿拉伯语、印地语、尼泊尔语等"一带一路"国家语言。这些多语种人才为我们贴近不同区域、不同国家、不同群体实施精准化传播,推进中国故事和中国声音的区域化表达、分众化表达奠定了基础。

其次,提升跨文化的传播能力。在跨文化传播的教育中,我们先要让学生熟悉西方世界的话语模式,比如教会他们思辨式的话语表达。从古希腊和古罗马时代开始,"辩论"就在影响西方人的思维方式和交流模式。今天,我国主流外宣媒体也将"思辨"引入国际传播,CGTN主持人刘欣激辩美国主持人、记者王冠与美国政治专家就"南海仲裁案"展开辩论……来自新闻一线的实践也在启发我们的教育——要教会学生用事实说话,用思辨明理,说得清清楚楚、辩得明明白白,适应西方世界的话语表达习惯,进而要带领学生在摸清西方话语逻辑的基础上,构建立足中国的话语体系。诚然,话语体系的构建是一个由内而外的复杂过程,既需要有综合国力、文化软实力作为"内力"支撑,也需要我们在教书育人的过程中,探索国际传播的新概念、新范畴、新表述,从而更充分、更鲜明地展现中国故事及其背后的思想力量和精神力量,不仅向世界介

绍"中国观",也将"人类命运共同体"等源自中国的"世界观"广泛传播,为构建国际传播新秩序而努力。

三、强化"能力培养",塑造知行合一的国际传播队伍

实施国际新闻传播教育,其终点应该是提升人才的各项能力,让学生具备投身主战场、成为主力军的本领,以能力所长服务国际传播事业,助力国家国际传播能力建设。

早年间,人们把培养国际新闻传播人才比喻为变"六条腿"为"两条腿",即把原先在国外采访时需要记者、翻译和司机三个人通力合作的局面,变成由一名既懂外语,又熟悉新闻业务,还掌握驾驶技能的国际新闻工作者独自完成,"新闻+外语+开车"是人才培养的能力标尺。相比以往,今天的国际传播大环境发生了深刻变化,除了懂新闻、会外语,还有哪些新的"能力指标"应该被写入国际新闻传播人才培养方案?这成为高校国际新闻传播教育关注的议题。

(一)顺应媒体发展趋势,培养融合传播力

随着VR/AR/MR技术逐步成熟、"元宇宙"的美好设想落地生根、虚拟现实与现实生活一体同构,新技术不仅改变了人们的生活,也在重塑着信息传播格局,这为我国国际传播事业带来机遇和挑战。一方面,新媒体的出现改变了原有的传播范式,西方媒体的传统优势逐渐式微,全球传媒竞争开始重新画定"起跑线"。另一方面,我们也面临着将互联网这个"最大变量"转化为"最大增量"的种种挑战,需要高校不断探索如何在国际新闻传播教育中融入新媒体的理论与实践,为媒体融合时代我国国际传播能力建设的"弯道超车"培养人才、储备力量。

首先,要引导学生学习信息传播新技术。正如没有印刷术,信息不能见报,缺少声光电,视听无法传播,传媒的发展离不开技术的创新。国际新闻传播教育既要夯实学生的采、写、编、评"基本功",也要教会他们"云端漫步"的"新本事"。基于工具理性的视角,我们要将媒体融合时代的新理论、新观点,融媒体环境下的新现象、新议题引入教育教学,引导学生主动融入哲学社会科学与新一轮科技革命和产业变革交叉融合的浪潮之中。基于价值理性的视角,要进一步增强国际新闻传播人才在新媒体环境下的

鉴别能力、批判能力。俄乌冲突表明，今天，国际关系的较量不仅仅是在看得见的战场上进行真刀真枪的搏杀，在看不见的战场上也上演着"刀光剑影"的舆论战、金融战、信息战，各种舆论信息充斥网络。所以，在网络时代开展国际新闻传播教育，必须要培养学生去伪存真的意识、发现真相的能力，教会他们如何辨别互联网上的观点和声音，勇于回击不实信息、敢于反驳恶意污蔑，将真实客观的情况、和平正义的声音传到"世界空域"。

其次，要教会学生用好融合传播新平台。与传统媒体单向传播不同，在网络中，人人都是传播者。[①] 这意味着，在国际传播领域，传播的主体不仅仅是国家和政府以及主流媒体，高校、大学生也可以借助社交媒体等平台成为中国故事的讲述者、优秀文化的弘扬者。在中国传媒大学，教师带领学生聚合图文声像、虚拟动画等多种元素，编创了"二十四节气中的中国文化"系列融视频（中英文）、"解码中华文化基因"系列融视频（中英文）。在这一过程中，师生不仅将抽象的文化变成了看得见、摸得着的视听形象，在专业上取得了突破，也实现了以文化人、推动中华文化"走出去"的国际传播初衷。相较于宏大叙事，融视频中的节气、非遗等软性元素更加鲜活和生动，更具温度和情感，既体现了中国特色、中国精神、中国智慧，又彰显了全人类共同向往的文化之美，唤起了情感共鸣。

（二）面向国际传播前沿，激发实践创新力

马克思主义教育学认为，教育起源于劳动，要将其与社会生产实践结合起来，这不仅是促进生产力发展的方法，也是促进人的全面发展的方法。新闻传播学科是应用型学科，国际新闻传播教育的"实践属性"更为突出，因为培养国际新闻传播人才的目标是塑造一支"召之即来、来之能战"的优秀后备人才队伍，必须要练就同学们上主战场、当主力军的"真本事"。因此，国际新闻传播教育必须立足实践之基，坚持理论与实践相结合，坚持教育教学与社会实践、新闻实践相结合，既要根植于"实践"，也要引导学生投身于改造社会的积极实践。

首先，要丰富实践元素。综观当下各高校的国际新闻传播教育，"实践性"是国际新闻传播人才培养的"基本色"，带领学生"在学中干，在干中学"已经成为人才培养的主要方法之一。实践的内容主要包括两个方面：其一是深入基层的国情调研实践。每

---

① 高晓虹，赵希婧.突发公共卫生事件中主流传播的职责与使命[J].中国编辑，2020(Z1)：4-9.

到寒暑假期,许多学校都会结合当年的国家重大传播战略和重点宣传主题,安排同学们深入基层开展国情调研与实践,让学生在社会这所大课堂中,锤炼调查研究的基本功,通过一线调研,真正认识到中国共产党怎样让7亿多人口实现脱贫,怎样让荒山秃岭变成绿水青山和金山银山,从"实践"获得"真知",强化学生对国情、社情、民情的认识。其二是进入媒体的专业实习实践。如在人才培养方案中,专门设计国内媒体实习和央媒海外实习环节,在"真刀真枪"的实战环境中,引导学生理论结合实践,提升专业本领。

其次,要深挖实践内涵。无论是深入基层的社会实践还是置身国内外传播现场的专业实习,都是将"实践"作为国际新闻传播教育的一个环节,其模式和路径已经日臻成熟。今天,以"实践"为导向,创新国际新闻传播人才实践育人体系,则需要我们将"实践"作为教育的驱动力,在实践教育的理念和方法上推陈出新,努力推动实践成果走出校门、走向世界。近年来,中国传媒大学构建了"实践赋能、知行合一"的国际新闻传播教育模式。将"实践"从教学过程的一个环节,转变为贯穿性元素和引领性力量,由老师带领学生,在教学中开展实践,在实践中完成教学,将抗疫题材电视剧《在一起之武汉人》译制成英文版,覆盖40多个国家和地区;摄制了庆祝中国共产党成立100周年融媒体系列节目《我们正青春:百年大党里的年轻人》,被翻译成20多种语言在海外传播。学校基于国际传播实践项目,构建了理论与实践双向循环的育人模式,让学生在实践中求真学问、长真本领,并将习得的知识与技能转化为"生产力",产出立足国际传播前沿的精品力作。

结　语

我国拥有世界上规模最大的高等教育体系,有各项事业发展的广阔舞台,完全能够源源不断培养造就大批优秀人才,完全能够培养出大师。[①] 作为国际新闻传播专业的教育者、研究者,要坚持以马克思主义新闻观为指导,主动适应新时代的发展变化,尤其要想办法解决当下人才培养的问题,思考如何完善多层次的人才培养体系、如何建立人才培养效果评估的长效机制,等等。总之,要站在为党和国家的国际传播事业

---

① 习近平主持召开中央全面深化改革委员会第二十四次会议强调 加快建设世界一流企业 加强基础学科人才培养[N].人民日报,2022-03-01(1).

培养合格建设者和可靠接班人的时代高度,加快形成具有中国特色的国际新闻传播教育体系,为争取国际舆论话语权、展示负责任的大国形象、推动构建人类命运共同体提供人才支撑。

全媒体时代国际新闻传播人才培养的三大路径
——基于中国传媒大学国际传播人才培养实践的探究

◇ 曾祥敏　汤　璇

当前全球信息技术创新进入新一轮加速期,全媒体时代的媒体行业迎来了颠覆式的创新发展。互联网及人工智能技术将人类社会推向了一个更为广泛、高度渗透,同时又是分化的、局域性的、线上线下全方位的全新媒体环境。① 随着世界交往的不断加深,国际社会对中国的关注前所未有,但是中国在世界上的形象在很大程度上仍是"他塑"而非"自塑",在国际上存在着信息流进流出的"逆差"、中国真实形象和西方主观印象的"反差"、软实力和硬实力的"落差"等问题。为此,习近平总书记在2021年5月31日中共中央政治局第三十次集体学习时提出,"下大气力加强国际传播能力建设",强调要加强高校学科建设和后备人才培养,提升国际传播理论研究水平,对国际新闻传播的人才培养提出了全新要求。这些要求与高校的人才培养密切相关,未来的国际新闻传播人才培养,应当更加贴近国家和社会发展需求,与国家社会同频共振,不断探究具有中国特色的人才培养路径,构建出适应时代发展和中国国情的国际新闻传播人才培养模式。

目前,中国传媒大学已经建立起了相对立体、完整的国际新闻传播人才培养体系:2009年,中宣部、教育部开始在中国传媒大学、中国人民大学、清华大学部署实施了国际新闻传播硕士培养工程,自此创设了"国际新闻传播硕士班";2012年开始,中国传媒大学电视学院开设国际新闻与传播硕士班(Master's Program for International Journalism and Communication,简称 IJC),面向世界各国招生,旨在培养具有全球视野、战略思维的新闻传播学国际人才;2014年,电视学院设立广播电视学(国际新闻传

---

① 东方绪.传媒教育发展要兼具科学精神和实践创新能力:访香港浸会大学传理学院院长黄煜教授[J].今传媒,2016,24(12):1-3.

播方向)本科专业,开始着力探索新时期我国国际新闻传播人才的培养模式;2019年,经教育部批准,国际新闻与传播正式成为新的本科专业;2021年,电视学院正式招收国际新闻学博士生。

经过多年的发展探索,中国传媒大学已经基本形成了培养"具有高度的战略思维的实践型人才与理论型人才"的国际新闻传播人才培养特色体系。一方面,强化本科及硕士层次的实践育人体系,培养能够"讲好中国故事"的能工巧匠;另一方面,设置国际新闻学博士学位,加强高层次理论人才的培养和国际传播理论建设,提升国际传播理论研究水平。当前,中国正处在"两个一百年"的历史交汇点,中国的国际新闻传播人才培养不仅仅是语言的问题,也不仅仅是专业的问题,更要上升到战略思维的培养层面,尤其是面临着新冠疫情之后复杂的国际舆论环境,我国更需要具有高水平的战略思维的国际新闻传播人才。

全媒体时代的国际新闻传播人才培养应当与国家战略同向同行,与社会发展同频共振,将学科建设与党和国家的工作重点相结合,把人才培养与时代的发展相结合,把教育教学与国际需求相结合,达到这三个"相结合",才能满足党中央对国际新闻传播人才培养提出的要求。这也是新时代高校人才培养创新的路径所需。

在此背景下,基于中国传媒大学国际新闻传播人才培养的实践考察,本文对全媒体时代国际新闻传播人才培养路径探究提出几点思考。

一、厚植家国情怀,培育马克思主义新闻观

作为中国观点的传播者、中国立场的阐释者以及中国形象的塑造者,国际新闻传播人才担负着向国际社会报道中国、站在中国立场报道世界大事的重要职责。[①] 国际新闻传播人才培养不仅需要适应国际化趋势和信息化环境,更需要培养学生内化于心、外化于行的爱国主义精神,使其具有家国情怀。

(一)服务国家重大需求,"四个一百"思政成果融入育人环节

2021年7月是庆祝中国共产党百年华诞的重大时刻。讲好中国故事,传播红色文化,是服务国家重大需求、加快建设数字中国的重要部署,也是高校学生了解党情、

---

① 高晓虹,赵希婧.新时期新闻传播教育的理念与方法创新[J].新闻与写作,2016(1):25-27.

国情、社情、民情的重要契机。中国传媒大学发起了"四个一百"庆祝建党百年系列融媒体宣发活动，由100个"红色云展厅"、100集"百年先锋"、100集"我的入党故事"、100集"红色文物青年说"组成，将党史文献和红色文化资源进行创造性转化和创新性发展，用融媒体的方式呈现革命展馆、党史故事、入党事迹、红色文物及其所承载的爱国主义精神，在实践中培养了学生的爱国情怀，提升建党百年主题宣传的吸引力、传播力和影响力。

2021年7月前后，中国传媒大学与学习强国学习平台合作的《习近平总书记走过的革命纪念地》系列节目播放量破千万，为思政教育提供了重要的线上资源。通过服务国家重大战略需求培育学生的家国情怀，将马克思主义新闻观贯穿教育教学的全过程，是培养具有高度战略思维的国际新闻传播人才的重要实践。

(二)围绕立德树人根本任务，打造新时代复合型人才

全媒体时代的国际传播需要的是复合型、创新型、应用型人才。从政治素养上来说，人才培养需要熟悉国情、了解民意，具备高度的国家意识、社会责任感和新闻职业道德；从专业素养上看，建构关于中国内政外交的知识框架，树立去伪存真的意识，具备伸张正义的品质、驾驭信息的能力是当代国际传播人才尤为重要的素养。因此，高校应围绕立德树人根本任务，强调学生"一专多能"发展，培养能够辐射多领域的国际新闻传播人才。

国情讲座等为代表的国情类课程以及"好记者讲好故事"等为代表的专业教育主题活动，加强了学生的国家意识、社会责任感和新闻职业道德，引导学生在提升政治素养和专业素养的同时，坚定中国立场、厚植爱国情怀，自觉、自愿传播党的时代强音，努力成为政治素质过硬、思想品德优秀、专业素质突出、理论基础扎实的复合型国际新闻传播人才。

(三)践行"知行合一"，开创国情教育实践与无障碍信息传播

如何扎根中国，把论文和创作做在中国大地上，让学生在干中学，潜移默化地提升他们的思想政治觉悟和服务国家、服务社会的胸怀与格局，这需要我们找准切入点，努力创新教育模式和手段。为此，中国传媒大学电视学院把国情教育实践作为国际新闻传播专业学生的必修课，坚持12年开展国情教育实践，组织学生前往贵州遵义、福建

宁德、湖南株洲、浙江嘉兴等革命老区和脱贫攻坚典型地区进行社会调研和创作实践，深入了解中国国情，践行马克思主义新闻观。

为了建立实践与国情教育的长效机制，把实践教育创新做深做实，中国传媒大学电视学院集合师生团队进一步开创了"光明影院"无障碍信息传播项目，努力引导学生"进基层、懂国情、长本领"。无障碍信息传播是国家进步与社会文明的重要标志。为满足我国1700多万视障人士的精神文化需求，中国传媒大学师生团队自2017年起首创"光明影院"公益项目，为视障群体构筑"文化盲道"，鼓励学生以做促学、以知促用。在深入盲人学校、贫困地区的电影放映和调研实践中，学生对中国的国情、社情有了更深的了解，将思想政治教育、公益情怀教育、文化传播教育真正融为了一体，社会服务强化了学生的使命精神，为其更好地适应媒体融合发展的新时代，成长为国际新闻传播人才打牢了思想基础。

二、拓展海外实践及高水平教育资源，开拓国际视野

做好国际新闻传播，需要学生在真正的语言和实践环境中去沟通、交流、体会、总结，因此，建立国际新闻实践、实习的长效机制，让学生胸怀大局，着眼世界，拓宽视野就显得尤为重要。

（一）拓展海外教学实践基地，培养融通中外的国际新闻传播人才

在全媒体信息传播时代，中国传媒大学的国际新闻传播人才培养注重引导学生认识国际传播格局、样态和方式，通过形式丰富的海外教学实践，引导学生既能深刻理解和把握中国的国情与传统，又能清晰地了解世界的前沿动态与趋向，对于提升国际新闻传播人才培养的国际化水平意义重大。

电视学院在欧美地区积极拓展国际新闻海外教学实践基地，每年暑期遴选优秀的国际新闻传播学子赴法国、比利时、意大利等国进行海外实践，让学生亲临国际新闻传播一线，参访我国驻外使领馆、媒体及文化传播机构，与负责人交流，在国外高等教育机构学习国际新闻报道相关知识，进行以"红色之旅"为主题的学习活动，了解国外传媒生态，并紧紧围绕时事热点和国家发展需要安排学习特别项目。目前，该项目已经专访了20多位我国驻外使领馆参赞、驻外记者或机构负责人，制作了十多部专题片，

并举办了两场国新海外实践成果专题汇报会、两次专题摄影展,印制了4本专刊。思政教育和海外实践,增强了国际新闻传播后备人才"坚守国家立场,发出中国声音"的责任感与使命感,助力其成为具备家国情怀和社会责任感的国际化人才。

(二)引入国际优质教育资源,服务人才培养的国际化需求

媒体的发展加速了全球化的进程,也影响着国际舆论走向和国际政治关系。信息的传播打破了时空的限制,使得全球范围内不同民族和地区的交流与融合呈现前所未有之势;同时,信息技术的客观差距也进一步加剧了地区发展的不平衡,不同国家、不同民族、不同文化之间的交流意愿也愈发强烈,适应现代传播技术的国际化人才需求日益增长。国外优质教育资源对培养具有国际化视野及学科前沿水平的国际新闻传播人才培养至关重要。

中国传媒大学电视学院积极利用各种校内外的项目和资金支持,为国际新闻传播的人才培养引进更多的国外优质教育资源。2015年起,学院发起了"跨越巴别塔:海外大师名家短期驻校计划",邀请了五十多名国际一流高校的核心教授、学科带头人或在传媒实践领域有突出成就的业界大师开设2—3周全英文专业课程,通过语言、国际关系、传媒前沿、特色实践等全方位的集中培训,为中国传媒大学国际新闻传播人才培养引入国外优质教育资源,打造具有全球视野,通晓国际传播规律,适应我国对外宣传及国际传播与报道等多方面需要的高层次复合型人才。

(三)探索中国本土经验全球化,培养新闻传播学国际人才

当下中国的国际传播不仅要"讲好中国故事",同时也要向世界表达中国立场的世界、中国观点的世界,从向世界讲述中国,进而向世界讲述世界拓展,由此才能更好地融入全球的叙事和话语格局之中。在欧美、亚太等地区的发达国家和新兴的发展中国家,国际教育已超越了教育本身,而成为开展多边外交、扩大文化影响、提高经济竞争力、促进国际劳动力市场就业、保障国家安全乃至维系"世界领导地位"的重要国家战略。媒介化社会的日新月异使得新闻传播成为当下发展变化最快的学科之一,因此,自进入社会转型期以来,随着对外交流的扩大和国力的日益强盛,我国开始将培养国外留学生学习国际传播业务作为一项国家援外项目实施。培养优秀的新闻传播学国际人才,吸引高质量的国际留学生深入中国、了解中国、传播中国,也将有利于我国向

其他国家表达立场,传播中华文化,提升国家形象。

2012年,中国传媒大学新闻传播学部正式开设国际新闻与传播硕士班(IJC项目),成为在中国的高校当中最早搭建起全英文授课硕士课程体系的学院之一。已招收的学生来自澳大利亚、挪威、巴基斯坦、哥斯达黎加、刚果、加纳、美国、立陶宛、英国、塞拉利昂、蒙古、泰国、佛得角、喀麦隆、厄立特里亚、坦桑尼亚、柬埔寨、波兰、厄瓜多尔、印度尼西亚等三十多个国家,有跨文化、多语种、跨学科专业背景的特点。该项目的设立与发展契合了全球化大背景对于中国新闻传播国际教育的要求,同时也在本土化尝试中培养了具有全球视野、战略思维的新闻传播学国际人才。

三、创新融媒体实践,塑造全媒体人才

全媒体时代对国际新闻传播能力提出了更高的要求,但与此同时,新媒体平台也为国际传播带来了前所未有的机遇。如何通过我国主流媒体的海外平台实现对外传播,借力海外社交平台实现借船出海?如何适应新媒体的用户需求,创新传播语态、形态?如何打破以海外平台为主导的算法垄断,实现在海外社交平台中"出圈""破壁"?这一连串媒体融合变革的时代之问,也必然要求我们把国际新闻传播后备人才的培养纳入全媒体思维之中,要求未来的国际新闻传播人才掌握全媒体传播技巧,不断创新融媒体实践。

(一)搭建专业教学实践平台,打造全能型国际新闻传播人才

从2014年开始,借助英语新闻节目制作训练,中国传媒大学电视学院打通了国际新闻传播专业本科生、研究生、国际留学生的专业实践环节,形成了集"采、写、摄、录、播"为一体的多层次、全英文专业实践模式;同时,立足融合传播平台,利用新媒体技术进行现场报道,实现了新闻实践中的多点互动,使学生得以利用融合技术平台,掌握采集和制作传统新闻的技巧,并具有熟练使用各类新媒体开展报道的能力,能够同时处理不同版本、不同语汇的新闻报道。在日常教学中,基于媒介转型现状,贴合媒体发展规律,电视学院建设宽口径、厚基础的课程体系和多功能、强资源的教学平台,打造适应跨界传播要求的全能型国际新闻传播人才。

（二）助力中华文化海外传播，创新国际传播融媒实践

新闻传播是应用性很强的学科，国际新闻传播也不例外，但长期以来，由于理论与实践的脱节，后备人才的培养只能跟着业界走，甚至难以适应业界发展的需求。打破这一劣势，借助技术赋能，高校的新闻传播教育应努力适应业界变革，甚至某种程度上引领方向，真正成为智库型的知识生产和人才培养高地的，让后备人才能够迅速适应行业需求和变革，进入主阵地，更能成为主力军。

为了更好地突出国际新闻传播专业特色、提高学生国际传播的实践能力，中国传媒大学电视学院对国际新闻传播专业视听专业实践进行了大胆的改革与创新，从2021年立春之日开始，国际新闻传播师生团队开始在《光明日报》推出融视频中英文系列产品"二十四节气中的中华文化"。该系列作品的文图素材来源于历年来《光明日报》刊发的介绍二十四节气的美文佳篇，由团队教师带领学生对文章进行翻译和配音，不仅在实操过程中进行了专业的翻译教学，还推动了中华优秀传统文化的海外传播。发布这一系列中英文作品的媒体平台包括《光明日报》应用程序、《光明日报》公众号、阅读公社公众号、孔子学院公众号、语言中心微信公众号和Twitter平台等。

与此同时，师生团队对中国当代的优秀影视剧进行英文配音译制，通过这种方式在消除影片语言障碍的基础上，实现国外观众对作品意义的欣赏与理解，真正助力中国文化"走出去"。2020年11月初，经国家广播电视总局推荐，电视学院师生团队得到了抗疫题材时代报告剧《在一起》的片方授权，对其中《武汉人》上、下两集进行英文版的配音译制。2021年，电视学院进行配音译制并协助推广的《在一起》入选国家广播电视总局"2020年度优秀海外传播作品"，位列第一。《在一起》配音译制及海外推广的成功尝试，收获了国家荣誉与业界口碑，不仅为国际新闻传播专业的教学开启了新思路，积累了宝贵的学术研究素材，更是高校的教学与科研真正助力我国国家形象传播与中国优秀文化"走出去"的一次有益探索。

这些紧密对接行业和社会需求的探索证明，国际新闻传播人才的培养也能在实战中做到教、学、用的一体发展。实践出真知，在实践创新中进一步总结经验、梳理规律、形成理念，并创新理论，进而从实践中来，到实践中去，如此形成一个教学和实践、理论和实践、人才培养和国家需求的良性循环，将促进人才培养全面提质增效。

结　语

当前，我国正面临百年未有之大变局，后疫情时代纷繁复杂的国际舆论为我国的国际传播提出了新的挑战，我国国际传播的战略需求，要求国际传播人才在数量和质量上都要有大发展。

经过多年努力，中国传媒大学的国际新闻传播人才培养已经覆盖了本科、硕士、国际留学生硕士以及博士各层次，形成了"具有高度的战略思维的实践型人才与理论型人才"的国际新闻传播人才培养特色体系，构建了特色的思想政治教育模式，在教育教学、人才培养等方面积累了宝贵的实践经验，并在此基础上总结出了以马克思主义新闻观为魂、以海外实践及高水平教育资源开拓国际视野、以融媒体创新实践适应媒体深度融合发展的国际新闻与传播人才的路径与规律，为培养适应时代发展和中国国情的高素质全媒化复合型国际新闻传播人才奠定了基础。

从我国国际传播人才培养的整体情况而言，目前的后备人才还远不能满足新时代我国国际传播战略的迫切需求。这需要我们紧密对接国家战略需求，借助国家和社会的力量，从战略高度统筹各方优质资源，借助技术赋能，积极发挥高校作为人才培养基地的主体作用，在实践中调整和优化国际新闻传播人才的培养方案，不断开发新机制、新思路、新方法，探索国际新闻传播人才培养的多元路径，构建出适应时代发展和中国国情的国际新闻传播人才培养模式。

跨学科视域下的国际新闻传播教育理念、趋势与创新

◇ 杨 芊 吴炜华

一、研究背景

国际新闻传播教育的教育方法、理念与模式正在经历着颠覆性的变革，这一变革顺应着全球传播实践的不断创新而发展。我们幸运又焦虑地生逢这个时代，在过去的二十年中，世界领域内的国际新闻传播教育开始重新寻访理论突破的可能与教学实践的重新定位，以希望在信息技术革命的引导下，找到国际新闻传播教育与实践的全新思路。

2000年前后，哥伦比亚大学新闻学院开始尝试与计算机学院合作，开创移动新闻工作站项目，运用笨拙的巨型平板电脑、沉重的GPS场景定位设备，以及有限的数据库来支撑"信息与传播技术"(ICT)化的教学演示。这次教学演示，预言了在随后的十数年间蓬勃兴起的移动新闻实践与新闻传播理念的变迁，它也从教育方法论角度，为新闻传播教育走向一个具有媒介融合和跨学科的未来指明了方向。我们可以清晰地窥见这一方向在中外的新闻传播教育中逐渐清晰和明确，并被赋予了丰富而多元的内涵与外延，呈现极为活跃的创新趋势。在这一方向，出现了大量的如"移动新闻学"(Mobile Journalism)、"网络新闻"(Online Newsmaking)、"互联网与电视"(Internet and Television)、"融合新闻学"(Convergence Journalism)、"融合新闻实务"(Practice Convergence Journalism)，甚至"创新新闻学"(Innovation Journalism)等创新型课程模块。

在新媒体、媒介融合、虚拟现实等媒介概念与技术实践进入新闻传播教育的这二十年的变革历史中,探索新闻传播教育在跨学科视域下的新发展,是中国新闻传播教育界亟须考虑的理论课题。本文尝试从学科发展、专业融合、理论探寻三个层面,对新闻传播教育领域里的跨学科发展的理念、趋势与热点现象进行综述,并通过追踪与分析国内外相关案例,建构出面向未来的跨学科新闻传播教育的理念框架与创新设计。

二、跨学科视域下的本土范式与探索

作为一个相对年轻的社会科学领域,新闻传播学一直经受着学科定位、理论归属和"分裂与融合"的诘难。新闻学与传播学在中国本土高等教育中的自我探索与联盟是与中国媒介市场发展的客观规律密切相关的,传播学"与新闻学结盟"[①],"新闻学与传播学的融合"是一种具有中国本土特征的研究与教育"现实,而不是一种想象"[②]。这也使得新闻传播教育的跨学科模式有一种独特的本土性,兼具了横跨实务与研究、术与理的双重特征。

在新闻传播类专业院校中,这一本土范式在大学本科教育中是极为常见的,虽有侧重,但基本上是兼容并包的,课程模块的设计中,二者缺一不可。

而从更为广阔的社会科学的学科角度来审视和回顾,我们会发现,新闻传播教育中的"跨学科"诉求与探索并不是一个崭新的话题。如何"重视在新闻传播学专业教育之外的一门专业学科相对完整的知识系统的教育"[③],开拓"一种人文、社科与信息学科大跨度交叉的教学模式"[④],"打破专业壁垒"[⑤],"探索新闻传播专业—其他专业联合培养'机制'"[⑥]一直在新闻传播教育业内受到重视。这些多学科融合的理念初探高屋建瓴地揭示了新闻传播教育在面向新世纪、新技术、新社会与人文环境时的自我突围的尝试,更指出了新闻传播教育的未来趋势。本文将从理论、理念及教育模式探索三个层次进行总结和分析。

---

① 张涛甫.社会科学:传播学合法性得于此,也失于此[J].新闻大学,2009(1):45-49.
② 陈力丹.新闻传播学:学科的分化、整合与研究方法创新[J].现代传播(中国传媒大学学报),2011(4):23-29.
③ 高钢.中国新闻教育改革的三个方向性融合[J].中国记者,2009(3):42-44.
④ 段鹏.关于中国新闻传播教育发展的思考[J].现代传播(中国传媒大学学报),2007(3):117-119,124.
⑤ 黄瑚.媒介融合趋势下复合型新闻传播人才的培养[J].国际新闻界,2014(4):144-149.
⑥ 蔡雯.试论新闻传播的变化与新闻教育改革[J].文化与传播,2013(2):1-7.

首先,随着数字化、网络化技术的日益发展,经济与文化力量的攀升,中国已经成为国际社会中不可忽视的一个重要的政治、经济和文化传播力量。当此之时,新闻传播教育必然面临着理论、理念与教育模式的重新定位,新闻传播教育"需要思考如何正确处理教育与国家社会、政治、经济、文化发展的关系……正确处理国际新闻传播教育的民族化与国际化、传统与创新的关系,使其找准在横纵坐标中的定位"[①]。中国国家话语体系下的重新思考、马克思主义新闻观新思维的更新[②],以及中国传统人文哲学的再度弘扬中对西方新闻传播理论的系统梳理和融为已用,成为本土范式探索中的核心命题。本土化的新闻传播教育理论的探索只有立足时代,扎根在中国社会文化哲学与地缘政治的新格局中,才能得以实现。简言之,中国的新闻传播教育理论需要中国式的定位。

其次,中国新闻传播学需要思考如何在大传播环境下,开拓和重塑媒介融合式的新闻传播教育理念。现实的困境是,新闻学和"传播学在元理论建设上还很薄弱,这成为制约学科深化发展的重要瓶颈"[③],教学实践与理论研究更是"滞后于传播技术的发展和传播媒介的更新"[④],而跨学科、大传播教学理念的重新建构与思考则是解决这一根本性难题的思路。"原有的新闻传播教育模式培养出来的单一知识结构的专业性人才已经为时代所抛弃,只有复合型新闻传播人才方能胜任当今的新闻传播工作。"[⑤]媒介融合不仅是一种媒介现象和文化趋势,更成为当下最为急迫的教育革新命题[⑥]。"新传播科技给新闻传播实务的教学和研究也带来了整合的要求……新闻实务要转变为新闻与传播实务。"[⑦]大传播的现实环境,要求我们突破传统的"大众传播"时代的新闻传播教育思维和束缚,先从理念上摸清时代的脉络,融入时代的步伐之中。今天的新闻传播生态融合了大众传播、窄众传播、群体传播、社交传播等诸多元素,不是新闻传播专业与专业之间的竞争,更不是单纯的"内容为王"式的竞争,而是专业与非专业、内容与平台、大众传播与人际传播、传统媒介与计算机及移动媒介之间的竞争。对于

---

① 高晓虹,赵晨.立足国家"战略" 探索国际新闻传播教育的顶层设计[J].对外传播,2015(11):4-7.
② 胡远珍.新媒体环境下马克思新闻观教育的新思维[J].新闻前哨,2014(10X):10.
③ 陈蕾.试论范式概念在传播学研究中的方法论前景[J].国际新闻界,2012,34(11):46-53.
④ 张涛甫.社会科学:传播学合法性得于此,也失于此[J].新闻大学,2009(1):45-49.
⑤ 黄瑚.媒介融合趋势下复合型新闻传播人才的培养[J].国际新闻界,2014(4):144-149.
⑥ 骆波.浅谈媒介融合时代新闻教育改革的方向[J].新闻研究导刊,2015(11):204.
⑦ 陈力丹.新传播技术条件下我国新闻传播学的视野:2010年新闻传播学研究有感[J].新闻战线,2011(1):18-21.

新闻传播教育领域而言,如何破除传统的局限,开发适应这一时代的大新闻和大传播的教育模式成为当务之急。

最后,过去数年中,"网络与新媒体"成为中国新闻类院校的一个专业热词,它也成为"与新闻学、传播学、广播电视学、广告学、编辑出版学并列的二级专业……凸显了高等教育对信息时代网络传播人才培养的重视,体现了新闻传播院系对传播媒介发展趋势的关注和跟进"[①]。但研究发现,大多数高校仅仅迈出了跟跟跄跄的第一步,因为过度迎合人才市场的需求,某些高校每年都试图更换专业名称,缺乏课程模块开发的持续性和经验性总结,更多的是新瓶装旧酒。"多数高校强调'宽口复合'的交叉人才培养模式,在课程设计上选择理论基础、新闻业务、互联网技术、媒介经营管理、营销公关、视听软件应用等课程模块,且大部分课程属于'概论'或'通论'课程,课程间的相关性较弱";"专业设置标准降低,一元化的学术评价制度,专业教育视野过窄,课程体系存在结构性缺陷"等问题较为明显。[②] 因此,如何在理论更新与理念探索的基础上,开发出一系列的、具有快速反应机制的广播电视与新媒体融合性课程与实践教学模块,以应对日新月异的媒介生态和媒介学子的变化,则是本土教育范式探索中最具实践意义的命题。比如,在最新的无人机新闻实务的探索中,中国农业大学媒体传播系所启动的"影像成长扶植计划"(2014),中国传媒大学的"无人机航拍技术体验"公开课(2015)以及中国传媒大学电视学院无人机新闻传播师资培训计划(2016),就是对此命题的快速反应。在随后的教学和实践创作中,无人机的应用和推广必然成为中国广播电视类课程与新媒体融合性课程中一块崭新的试验田。

三、国际新闻传播教育的融合趋势与创新思维

扎根于新时代中国特色社会主义理论与马克思主义新闻观的基础,中国当前的国际新闻传播教育,不仅站立在本土化的新闻学与传播学的融合力场之中,更经历着一场跨时代的媒介融合的技术与文化的冲击。与此同时,它还面对着在互联网环境、数字影像生产与消费、移动传播与社交媒介的多重浸润下成长起来的,具有"媒介化融

---

① 鲍立泉,胡佩延.新媒体专业教育定位研究:以媒介形态创新为视角[J].现代传播(中国传媒大学学报),2014,36(8):132-136.

② 王哲平.中国新闻传播教育:约束条件与可能的突破口[J].现代传播(中国传媒大学学报),2014,36(10):135-139.

合"特征的传媒学子,其人生观和世界观,获取知识、分享信息及媒介消费与学习方式都深深融入网络化传播的大趋势之中。理论、过程与受众共同呈现出一种不可阻挡的融合趋势,我们也将从理论、理念和教育创新模式这三个方面,进行梳理和总结。

首先,在国际新闻传播教育中寻找全新的跨学科理论融合出路,不仅意味着要找到切合中国本土学生的、具有中国特色的"人文—历史—哲学的思维方式与科学方法论的思维方式相结合"的新方向[①],更重要的是如何引入和建构最新的国际新闻传播理论——即使是不成熟的、实验性的、争议性的,却具有开拓性和思辨价值的理论,这是对所有教育者和研究者提出的新挑战。门诺维奇的"新媒体语言"、雪莉的"跨媒介叙事"、隋岩的"群体传播"、刘宏的"社交传播"都是在全新的理论融合框架下形成的学理建树,更不用提在新闻实务环境中层出不穷的先锋实践,如"数据新闻""VR 新闻""全景新闻"等,它们纷纷融入传统的新闻传播理论中,彰显出旺盛的学术生命力与时代性特征,也满足了当前传媒学子的理论渴求。

其次,在国际新闻传播教育理念的创新上,我们也要在未来的教育设计中,将政治学、语言学、社会学、文化学、艺术学、计算机科学等学科的通识教育和相应的专业教育框架结构到新闻传播教育之中。在具有综合性大学背景的新闻传播类专业院校中,诸如此类的理论型课程普及与教育需求正在以学生自发的形式进行。如何打破专业院系的壁垒,重新设计"国际新闻传播""媒介与社会""新媒体艺术传播""新媒体编辑""融合新闻报道""数据新闻实务"等课程,如何综合计算机科学、网络传播与新闻传播传统课程之长,将编程、网页设计、APP 设计、大数据分析等教学模块嵌入其中,也就成了新闻传播教学改革的直接目标。在这一改革目标的理念指引下,中国传媒大学新闻传播学部整合了优质的语言学、计算机科学、媒介社会学、统计学师资,正在逐步设计出更具前沿意识、更能挖掘学生潜力的实验性教学模块。

最后,运用更为互动、浸润式、多媒体的国际新闻传播教学模式,以学生为主体,重新架构教与学、讲授与分享、个人创作与社会服务的多重关系,去探索新闻传播教育的创新领域,是一个全球性的趋势,更是一种新教学关系、新知识传播范式的展现。在创新新闻学的概念之下,密苏里大学新闻学院连续开发出"虚拟新闻"(VR Journalism)、"社区融入"(Community Engagement)、"受众与融入"(Audience and Engagement)、"信息视界"(Information Landscape)、"编码与设计"(Coding and Design)、"媒介素

---

① 陈力丹.新闻传播学:学科的分化、整合与研究方法创新[J].现代传播(中国传媒大学学报),2011(4):23-29.

养"(Media Literacy)、"公民设计"(Civic Design)、"数字新闻基础"(Fundamentals of Digital Journalism)、"数据新闻"(Data Journalism)、"数据报道"(Data Reporting)、"数字叙事"(Digital Storytelling)、"媒介创新"(Media Innovation)、"非虚构叙事艺术"(The Art of Narrative Non-fiction)、"大型公开在线叙事"(Massive Open Online Storytelling)等课程,而这些课程也被学生们广泛认可为最具创意性的课程。虽然受限于师资和教育技术更新的滞后,目前,中国的新闻传播类院校全面开发相似课程仍有难度,但近年来,VR 和 360 度全景新闻报道与制作也开始逐渐进入课堂。在中国传媒大学新闻传播学部所举办的荷赛新闻摄影作品展,以及正在建设中的全媒体互动课堂中,多屏互动、VR 技术和 360 度全景报道已经在教学实践中有所应用,假以时日,这些也将成为另一个新闻传播教育改革的亮点。

结　语

中国当前的国际新闻传播教育正处在技术革新、社会变迁与文化迭代的力量博弈阶段,其理论的重新建设、教育理念的重新设计与推广、教育模式的实践与运用,反映着这一时代最具有挑战性的知识生产与教育传播诉求。对新文科、跨学科视域下国际新闻传播教育理念、趋势与创新的审视、回顾与探讨,是应对这一诉求的必要研究。我们也寄希望于在具有中国特色的国际新闻传播价值理性和人文精神的追索中,找到一条更具前瞻意义和创新价值的国际新闻传播教育改革之路,以发现其在教育实践与理论贡献上的新意。

马克思主义新闻人才观与国际新闻教育的实践研究

◇ 程素琴　张方媛

当前，新闻传播事业所面临的媒介环境、舆论环境与国际环境正经历着持久而深刻的变革。随着综合国力与国际地位的提升，我国在国际社会与国际事务中发挥的作用空前显著，加强国际传播能力建设在新闻舆论工作总体布局中的重要性也随之凸显。国际新闻传播肩负的职责与使命决定了国际新闻人才队伍建设的重要性。新闻人才是优质报道内容的提供者，也是新闻传播工作的主体。习近平在党的新闻舆论工作座谈会中指出："媒体竞争关键是人才竞争，媒体优势核心是人才优势。要加快培养造就一支政治坚定、业务精湛、作风优良、党和人民放心的新闻舆论工作队伍。"[①]想要扩大国际新闻传播事业整体的引导力、影响力、公信力，就必须抓住人才这个主体，并在马克思主义新闻观的指导下确立符合国家和时代需求的新闻人才观，以期提升国际新闻人才队伍素质和国际新闻传播的质量。

一、马克思主义新闻人才观之建构

（一）理论溯源：马克思主义新闻人才观的历史演进

新闻观是人们对新闻的地位、性质、作用、形式与内容等的总体看法。[②] 习近平强调："新闻观是新闻舆论工作的灵魂。要深入开展马克思主义新闻观教育，引导广大新闻舆论工作者做党的政策主张的传播者、时代风云的记录者、社会进步的推动者、公

---

① 新华社.习近平：坚持正确方向创新方法手段提高新闻舆论传播力引导力[EB/OL].(2016-02-19)[2022-03-16].http://www.xinhuanet.com/politics/2016-02/19/c_1118102868.htm.
② 张峰.马克思主义新闻观中国化研究[M].上海：上海人民出版社,2019:3.

平正义的守望者。"①

马克思主义新闻观是我国新闻事业的指导观念。它是马克思主义对新闻现象和新闻传播活动的总的看法及规律性的认识,②涉及新闻工作中的一系列根本问题,其中包括对于新闻人才评判与培养的观点与论述,形成了内涵丰富的马克思主义新闻人才理论,是我国国际新闻人才队伍建设的重要参考视域。

作为无产阶级革命家,马克思和恩格斯有着丰富的办报经验。据考证,马克思和恩格斯一生中创办、编辑与参与编辑的报刊有12家,为之撰稿的报刊超过200家,论著中提到的报刊有1500家左右。③ 在一系列革命斗争、政治活动、新闻实践中,马克思提出人才应具备的几个要素:第一,人才培养具有时代性,"每一个社会时代都需要有自己的伟大人物,如果没有这样的人物,它就要创造出这样的人物来"④;第二,人才培养具有实践性,即人只有经过长时间的实践积累,才能获得知识和能力的提升与积累⑤;第三,人才培养具有群众性,人才来自群众,也与群众密不可分,必须服务于广大人民才能真正实现价值。

马克思主义的继承者们对于新闻人才观进行了补充。在苏联的新闻实践中,列宁强调了新闻从业队伍的党性,指出要把新闻工作掌握在忠诚于党的事业的人手中:"写作者一定要参加到各个党组织中去。出版社和发行所、书店和阅览室、图书馆和各种书报营业所,都应当成为党的机构,向党报告工作情况。有组织的社会主义无产阶级,应当注视这一切工作,监督这一切工作……"⑥

(二)本土探索:马克思主义新闻观的中国模式

随着马克思主义传入中国,马克思主义新闻观及其人才理念也被运用到中国新闻人才的培养中。以毛泽东为主要代表的中国共产党人将马克思主义新闻人才观与中国的历史、文化、新闻传播实际情况,以及时代发展、媒介变革结合起来,形成了民族化、具体化,并不断充实创新的中国模式。

---

① 习近平.习近平谈治国理政:第二卷[M].北京:外文出版社,2017:333.
② 郑保卫.马克思主义新闻观十二讲[M].北京:高等教育出版社,2019:7.
③ 陈力丹.马克思主义新闻观教程:第二版[M].北京:中国人民大学出版社,2015:10.
④ 马克思恩格斯选集:第1卷[M].北京:人民出版社,1972:450.
⑤ 杨巍.马克思人才理论对中国新闻人才培养的启示[J].新闻战线,2015(7):228-229.
⑥ 列宁全集:第12卷[M].北京:人民出版社,1984:93.

毛泽东首次实现了马克思主义新闻观的中国化。① 他在实践中提出新闻队伍建设的要点：首先是政治家办报，"搞新闻工作，要看是政治家办，还是书生办。有些人是书生，最大的缺点是多谋寡断……要政治家办报"②；其次是强调新闻工作者的业务能力，"政治部应经常地作出训练宣传队的计划，规定训练的材料、方法、时间、教授人等，积极地改进宣传员的质量"③；再次，要加强马克思主义的学习，毛泽东在1957年同新闻出版界代表谈话时指出："说到马克思主义修养不足，这是普遍的问题，解决这个问题，只有好好地学"④；最后，他还强调新闻工作者要冷静思考，"记者的头脑要冷静，要独立思考，不要人云亦云"⑤。

邓小平继承和发扬了马克思主义新闻观。他高度重视建设一支政治素质过硬、业务能力强的新闻工作队伍，指出新闻工作者一是要政治坚定，要学习马克思主义、社会主义的基本原理，增强运用马克思主义分析问题解决问题的能力⑥；二是要走群众路线，"报刊、广播、电视三年来都有很大的成绩……在这些部门工作的同志，也需要经常倾听来自各方面的不同意见，分析和改进自己的工作"⑦。

江泽民指出："新闻工作能不能办好，关键在于有没有一支高素质的新闻队伍。"⑧他在1996年视察《人民日报》时提出新闻工作者要打好理论路线、政策法规纪律、群众观点、知识、新闻业务这五个根底，要坚持和发扬敬业、实事求是、艰苦奋斗、清正廉洁、严谨细致、勇于创新等作风。⑨

胡锦涛提出做好新闻宣传工作，关键在于加强领导班子、工作队伍的建设以及人才培养。他对新闻工作者提出了政治强、业务精、作风正、纪律严的四个方面的要求；同时强调"要加强对中青年骨干的培养锻炼，采取多种措施培养造就更多人民群众喜爱的名记者、名编辑、名评论员、名主持人"⑩。

进入新时代之后，国内舆论情况复杂，国际竞争日益加剧。面对复杂的新闻传播

---

① 张峰.马克思主义新闻观中国化研究[M].上海：上海人民出版社,2019:29.
② 毛泽东.毛泽东新闻工作文选[M].北京：新华出版社,1983:215-216.
③ 毛泽东.毛泽东新闻工作文选[M].北京：新华出版社,1983:20.
④ 毛泽东.毛泽东新闻工作文选[M].北京：新华出版社,1983:187.
⑤ 毛泽东.毛泽东文集：第7卷[M].北京：人民出版社,1993:444.
⑥ 张峰.马克思主义新闻观中国化研究[M].上海：上海人民出版社,2019:58.
⑦ 邓小平.邓小平文选：第2卷[M].北京：人民出版社,1994:255.
⑧ 江泽民.江泽民文选：第1卷[M].北京：人民出版社,2006:565.
⑨ 张峰.马克思主义新闻观中国化研究[M].上海：上海人民出版社,2019:18.
⑩ 胡锦涛.在人民日报社考察工作时的讲话[N].人民日报,2008-06-21(4).

环境,习近平对于新闻人才队伍建设提出重要指导。他指出"提高办报水平,根本在人,在于建设一支政治强、业务精、作风正、纪律严的新闻队伍"①;要加强马克思主义新闻观教育,"把马克思主义新闻观作为党的新闻舆论工作的'定盘星'"②;要不断提高新闻工作者的业务能力,"要转作风改文风,俯下身、沉下心、察实情、说实话、动真情,努力推出有思想、有温度、有品质的作品"③;要不断加强新闻舆论工作的领导干部队伍建设,"各级宣传思想部门领导同志要加强学习、加强实践,真正成为让人信服的行家里手"④;要深化新闻单位干部人事制度改革,"对新闻舆论工作者在政治上充分信任、工作上大胆使用、生活上真诚关心、待遇上及时保障"⑤。马克思主义新闻观的内涵不断延展,形成更符合中国国情的中国模式,对我国新闻事业起着重要引领作用,也成为国际新闻人才队伍建设理念的重要基石。

(三)时代发展:传播环境变革下的新型人才建设

国际传播呼唤复合型的新闻人才,要求新闻从业者既拥有普遍意义上的新闻素养,又兼具面向国际开展新闻传播工作的特殊技能。当前,传播环境迅速变化,面对全球范围内的媒介技术革新与媒体融合趋势,以及提升中国新闻传播事业的国际影响力与话语权的现实需求,我国新闻人才观念与时俱进,更多紧密结合时代需求的创新人才观念被补充到马克思主义新闻观的人才理论体系中,为国际新闻人才队伍建设提供了更全面的指导。

在媒介技术层面,媒体融合对各国新闻工作者的业务能力、新闻作品的传播形式等都提出了新要求。对此,习近平在党的新闻舆论工作座谈会上指出了新时代新闻人才的"两型":"要提高业务能力,勤学习、多锻炼,努力成为全媒型、专家型人才"⑥。

所谓全媒型人才,是相对于传统媒体时代的单一型新闻人才来定义的,指的是掌握多元的新闻传播理念、知识与技能的新闻人才;而专家型人才,是相对"杂家"和"万金油型"新闻人才来定义的,指的是具备扎实的新闻专业相关技能,同时能够在政治、

---

① 习近平.干在实处,走在前列[M].北京:中央党校出版社,2006:311.
② 中共中央文献研究室.习近平关于社会主义文化建设论述摘编[M].北京:中央文献出版社,2017:43.
③ 习近平.习近平谈治国理政:第二卷[M].北京:外文出版社,2017:333.
④ 中共中央文献研究室.习近平关于社会主义文化建设论述摘编[M].北京:中央文献出版社,2017:32.
⑤ 习近平.习近平谈治国理政:第二卷[M].北京:外文出版社,2017:334.
⑥ 新华社.习近平:坚持正确方向创新方法手段提高新闻舆论传播力引导力[EB/OL].(2016-02-19)[2022-04-20].http://www.xinhuanet.com//politics/2016-02/19/c_1118102868.htm.

法律、经济、管理、社会等多个方面有所涉猎的人才。2019年11月,全国新闻工作者协会新修订的《新闻工作者职业道德准则》将"努力成为全媒型、专家型新闻工作者"列入其中①。"两型"新闻人才的理念经过数年发展,已经成为新闻工作者的职业追求与目标之一,更清晰地指出了媒体融合大趋势下我国的新闻人才队伍建设方向,帮助新闻工作者正确认识和顺利适应当前的新闻工作环境,也有助于新闻工作者更好地应对国际传播局势,在国际竞争中占得先机。

而针对国际传播事业,习近平总书记在"8·19"讲话中提出了"宣传工作要胸怀大局、顺势而为","精心做好对外宣传工作,创新对外宣传方式,着力打造融通中外的新概念新范畴新表述"。② 2016年2月19日,习近平总书记在党的新闻舆论工作座谈会上提出"要加强国际传播能力建设,增强国际话语权,集中讲好中国故事,同时优化战略布局,着力打造具有较强国际影响的外宣旗舰媒体"③的任务要求。

作为中国特色新闻传播理论的重要构成维度,马克思主义新闻观是国际社会认识中国宣传与媒体制度的基石,也是我国建设优质国际新闻人才队伍的基础。无论是新闻院校还是媒体机构,都应当从国际传播与话语创新层面深入理解马克思主义新闻观,观照国家与时代对新闻人才的新要求,培养出政治素养合格、业务能力优秀的新闻从业者队伍。

二、守正与培根:高校国际新闻传播教育

(一)立德树人:把握正确方向,着眼思想建设

高校新闻传播教育是建设国际新闻人才队伍的关键所在。当下,如何以马克思主义新闻人才观为指导,切实做好"育人"工作,是新闻院校必须思考的议题。

2018年9月10日,习近平同志在全国教育大会上指出:"培养什么人,是教育的

---

① 新华每日电讯.中国新闻工作者职业道德准则[EB/OL].(2019-12-16)[2022-04-20].http://www.xinhuanet.com/mrdx/2019-12/16/c_138635146.htm.
② 本书编写组.实践中的马克思主义新闻观:新闻报道经典案例评析[M].北京:高等教育出版社,2015:347,352.
③ 人民网.习近平总书记这样指引媒体融合发展[EB/OL].(2020-08-18)[2022-04-20].http://media.people.com.cn/n1/2020/0818/c120837-31825578.html.

首要问题……关键是要在坚定理想信念、厚植爱国主义情怀、加强品德修养、增长知识见识、培养奋斗精神、增强综合素质上下功夫。"①理想信念与价值体系指导并贯穿于人才培养的全过程,也贯穿于新闻传播活动的各个环节,因此,在高校教育阶段就为新闻学子树立正确的价值观念是有效开展国际新闻舆论工作的前提。在为党和国家培养国际新闻传播后备人才力量的过程中,高校首先要做到的就是立德树人,加强思想建设。

其中,爱国教育是思想建设的重中之重。肩负国际传播重任的新闻从业者应当时刻关心国家命运,了解时代需要,贴近民生民情,才能做到从党和人民的立场出发,产出真正有价值的新闻。从2010年起,清华大学、中国人民大学、中国传媒大学等高校轮流举办国际新闻传播硕士"国情教育讲座"。该讲座邀请经验丰富的主讲人,结合当下的国情实际,围绕国家的意识形态、政治制度、安全战略等进行宣讲,致力于培养学生的家国情怀,成为学生了解国情的窗口。中国传媒大学更是自2010年起组织教师带领国际新闻传播硕士班的学生赴法国进行海外教学实践与交流。活动中,师生实地探访周恩来、邓小平、陈毅等老一辈革命家学习和工作过的法国蒙塔日、里昂中法大学,马克思和恩格斯于1845年至1848年间起草《共产党宣言》的布鲁塞尔大广场上的白天鹅饭店等具有历史意义的场景,以重走红色道路的形式,成功将德育教育与素质教育相结合,培养国际新闻专业学生的爱国热情、新闻理想、国际视野和专业素养。

社会责任意识的培养同样是思想建设中的重要环节。从诞生之时起,新闻传播教育就具有服务国家、服务社会的属性。面向国际传播的新闻工作者也应当具备社会责任意识,以服务党和国家,服务人民为目的开展新闻传播工作。2020年,在中宣部、教育部的指导下,中国传媒大学、教育部高等学校新闻传播学类专业教学指导委员会联合主办了"中国新闻传播大讲堂",为包括国际新闻学专业在内的新闻学子讲述"来自武汉抗疫一线的报道",形成社会责任教育的优秀范例。疫情防控期间,一批优秀的记者成为"最美逆行者",临危受命,迎难而上,深入疫情一线,将最及时的信息、最真实的故事传递出来,用实际行动践行了新闻工作者的使命与担当,给新闻队伍后备力量上了最好的一课。"大讲堂"邀请14家主流媒体参与抗疫一线报道的42名新闻记者录制32集视频教学内容,全方位展现中国新闻记者的责任意识与专业素养,将思想教育

---

① 新华网.习近平同志《论党的宣传思想工作》主要篇目介绍[EB/OL].(2020-11-10)[2022-04-20].http://www.qstheory.cn/yaowen/2020-11/10/c_1126719594.htm.

与专业教育融会贯通,使得思想建设以更多样的形式融入新闻人才教育的全过程,更为国际新闻学子报道新冠疫情等全球焦点议题做出了生动示范。

习近平总书记强调:"要坚持把立德树人作为中心环节,把思想政治工作贯穿教育教学全过程,实现全程育人、全方位育人,努力开创我国高等教育事业发展新局面。"[①]思想建设是人才培养的中心环节,更是新闻人才培养的关键所在。面对百年未有之大变局和复杂多变的国际环境,学生们坚定的政治立场和家国情怀是保障国际传播方向正确的基础。新闻从业者只有树立正确的人生观、价值观、世界观,才能在国际新闻传播活动中站稳立场。在马克思主义新闻观的指导下,培养具有家国情怀、能够坚守国家立场的专业国际新闻传播人才,不仅有助于我国在全球舆论阵地发出中国声音,更有助于维护国家的意识形态安全。

(二)守正创新:打破课堂边界,建立教育共同体

马克思主义新闻观是从实践中来,到实践中去,并最终指导实践的理论。马克思主义新闻观指导下的人才培养也需要注重实践这一要素。新闻教育应当成为一条"脐带",打破校园与课堂的边界,实现学界与业界的勾连,建立资源共享、经验共享、知识共享的教育共同体。国际新闻人才培养应当同时做到守正与创新,以更为多样的形式丰富教育的内涵。

清华大学新闻与传播学院立足于学校优质资源,在拓宽教学边界、延展课堂空间等方面进行了积极尝试。学院与一批世界知名大学签订了合作与交流协议,建立战略伙伴关系,通过联合学位培养等多种形式,开展学生的国际培养。自2018年开始,清华大学更在原有新闻人才国际教育的基础上,开始将海外社会实践的形式与实践教学相结合,将"任课教师+业界导师的1+1教学模式"拓展到海外。2018年寒假,清华大学共14支支队、193人次参加学生海外社会实践,足迹遍及12个国家和地区。2019年初,清华大学带领硕士研究生赴纽约、华盛顿的联合国总部、世界银行、国际货币基金组织等国际机构进行实践教学,访谈人数超过70余人,写出了6万多字的调研报告、新闻作品和对海外实践教学的感受及建议,反映了清华学子对国际机构的就业环境、中国雇员的现状及发展空间等的观察与思考。人民日报社海外网在《清华师生

[①] 新华网.习近平同志《论党的宣传思想工作》主要篇目介绍[EB/OL].(2020-11-10)[2022-04-20].http://www.qstheory.cn/yaowen/2020-11/10/c_1126719594.htm.

赴纽约、华盛顿实践教学记行》的标题下,发布了一组 6 篇清华大学新闻与传播学院学生的作品。此类活动锻炼了学生在全球化的环境下运用融媒体技巧及多种语言进行新闻报道的能力,为国际新闻人才培养找到了一条极具创新和前沿性的国际实践教学道路。

除了让学生"走出去",新闻院校也积极尝试将更多资源引进课堂。为了切实落实马克思主义新闻观,提升学生的专业素养,为其将来走上工作岗位打好基础,中国传媒大学电视学院超过 5 年坚持举办"当代传媒前沿系列讲座"项目。讲座主要面向新闻传播学科的硕士研究生,于每周五下午邀请国内外知名学者、一线媒体人来到学院的课堂上进行分享,讲授专业知识、行业发展动态、个人工作实践、传媒前沿趋势等,达成各院校之间、媒体与高校之间的信息联动与薪火相传。同时,电视学院师资团队积极运用自身教育经验与业界资源,在日常专业教学中引入多种教学形式。例如,在为国际新闻学专业研究生开设的"国际新闻采编"课上,任课教师组织学生连线央视驻美国首席记者王冠、央视驻里约热内卢记者刘骁骞等 6 位身在国外、正从事一线国际新闻报道的记者。[①] 网络连线让学生身在校园,目光却能远渡重洋,跨越千里万里了解到当前的世界局势,窥见镜头前后的精彩案例,学习到宝贵的实践经验。

(三)成风化人:落实课程建设,完善教材编写

高质量人才教育不是"填鸭式"的"入眼不入心",而是成风化人、润物无声,从方方面面引导学生成长。在这一过程中,课程是教学的主体内容,教材是教学的依据所在,两者在人才培养体系中起到基础性作用。教育部《关于政协十三届全国委员会第一次会议第 0318 号(教育类 023 号)提案答复的函》指出,深化马克思主义新闻观教育,一是要健全课程体系,二是组编重点教材。[②] 在马克思主义新闻人才观的指导下进行国际新闻人才培养,需要从课程和教材两方面做起,形成常态化、规范化、可持续的教育模式。

在课程建设方面,各高校新闻院系首先着眼于马克思主义新闻观的重要地位,积极开设相关专业课程。例如,中国人民大学新闻学院通过精心挑选,搭建出由 15 位精

[①] 吴敏苏,王鹏宇.跨越课堂边界塑造全媒人才:课堂连线驻外记者之思考[J].中国大学教学,2019(9):51-55.
[②] 教育部.关于政协十三届全国委员会第一次会议第 0318 号(教育类 023 号)提案答复的函(摘要)[EB/OL]. (2019-02-20)[2022-04-20].http://www.moe.gov.cn/jyb_xxgk/xxgk_jyta/jyta_gaojiaosi/201902/t20190220_370418.html.

英教师组成的马克思主义教学团队。该团队汇聚老、中、青三代人,充分发挥团队成员各自在新闻理论、舆论学、新闻实务、新媒体、国际传播等领域的研究专长,在大学生入学的第一学期就以讲座的形式开设理论课程。① 讲座共有15个专题,包括马克思主义新闻观发展的历史进程、习近平新时代新闻舆论思想等内容,能够帮助学生全面了解马克思主义新闻观。中国传媒大学电视学院则连续4年举办了以马克思主义新闻观为主题的"开学第一课",用马克思主义新闻观来迎接新生,充分发挥"第一课"的示范效应,潜移默化地完成教育使命。学院还在学生学习的不同阶段开设了"马克思主义新闻观实践案例分析""习近平新闻工作论述研究"等课程,致力于打造科学、连贯、全方位的马克思主义新闻观课程体系,使之贯穿国际新闻专业学子的整个学习生涯,使教学效果更加深刻、持久。

在教材编写方面,2004年4月,"马克思主义理论研究和建设工程"启动,其重要建设目标之一就是编写150种左右的教材,形成反映当代中国马克思主义理论建设的教材体系。2014年10月,中宣部、教育部和全国哲学社会科学工作办公室共同设立"马克思主义新闻观研究"项目,郑保卫教授作为首席专家组织编撰了马克思主义新闻观重要教材《马克思主义新闻观十二讲》。2016年初,教育部再次强调要加强马克思主义新闻观教育,加快编写重点教材,着力推动马克思主义新闻观进教材、进课堂、进头脑。②

随着媒介技术的发展,马克思主义新闻观教材的编写也不再拘泥于二维的纸质书,而有了更多创新形式。数字化教材应运而生,融合图像、文字、声音等元素的新型教材令人眼前一亮。例如,《中国新闻奖获奖作品新媒体展示手册》《"好记者讲好故事"活动新媒体展示手册》等新媒体成果将传统教材搬到了智能终端上,实现了教学的信息化与场景化,也使得马克思主义新闻观的优秀理念与实践案例能够获得更大的影响力和传播力。形式多样的教材为国际新闻传播人才提供了良好的学习参考,为其迎接未来工作岗位上的传播挑战打下坚实基础。

(四)聚焦国际:关注时代需求,培养全球视野

国际新闻传播队伍肩负着面向全球、走向海外的重任,其教育环节离不开国际视

---

① 和曼,白树亮.从马克思主义新闻思想教学看卓越新闻传播人才培养模式创新[J].教育教学论坛,2020(36):112-113.
② 焦新.教育部:着力推动马克思主义新闻观入教材、课堂、头脑[N].中国教育报,2016-02-29(2).

野的培养。当前,世界各国间的联系日渐紧密,全球化趋势日益加深。随着经济、政治、文化、军事实力的提升,我国的国际影响力也在不断增强。但总体而言,在新闻传播领域,我国在世界范围内的影响力与话语权仍然有待加强。加上由于西方媒体针对我国进行的议程设置、恶意抹黑等行为,我国对外传播面临着极为复杂的局势与艰巨的挑战。尤其是随着"一带一路"的建设,"民心相通"至关重要。习近平指出:"要重视和做好舆论引导工作,通过各种方式,讲好'一带一路'故事,传播'一带一路'声音,为'一带一路'建设营造良好舆论环境。"① 2021年5月31日,习近平总书记在中共中央政治局第三十次集体学习时将中国国际传播能力建设提升到了一个全新的历史性高度,他提出,要"全面提升国际传播效能,建强适应新时代国际传播需要的专门人才队伍"。② 时代需求与国家重任促使高校的国际新闻教育专注于拓宽学生的视野,训练新闻学子的国际传播思维与业务能力。

早在2006年9月,复旦大学新闻学院就与伦敦政治经济学院正式开展了"全球媒介与传播双硕士学位"合作项目,并宣布面向全球招生,旨在培养"富有中国经验的"高素质的国际化新闻与传播人才。该项目作为我国在国际合作教育方面的先行者,为国际新闻传播人才教育提供了重要参考。到2018年,复旦大学新闻学院与伦敦政治经济学院媒介与传播系、巴黎政治大学传播学院、墨尔本大学文学院达成合作,建立了"全球媒介与传播"双硕士学位项目、"传播与媒介"双硕士学位项目以及"全球媒介与传播"三个国际交流项目。复旦大学新闻学院通过整合中外名校的优质教育资源和区位优势,将国际传媒专业知识与中国国情相结合,有利于培育出新时代背景下,具有国际视野、富有中国经验、兼具实践能力和学术能力的复合型人才,从而更好地发出中国声音,更清晰、更准确地"向世界说明中国"。

武汉大学新闻与传播学院同样积极推动新闻人才的国际思维培养,将"跨文化传播"建设成学院特色研究领域。2004年,武汉大学跨文化传播研究中心正式成立。中心与法国波尔多三大组织传播研究中心合作,创办"跨文化传播国际学术会议",该学术会议到2019年已经举办至第十届。从"国家形象建构"到"'一带一路'传播主体、话语与效果",再到"互联网时代的跨文化交流""人类命运共同体语境下的跨文化连接"

---

① 习近平.习近平谈治国理政:第二卷[M].北京:外文出版社,2017:502.
② 习近平.习近平在中共中央政治局第三十次集体学习时强调 加强和改进国际传播工作 展示真实立体全面的中国[N].人民日报,2021-06-21(1).

等,"跨文化传播国际学术会议"的议题随着时代的发展而不断更新发展,不断为新闻传播学子提供新的跨文化视野与学术交流平台。

2019年7月9日至11日,第五届世界新闻教育大会在巴黎召开。教育部新闻传播学类专业教学指导委员会代表团赴巴黎参会。当地时间8日,中国代表团召开研讨会,学者们围绕"全球化背景下的中国新闻教育:四十年回顾"这一主题,回顾了中国新闻教育的发展历程。之后的大会上,复旦大学、上海外国语大学、中国传媒大学、武汉大学、清华大学、黑龙江大学、北京大学等国内多所高校的新闻传播学者先后发言,交流全球化背景下新闻传播教育的经验和方法。各新闻院校在培养国际传播人才方面进行了长达十余年的有益尝试,在马克思主义新闻观的指导下,探索出国际新闻人才后备队伍培养的长效路径,积攒起宝贵的教育经验。

三、行动与创新:国际新闻人才培养实践

(一)宏观布局:国家战略下的国际新闻人才培养

马克思主义新闻观指导下的国际新闻人才培养是一项长期的事业,需要站在国家战略的层面上进行宏观规划。2013年6月,教育部、中宣部印发《关于加强高校新闻传播院系师资队伍建设 实施卓越新闻传播人才教育培养计划的意见》。该计划实施五年,成果丰硕,有约三百所新闻院校参与其中,覆盖师生超过九万人。2018年10月,教育部、中宣部汲取过往经验,发布了《关于提高高校新闻传播人才培养能力 实施卓越新闻传播人才教育培养计划2.0的意见》。该意见旨在加强和改进高等学校新闻传播专业建设,加快新闻人才培养,并对国际新闻人才的培养进行了重要论述。

后一则《意见》强调,要主动服务国家对外开放战略和"一带一路"倡议,培养新时代国际新闻传播"预备队"和"后备军";要深入实施国际新闻传播硕士人才培养项目,进一步完善人才培养机制,提升培养质量,启动国际新闻传播本科人才培养试点工作,建立完善"全媒体国际外语"课程体系;同时,鼓励高校探索与境外高水平大学联合培养模式,深化国际传播相关新闻单位与高校合作。总体来看,卓越新闻传播人才教育培养计划2.0从思想建设、能力培养方向、教育培养方式、人才认证等方面切入,对包括国际新闻人才在内的新闻队伍建设进行了全方位的宏观立体布局。

首先是思想方面的布局。一是要开创马克思主义新闻观教育新局面,力争实现马克思主义新闻观进教材进课堂进头脑,全面覆盖新闻院校师生。具体措施包括依托高等学校新闻传播类专业教学指导委员会,分批开展骨干教师马克思主义新闻观培训;选树优秀案例,建设优质课程,推动教师以言传身教带动学生树立正确新闻观,为新时代新闻传播人才打牢思想基础等。二是要打造新闻传播人才德育新模式,强化思想引领和价值塑造,构建思想政治教育、职业道德教育、专业知识教育"三位一体"新闻传播育人体系;通过建设一批"进基层、懂国情、长本领"新闻传播实践育人项目,培养学生爱国爱党,为国家和社会做贡献的使命感和担当意识。

其次是结合时代需要,进行专业能力培养方向的布局。其中既包括积极适应信息社会深刻发展和媒体融合深度发展趋势,与时俱进,确定迈向一流新闻传播专业新目标,又包括服务国家对外开放和"一带一路"倡议,构建国际新闻传播人才培养新范式。具体目标体现为"建设 240 个左右国家级一流新闻传播专业点,打造 500 门国家级一流线上线下新闻传播专业课程……加快培养会使善用'十八般兵器'的全媒化复合型新闻传播人才"①。

再次是培养方式的布局。要推动部校共建新闻学院新发展,建立共建新闻学院工作联络员制度,打造新闻传播协同育人"先锋队"和"示范区";同时,开辟高校与新闻单位互聘新领域,推广互聘范围,实现学界与业界的优势互补。

最后是人才培养与认证方面的革新。要迈上高等新闻传播教育质量新台阶,开展全方位全过程新闻传播教育质量文化建设,结合国家级一流新闻传播专业点建设,按照总体规划、分步推进的原则,开展三级专业认证;研究制定适合的认证标准和工作方案,不断完善认证的标准和工作机制,促进不同层次高校新闻传播专业办出特色、办出水平。

为实现相关教育战略的顺利推进,国家从"顶层设计"的层面构建了自上而下层层推进的保障体系:国家层面,教育部、中宣部负责统筹组织,协调新闻教育与队伍建设中的重大问题;省市级层面,各省(区、市)教育部门、宣传部门负责结合实际情况制定适合本地区的具体方案,确保因地制宜灵活变通;高校层面,各高校将宏观的教育战略

---

① 教育部,中共中央宣传部.教育部中共中央宣传部关于提高高校新闻传播人才培养能力实施卓越新闻传播人才教育培养计划 2.0 的意见[EB/OL].(2018-10-17)[2022-04-20]. http://www.moe.gov.cn/srcsite/A08/s7056/201810/t20181017_351893.html.

与学校自身的发展规划相结合,思考如何在马克思主义新闻人才观的指导下,在国家的整体规划下,明确教育的路线图、时间表、责任人,确保达到预期成效。

(二)中观整合:资源共建下的国际新闻人才对接

在国家宏观教育战略布局的大背景下,政府与学界、学界与业界、主流媒体与商业媒体等积极顺应时代需求,进行了深入改革,形成中观层面上多方资源整合发力,共同建设新时代国际新闻人才教育框架的格局。

首先是部校共建背景下政府宣传部门与高校的合作。2001年底,上海市委宣传部和复旦大学大胆创新,在全国率先共建新闻学院,开创人才培养新模式,实现新闻人才教育过程中教学、科研与实践的贯通。这一模式的成功给新闻教育事业带来启发。2013年12月,中宣部、教育部遴选首批10所新闻院校开展部校共建工作。2018年卓越计划2.0也提出要进一步加强部校共建。部校共建使国际新闻人才培养能够进一步融入国家战略与布局,使国际新闻后备队伍能够更好更快对接实际工作环境。

同时,业界与学界之间也进行了资源的共享与流通,达成长期深度体系化的合作模式。例如,中国国际广播电台(现并入中央广播电视总台)自2014年起先后与北京外国语大学、北京第二外国语学院签署了《共建国际新闻与传播学院战略合作协议》;中央电视台与中国传媒大学签订了共建新闻学院的协议,与南开大学、南京大学等国内高校签订了金伙伴合作协议,开展实习培训项目合作。[①] 新华社也与北京大学签署共建新闻与传播学院协议,推进北大新闻传播教育与实践的深度融合,提高国际新闻人才培养质量,提升学科培养水平,培养具备国际视野、专业基础扎实、洞察能力敏锐的新闻传播人才。协议借助北京大学的综合研究优势与新华社的内容生产及平台优势,建设以问题和前瞻性研究为导向、国家战略传播为突破口的中国特色高端研究智库。双方更是宣布联合打造教学实习和人才培养基地,由新华社选派优秀的国际传播业务人员对北大新闻与传播学院的学生进行指导,并建立联合领导、人员互派、学生就业三个机制,新华社为学生提供实习机会,选拔优秀的毕业生到新华社工作。

媒体机构深入高校的培养过程中,利用高校教育优势,挖掘学生潜力,打通人才培养不同阶段间的通道,实现人才从校园到工作岗位的顺利跃迁。此外,高校与新闻单

---

① 关于政协十二届全国委员会第四次会议第3943号(教育类405号)提案答复的函[EB/OL].(2016-11-03)[2022-04-20].http://www.moe.gov.cn/jyb_xxgk/xxgk_jyta/jyta_xwb/201611/t20161103_287586.html.

位的互聘工作也在稳步推进。互聘交流"千人计划"提高了学界与业界合作的力度、广度与深度,实现合作的常态化、长效化。

(三)微观实践:"四向四做"要求下的国际新闻人才自我提升

国际新闻人才队伍的建设最终要落实在每个新闻工作者身上,落脚到个体顺应时代提升自我的新闻实践上。媒体融合时代,国际新闻工作者面临媒介技术革新、公民新闻崛起、智能新闻出现、网络话语权争夺等全新挑战,只有明确自身定位、找准发展方向、加强业务能力训练,才能更好地完成国际传播的重任,组建符合党和国家要求的优质新闻队伍。

2016年11月7日,习近平在会见中国记协第九届理事会全体代表和中国新闻奖、长江韬奋奖获奖者代表时提出"四向四做"的新要求:坚持正确政治方向,做政治坚定的新闻工作者;坚持正确舆论导向,做引领时代的新闻工作者;坚持正确新闻志向,做业务精湛的新闻工作者;坚持正确工作取向,做作风优良的新闻工作者[1]。该要求清晰明确地指出了新闻工作者的身份定位,从政治观、使命观、实践观、作风观的不同角度列举了新闻工作者应该具备的要素及其肩负的重要功能与职责。其中,政治观要求新闻工作者作为党的"耳目喉舌",坚定政治信仰,坚持党性与人民性的统一;使命观要求其正确引导舆论,发挥"凝心聚力"功能;实践观以当前新闻工作中的具体问题为关切,指向了新闻理想与业务能力;作风观则要求新闻工作者严于律己,牢记人民利益高于一切。

"四向四做"提出至今,已经成为广大新闻工作者的职业标杆。身负国际传播重任的新闻工作者也应严格要求自己,以"四向四做"为规尺进行自律与提升。中国记协于2019年2月发布的《中国新闻奖评选办法》将落实"四向四做"要求列入评选标准,于8月发布的表彰资深新闻工作者的通知同样将践行"四向四做"作为表彰目的之一。在中国新闻奖的获奖作品中,人们能够看到国际传播新闻工作者对于"四向四做"的积极践行。例如,《中国日报》报送的《习近平生态文明思想系列报道》获得第三十一届中国新闻奖一等奖。该系列报道以习近平生态文明思想金句为统领,围绕总书记提出的"山水林田湖草是生命共同体"的理念,以"山水林田湖草"为抓手,深入现场采访,采用

---

[1] 人民网.新闻工作者要用清新文风引领时代新风[EB/OL].(2016-12-16)[2022-04-20].http://media.people.com.cn/n1/2016/1216/c14677-28953423.html.

扎实详尽的数据案例,记录中国生态文明建设成就。为了更好地让国际受众对相关理念有直观理解,作者在采写过程中注重以小见大地展现中国生态文明建设的伟大成就,同时加入了大量背景信息,以便国际受众了解习近平生态文明思想的现实意义和深远影响。该报道翔实生动,正确把握时代需求,完成了一次将核心领导人报道与国际传播深度融合的积极探索和有益实践,有利于树立起我国作为全球生态文明建设重要参与者、贡献者、引领者的良好形象,也有助于为中国的发展赢得良好的外部舆论环境。

2018年,习近平在全国宣传思想工作会议上发表重要讲话,指出:"宣传思想干部要不断掌握新知识、熟悉新领域、开拓新视野,增强本领能力,加强调查研究,不断增强脚力、眼力、脑力、笔力,努力打造一支政治过硬、本领高强、求实创新、能打胜仗的宣传思想工作队伍。"[1]"四力"是衡量记者专业素养的有效参考,也是对新闻工作者能力要求的具体阐述,同样为国际新闻工作者指明了能力提升的方向。第三十一届中国新闻奖一等奖作品《老外看小康中国》就体现了国际新闻工作者向"四力"要求靠拢的积极尝试。创作团队践行"脚力",通过多次实地走访调研,深入一线获得一手素材;增强"眼力",通过细心观察挖掘故事背后的典型意义;注重"脑力",围绕如何向全球受众讲好中国全面小康建设之路,让海外受众也能体会领悟到全面小康的深刻内涵和世界意义这一问题进行深入思考;提升"笔力",慢工细活打磨叙事逻辑,灵活运用多种手段,现场实拍、动画、人物采访三种形式巧妙穿插,生动展示全面小康的宏观理解,创新主旋律纪录片创作手法,探索出一种主旋律外宣的新语态。

结　语

马克思主义新闻观是党的新闻舆论工作的定盘星,其以开放包容、与时俱进的理论体系,给予国际新闻人才队伍建设丰富的指导。在媒体深度融合与国际话语竞争的背景下,"人"的元素成为新闻传播的重中之重。坚持马克思主义新闻观,建设国际新闻人才队伍是一项长期而重要的事业。只有保障新教育模式的贯彻与深入,落实国家教育战略与宏观布局的推进,实现资源的中观整合与新闻工作者个体的微观实践共同

---

[1] 新华网. 习近平出席全国宣传思想工作会议并发表讲话[EB/OL].(2018-08-23)[2022-04-20].http://www.xinhuanet.com/2018-08/23/c_129938245.htm.

发力,才能最终建设一支优秀的国际新闻人才队伍,真正实现新闻传播事业"高举旗帜、引领导向,围绕中心、服务大局,团结人民、鼓舞士气,成风化人、凝心聚力,澄清谬误、明辨是非,联接中外、沟通世界"①的职责与使命。

---

① 习近平.论党的宣传思想工作[M].北京:中央文献出版社,2020:181.

新时代中国特色国际新闻教育的新视野与新责任

◇ 高胤丰　石宇杭

一、中国特色国际新闻传播人才培养的时代背景

当今世界正处于大发展、大变革的格局之中,在政治多极化、经济全球化、文化多样化、社会信息化的国际舞台上,中国坚持有中国特色的社会主义道路,坚持深化改革和全面开放并快速崛起。然而,世界发展为中华民族伟大复兴带来重大机遇的同时,外部环境的深刻复杂变化也为之带来诸多挑战。以美国为代表的西方国家对我国加紧"实施战略上围堵、发展上牵制、理论上歪曲、形象上丑化"[1],更令我们认识到加强国际传播能力建设、谋求国际话语权的紧迫性。传播力决定影响力,话语权决定主动权。[2] 从中美贸易战到新冠肺炎疫情,这些全球性事件不仅将中国推向了全球焦点,更是检视新全球化传播环境中新闻媒体能力的标准所在[3],强调了新闻工作者在国际舆论场中的重要作用。

伴随着对外开放水平不断提高,程度不断加深,我国同外部世界的联系更加紧密。中国特色国际新闻传播人才培养迫在眉睫。2009 年,中央下发《关于印发〈2009—2020 年我国重点媒体国际传播力总体规划〉的通知》,明确提出把我国重点媒体国际传播能力建设纳入国家经济社会发展总体规划,增强国际传播能力,打造国际一流媒

---

[1] 谢伏瞻.加快构建中国特色哲学社会科学学科体系、学术体系、话语体系[J].中国社会科学,2019(5):4-22,204.
[2] 高晓虹,赵晨,赵希婧.中国特色国际新闻传播人才培养模式与创新[J].对外传播,2015(6):48-51,1.
[3] 吴炜华.反智主义、信息疫情与"后真相"合谋:美国媒体的涉华疫情报道[J].中国广播电视学刊,2020(8):15-19.

体。2016年2月,教育部党组会专题研究部署习近平总书记在党的新闻舆论工作座谈会上重要讲话精神的贯彻落实工作,特别提出要加强国际新闻传播人才培养,"鼓励高校特别是高等外语学校新闻传播院系,充分利用自身优势,着力培养一批既有爱国爱党情怀又有国际视野,能够讲好中国故事、传播好中国声音、阐释好中国特色的国际新闻传播人才"①。党和政府有关国际新闻传播人才培养的方向与理念日益清晰。在党的十九大报告中,习近平总书记突出强调了国际传播能力建设的重要意义。习总书记在关于新闻舆论工作的重要论述中也多次阐述"提高国家文化软实力,讲好中国故事"的重要性以及发展目标,为新时代国际新闻传播教育改革与发展提供了理论指导和行动指南。

除了国际形势的急剧变革,媒介技术的飞速发展所引起的媒体格局变化也对国际新闻传播提出了新要求。互联网所引爆的信息技术革命,实现了多种媒体技术的整合。习近平总书记在"1·25"重要讲话中强调,"全媒体不断发展,出现了全程媒体、全息媒体、全员媒体、全效媒体",并鲜明指出了"推动媒体融合发展、建设全媒体成为我们面临的一项紧迫课题"②。全媒体格局推动舆论生态、媒体格局、传播方式发生深刻变化,打破传统传播的时空尺度、物理尺度、主体尺度与功能尺度。全媒体建设是一项极其复杂的系统性工程,需要充分调动新闻传播人才能动性,精准触达用户人群,创新传播工作手段,实现全方位立体化传播。全媒体格局的演进发展,驱使着国际新闻传播实践不断突破与改变。全球媒体环境的变化也导致了新闻界的普遍焦虑与忧患③,国际新闻教育需要提升新闻传播学子的技术素养与实践能力,融入技术变革的时代趋势,善用全媒体技术,服务于媒体全球化。

时代提出的问题是紧迫的,如何顺应时代发展需求创新培育中国特色国际新闻传播人才,需要我们对学科本身进行全局性思考,描绘出我国国际新闻传播教育模式与路径的图谱,并在历史与当下的对话中推动国际新闻教育发展,服务国家战略需要。本文通过参与式观察、比较研究、案例分析等方法,探讨新时代中国特色国际新闻教育的新视野与新责任,以期为国际新闻教育带来新思路。

---

① 教育部.教育部党组学习贯彻习近平总书记在党的新闻舆论工作座谈会上重要讲话精神[EB/OL].(2016-02-25)[2020-12-01]. http://www.moe.gov.cn/jyb_xwfb/gzdt_gzdt/moe_1485/201602/t20160225_230645.html.
② 习近平.加快推动媒体融合发展构建全媒体传播格局[EB/OL].(2019-03-16)[2020-12-01]. http://www.qstheory.cn/dukan/qs/2019-03/16/c_1124241424.htm.
③ 杜慧贞.全球新闻教育改革五大焦点评析[J].现代传播(中国传媒大学学报),2015,37(7):151-155.

二、国际新闻的概念与国新教育动机

新闻传播学的学科概念与理论舶来自西方。1845 年,德国学者罗伯特·普鲁兹出版了《德国新闻史》(*The History of German Journalism*),被视为新闻理论的先驱。新闻理论在发展过程中,逐渐从标准化路径(Normative Approaches)转向社会建构主义(Social Constructionism)。潘忠党便曾将新闻学(Journalism)翻译为"新闻形态的社会实践"[①]。这种译法让人们注意到,新闻研究除了关注新闻产品本身之外,还应当将新闻嵌入宏观的政治、经济、文化语境中加以考察。

作为新闻学的子领域,国际新闻这一媒介形态自诞生起便与国际间的宏观环境息息相关。从国际媒介发展的历史轨迹来看,国际新闻是早期新闻产品中的重要组成部分。早期的报纸"几乎只报道外国新闻"[②]。不受地理场景限制的国际信息传递,突出了显著性、异常性、新鲜性等新闻特征,也满足了人们对于异国的想象。在数百年来的国际关系发展以及政治经济结构的变化中,国际新闻从未缺席,反而作为世界话语体系中的重要力量,逐渐扩张其报道范围,包括了政治、经济、文化、社会等诸多议题,产生了全球化的影响,成为世界传播秩序争夺的主阵地。

然而,学界对于"国际新闻"(International Journalism)的研究界定依然模糊。与之相近的概念包括"国外新闻"(Foreign Journalism)、"全球新闻"(Global Journalism)、"国际传播"(International Communication)。国外新闻是传统二元新闻框架的一支,区别于关注本国内、地区间的"当地新闻"(Domestic Journalism),国外新闻强调以地理空间为界限的,在特定政治、文化情境中的独立事件的报道[③],展现地区历史文化与全球文化的独特性与差异性;全球新闻则是带入了全球化的视角,消弭了空间界限,试图解释"地球村"中的经济、政治、社会、生态等要素如何交织互动,重新关联与解释看似独立的新闻事件,是全球性媒体面向国际社会报道全球性问题的新

[①] 刘海龙.被经验的中介和被中介的经验:从传播理论教材的译介看传播学在中国[J].国际新闻界,2006(5):5-11.

[②] 斯蒂芬斯.新闻的历史[M].3 版.陈维静,译.北京:北京大学出版社,2014:113.

[③] BERGLEZ P. What is global journalism? Theoretical and empirical conceptualisations[J]. Journalism studies, 2008, 9(6):845-858.

闻①;国际传播则强调"传播行为如何服务于国家利益"②,如何应对文化帝国主义的挑战,并做好当代国际传播体系的参与者、建设者和贡献者。

我国所提出的国际新闻,是新闻学与跨文化传播、国际政治、国际关系、国际经济等相结合的产物,包含了作为国内媒体向中国呈现世界,以及作为国际媒体向外呈现中国的面向,强调以"国家"为主体的超越边界的信息流通,是关注国家作用与国际影响的理论与实践,是"国家和文化在新闻学中本质而宽泛的体现"③。

在作为国内媒体向中国观众呈现世界的面向中,国际新闻发挥出媒介的镜像功能,传递客观可信的媒介信息,反映国际局势,呈现他国政治、经济、文化状况,以及带有综合性的国际间重大事务。国际新闻是世界公民重要的信息来源,提升了受众知晓信息的权利(The Right to Know)。国际新闻全面公正的报道符合社会公众对有关重要问题全面了解的需求④,对国际环境进行监测,帮助受众了解国际社会正在发生什么,为什么会发生,拓宽国际视野,增进地球村新部落的文化理解与联系,提升民众参与国际政治的热情。

在作为国际媒体向外国观众呈现中国的面向中,国际新闻为塑造和传播良好的中国国家形象作出积极贡献。在世界话语体系建构之初,西方发达国家便牢牢占据着主动权,形成了掠夺性的扩张主义结构,建立了东方主义的话语,成为形塑"他者"的始作俑者。萨义德在他的著作《东方学》中,描述了西方在世界历史体系中对"他者"的阐释。他引用了马克思在《路易·波拿巴的雾月十八日》中的论述作为题记,"他们无法表述自己;他们必须被别人表述"⑤。东方成为"他者",进入西方研究的视野,从"入迷"变为操控。在非西方国家形象的呈现上,也展露出"西强东弱"的特点。中国在世界上的形象在很大程度上是"他塑"而非"自塑"。国际新闻需要掌握真实信息的解释权,把握信息主权与文化主权的影响,避免"有理说不出、说了传不开"的状况。

国际新闻除了具有传递信息、塑造国家形象、传递文化与价值的功能,更为重要的是其在重视国家作用和调整国际关系方面的作用。这是国际新闻在世界历史演进中

---

① 刘笑盈.国际新闻史:从传播的世界化到全球化[M].北京:中国广播影视出版社,2018:348.
② 戴佳,史安斌."国际新闻"与"全球新闻"概念之辨:兼论国际新闻传播人才培养模式创新[J].清华大学学报(哲学社会科学版),2014,29(1):42-52,159.
③ 赵卓伦.简论我国国际新闻学理论的学术困境及三个突破因素[J].新闻知识,2014(3):3-4.
④ 李喜根,刘洋.国际新闻报道研究的理论框架与视角[J].新闻记者,2013(9):30-36.
⑤ 萨义德.东方学[M].王宇根,译.北京:生活·读书·新知三联书店,1999:题记.

的必然结果。在福柯的论述中,"知识-权力"(Savoir-Pouvoir)与话语之间具有深刻的联系,对话语具有建构作用。国际新闻可以被视为"陈述",是话语的基本组成部分,是"人们记录他们所观察的东西和他们在陈述过程中重建感知历程的方法"①。国家的主体性在话语中被建构,也反向影响话语。"话语一旦产生,即刻就受到若干程序的控制、筛选、组织和再分配"②,而国家硬实力、软实力等正是影响话语基础的要素。

为了切实让中国声音被世界听到且听清,我国国际新闻在近十年来有了新的转向。在顶层设计上,以"人类命运共同体"理念为理论指导,从政治、经济、文化、安全等多个面向丰富世界对中国的认知,寻找"一种可以引导民族共同体基于其特定的历史路径走向世界文明前沿位置的思想、观念与生活态度"③,形成跨地域的传播话语。在行业实践上,《人民日报》、中央电视台、新华社、中国国际广播电台、《中国日报》、中国新闻社等媒体自 2009 年起纷纷启动了国际新闻传播能力建设的项目,提升驻外阵地的软硬件设备条件,全面布局海外业务网络,建立全球采编与播发矩阵。与此同时,各家媒体也借力 Facebook、Twitter、YouTube 等国际网络平台,发布信息,传播中国声音,与全球用户建立直接的联系。从借船出海、借口传声,到中国媒体"走出去",国际新闻"讲好中国故事,传播好中国声音"的思路初步改变了以西方媒体为主导的国际舆论场,抗衡西方对我国他者化、异质化、妖魔化的传播策略。

在我国国际新闻传播能力建设与话语权使用的实践中,国际新闻传播人才引进成为硬件建设之后出现的新问题。为国际新闻传播事业可持续发展提供强有力的支持,是新时代对新闻传播教育领域提出的需求与挑战。

我国国际新闻教育的发展始于 20 世纪 80 年代初。彼时,上海外国语大学、北京广播学院等院校开始设立国际新闻专业,形成了"外语+新闻"的教学模式,旨在培养精通外语,新闻业务水平高的外宣工作人才。该模式为我国国际新闻一线事业输送了大量的新鲜血液,中国声音得以被听见。然而,该教学模式已无法满足当今国际新闻实践的需要。除了依托外语进行新闻采编的能力,我们更需要培养具有跨文化视野及专业知识储备的专家型人才,这样的人才能就政治、经济、社会等问题进行深耕并发表

---

① 福柯.知识考古学[M].谢强,马月,译.北京:生活·读书·新知三联书店,1998:61.
② FOUCAULT M. The archaeology of knowledge and discourse on language[M]. New York: Pantheon, 1972: 216.
③ 邵培仁,周颖.国际传播视域中的新世界主义:"命运共同体"理念的流变过程及动力机制研究[J].浙江社会科学,2017(5):94-104,158.

个人见解,"更好地理解这个时代、更好地传递这个时代"①。2009 年,中宣部、教育部联合六大主流媒体构建"国际新闻传播后备人才"培养体系,在清华大学、中国人民大学、中国传媒大学等高校招收国际新闻传播硕士,注意培养学生把握好"为谁传播""何时传播""传播什么""怎样传播"的能力。该项目立足国家战略,紧跟国际前沿,在十年时间里,为我国主流媒体培养了许多优秀的国际新闻人才,也在教育教学方面积累了宝贵的经验②。2018 年 9 月 17 日,教育部和中宣部发布的《关于提高高校新闻传播人才培养能力实施卓越新闻传播人才教育培养计划 2.0 的意见》再次提出了"培养造就一大批具有家国情怀、国际视野的高素质、全媒化、复合型、专家型新闻传播后备人才"的要求③。

只有厘清国际新闻的概念与动机,我们才能更好地把握国际新闻的前行方向,审视国际新闻教育在社会中所扮演的角色,从横向与纵向的维度中,创新性认识全媒体时代国际新闻教育的新视野与新责任,培养出卓越的国际新闻传播人才,服务我国对外开放战略,构建国际传播新格局。

三、新视野:识别国际新闻定位

(一)超越边界,定位全球公共领域

国际新闻被国家赋予传播的合法性,从国家、民族利益出发,完成信息的跨国界表达与传播,"重新构建信息图像空间并形成新闻的地理空间"④。然而,现阶段的国际新闻依然面临着新闻传播"再边境化"的挑战。一方面,国际新闻受限于本土思维,仅仅是对事件个体的独立报道,而缺乏真正的国际视野,受众定位模糊,有着"自说自话"之嫌。另一方面,欧美民族主义与孤立主义所表现出的"逆全球化"趋势,在以西方为主导的国际舆论话语体系中也日益显现,"构成了话语生产的一个控制体系,通过同一

---

① 姜飞.新时期对未来国际新闻传播人才培养的思考[J].新闻与写作,2020(7):37-42.
② 高晓虹,赵希婧.国际新闻传播人才培养的经验与启示[J].对外传播,2019(1):15-17.
③ 教育部,中共中央宣传部关于提高高校新闻传播人才培养能力实施卓越新闻传播人才教育培养计划 2.0 的意见[Z].中华人民共和国教育部公报,2018(10):26-28.
④ 莫利,罗宾斯.认同的空间:全球媒介、电子世界景观与文化边界[M].司艳,译.南京:南京大学出版社,2001:1.

性来设置其边界"①。西方将对外宣传(Propaganda)隐身于看似更为平等、公开的传播行为(Publicity)中。

互联网媒介传播形态的发展与丰富,个体的能动性在传播过程中的被突显,呈现出"多主体、多渠道、多内容、多受众"的"高维"传播生态②。世界公众借力互联网展开频繁的交流与合作,关注各类全球性重大问题,例如公共卫生、气候变化、信息安全等。公众行动推动了"以不同议题为中心的从地方、国家以至全球层次上扩展"③的全球公共领域(Global Public Sphere)的诞生与兴起,它超越了复杂的地缘政治关系边界,重组了原有意义上的以民族国家疆域为界的公共领域概念。

全球公共领域的概念汲取了麦克卢汉的"地球村"(Global Village)及哈贝马斯的"公共领域"(Public Sphere)的思想,描述了当今世界繁杂的信息交叉流动所形成的网络社会,有助于构成世界公民身份的新概念④。麦克卢汉的媒介技术思想认为,感官系统的延伸使得世界逆向收缩,形成一个整合的、人人可参与的村落,"一切社会功能和政治功能都结合起来,以电的速度产生内爆,这就使人的责任意识大大提高"⑤。哈贝马斯将公共领域解释为传播行为中产生的社会空间,是"我们社会生活中的一个领域,在其中,可以形成一些接近公共意见的东西"⑥。由于全球资本、信息传播技术、跨国流动性、生态问题等因素,从前看似独立、分离的空间已逐渐交融甚至成为一体,领土边界的意识也逐渐被淡化。在这个人们相互联系又相互独立的全球化世界,社会关系通过时空距离延展。

在国际新闻教育中,不应当只强调国际新闻作为建构公共话语的工具,而应当在"全球公共领域"的范式下注入网络社会的全球/地方取向的课程和教学法,超越单一国家视野,认清国际新闻及国际新闻工作者作为世界公民的角色定位,进一步提升新闻选题的挖掘能力与国际报道的叙事能力,重塑国际新闻的报道形式与全球化媒介景观。只有国际新闻工作者真正融入全球公共领域,撤除刻板印象,代入"他者"视角,寻

---

① FOUCAULT M. The archaeology of knowledge and discourse on language[M]. New York: Pantheon, 1972: 224.
② 刘笑盈.国际新闻史:从传播的世界化到全球化[M].北京:中国广播影视出版社,2018:380.
③ 魏明革.基于网络的全球公共领域的建构与消解[J].当代传播,2012(1):42-45.
④ VOLKMER I. The global network society and the global public sphere[J].Development, 2003, 46(1): 9-16.
⑤ 麦克卢汉.理解媒介:论人的延伸[M].何道宽,译.南京:译林出版社,2011:75.
⑥ HABERMAS J. The public sphere: an encyclopedia article[M]//BRONNER S E, KELLNER D. Critical theory and society: a reader. New York: Routledge, 1989:136.

找跨文化语境中自我与他者的关系网络,展现全球一体化和整体性,才能更好地服务于国家战略。

美国西北大学梅迪尔新闻学院(Medill School of Journalism, Northwestern University)面向新闻学专业的研究生推出"全球驻留项目"(Global Residency Program)。获得资格的学生可以到欧洲、亚洲、非洲、大洋洲、北美洲的新闻机构工作10—12周,在专业人员的指导下,获得真实世界的经验和专业上的成长,了解当地新闻机构面临的现状与挑战。

西班牙的庞培法布拉大学(Pompeu Fabra University)提供的"课堂—新闻编辑室"教学框架,试图令西班牙新闻专业本科生达到(英语)公共在线新闻机构的专业要求。除了培养核心价值观与数字多样性,该校还加强学生的外语能力训练、在具体社会文化实境中的国际新闻敏感性,以及对公共新闻报道所带来的企业社会责任的认识①。

中国传媒大学"国际新闻传播后备人才班"的培养方案中,特别注重让学生融入全球公共领域。部分学生在通过考核后,将获得中国国家留学基金委的资助,赴六大国家主流媒体驻海外机构实习,实习周期为一个学期,在一线工作中完成优秀的国际新闻作品。此外,中国传媒大学坚持以"国际交流"为手段,发挥国际化的办学优势,邀请国际知名教授、新闻工作者进行面对面的交流,通过观摩、学习与实践,融汇国内外的教学法与实践,定位全球公共领域,培养国际视野。国际新闻专业的学生可以参加学校组织的海外交流与实践活动,例如"跨越巴别塔计划"、"优秀国新硕士赴海外媒体实习"项目、暑期赴欧洲海外教学实践、校际合作双硕士项目,等等。

(二)解构外宣,构建跨文化公共关系

当国际新闻融入全球公共领域,传统的由权力单位把控媒体进程以形塑大众认知与行为的"对外宣传模式"(Propaganda Model)也不再适用。为了摆脱对外宣传的瓶颈与困境,党中央提出了"讲好中国故事,传播好中国声音"的要求,创新传播观念与传播技巧,提升我国国际新闻传播能力。除了做好信息的传达,国际新闻还需要"讲好中

---

① TULLOCH C D, MAS I MANCHON L. The classroom is the newsroom: CNA: a wire service journalism training model to bridge the theory versus practice dichotomy[J]. Journalism & mass communication educator, 2018, 73(1): 37-49.

国的动态发展以及它与整个世界的关联"①。

全球公共领域的信息传播,需要将相互联系、相互依存的抽象事实具体化为国际新闻的新课题,在流动的空间中建立跨文化公共关系,在新闻叙事与议程设置中,展示多元文化差异,消解世界价值冲突,建构世界公共认知。跨文化公共关系的思维是维系国际新闻传者与受者之间情感的重要纽带,是对"人类命运共同体"伟大构想的回应。

公共关系最初被理解为广告的一个专门的子系统,是更广泛的"促销文化"(Promotional Culture)的一部分。公共关系的作用在当今媒介景观中日益凸显,尤其是公共关系在政治传播与公共传播领域扮演着越来越重要的角色。跨文化公共关系建立在相互尊重、平等互利的基础上,运用跨文化传播的手段,聚焦国际社会关注的话题,准确了解受众的态度、行为与需求,考量传播内容、传播形式与话语样态,主动参与议题设置,打造易于为国际社会所理解和接受的传播话语,方能做到中国话语的世界表达。

"传播者不仅决定着传播活动的存在和发展,而且决定着信息内容的质量与数量、流量和流向,决定着传播内容对人类社会的作用和影响。"②当国际新闻工作者以"人类命运共同体"的理念,摒弃等级化和中心化的表述,采取跨文化公共关系的交往观念时,国际新闻将解构传统外宣的概念和认知,积极推动世界媒体的新格局形成,调整全球公共领域的互动关系。

新华社"复兴路上工作室"推出的讲述中国故事、传递中国文化的系列短片,以及《中国日报》推出的《英国小哥侃两会》《英国小哥细数"两会"关键词》特别报道等优秀的国际新闻作品脱颖而出。这些作品均采用形式新颖且别具创意的短视频模式,用视听语言呈现融通中外的新概念、新范畴、新表述,在国内外均取得了较好的传播效果,充实了高校国际新闻教育跨文化实践案例库。主流媒体也聘请了一定数量的外籍记者,打造外国"网红"。他们作为沟通中外的使者,采用外国受众适应的话语方式,在国外社交媒体平台上获得了大量关注、订阅与转发。

然而,我国国际新闻传播人才的跨文化能力培养仍然存在不足,主要表现为对跨

---

① 程曼丽.中国对外传播的历史回顾与展望(2009—2017年)[J].新闻与写作,2017(8):5-9.
② 邵培仁.传播学[M].北京:高等教育出版社,2007:394.

文化知识,尤其是对英美国家语言和文化之外的国际知识的忽略[①]。而这将在国际新闻实务中的信息筛选、采集、解读、加工与传播等诸多环节影响传播者的态度与意识。因此,在国际新闻教育上,除了培养学生的全球化意识,还要让其具备认识社会和文化的复杂性、包容性、多样性的意识,指导学生在学习阶段尝试跨文化信息的创建与分发,加深学生对跨文化公共关系传播需求的理解,在价值共享、话语共建的基础上,摆脱西方中心化及文化帝国主义的桎梏,加强文化自信,培养服务于"人类命运共同体"的社会主义世界公民。

在国际新闻专业的招生与培养方面,中国传媒大学国际新闻传播硕士后备人才班通过"推免+考核"的机制,选拔具有新闻传播专业背景与语言专业背景的优秀本科毕业生。培养方案设置的课程中,除了国际新闻传播实务、国际关系与公共外交等必修课程,还包括跨文化传播、媒介与社会等专业选修课程,帮助学生加强跨文化语言能力、社会语言能力。在本科阶段,中国传媒大学电视学院独创的21世纪传媒人才综合素质"五条线"教学体系,即"理论线""写作线""创作线""观摩线""外语线",全方位提升学生的综合素质,夯实国际新闻传播基础。同时,电视学院以专门英语(ESP, English for Special Purpose)的理念,特设大学公共英语创新实验班。此外,电视学院还贯通本科生、研究生、国际留学生的英语新闻节目制作实践环节,为学生打造跨文化学习与交流的语境。

(三)突围"后真相",回归专业新闻生产

"后真相"(post-truth)一词被《牛津英语词典》选为2016年世界年度热词,其定义为"诉诸情感及个人信念,较陈述客观事实更能影响公众舆论的情况"。换言之,即客观性价值取向对情绪性价值取向的妥协。

客观性一直是西方新闻业的主导范式及新闻工作者和新闻学子的指导原则。它要求媒体在呈现和解释事实时,必须尽可能不带有个人价值。然而,信息传播技术的快速发展,特别是社交媒体平台的兴盛,使得传统主流媒体的把关力量被大大削弱,媒介信息呈现去中心化、碎片化、病毒化等特征。媒介机构与受众求"快"大于求"真",信息文本被肆意解构。抓人眼球的"情绪化"成为获取流量的主要手段,而事实与真相却

---

① 孟兰娟,唐惠润.中国外语(国际)新闻传播人才跨文化能力量表构建的实证研究[J].外语教育研究前沿, 2020,3(2):35-42,91.

鲜有人理睬,假新闻因此层出不穷。社交媒介创造的"回音室"(Echo Chamber)及算法主导推送衍生的"过滤气泡"(Filter Bubble)也是"后真相"大行其道的"幕后推手"。

"后真相"时代也给国际新闻工作带来诸多挑战:一方面,内容生产与传播的准入门槛大大降低,"在场"用户发布的非专业碎片内容已能满足网民第一时间的猎奇心理;另一方面,国际新闻需要传达的社会情境、价值意义等背景信息无法展开,专业新闻优势被大大削弱。"后真相"是拟态媒介环境中个体自适应的结果。① 在冗杂的网络病毒信息中,信息传播生态逐渐恶化,专业新闻力量式微,但国际新闻依然是专业新闻突破"后真相"的可能路径。

新的媒介生态鼓励了更多元的主体力量参与到国际新闻传播中,突破了过去举足轻重的新闻专业主义话语,颠覆了传统的新闻范式②。大数据、算法、人工智能等新媒介技术的"合谋"使得新闻记者作为文化权威、信息权威的神话被打破,信息也变得愈加碎片化。新闻记者"信息搬运工"的职能被公众的"众包"新闻生产模式所取代,他们更需要做的是帮助受众在过载的信息网络中筛选与排列有价值的内容,并告知受众原因,进行文化与意义的解释。

当前普遍存在的国际新闻报道范式,依然是依托记者寻找选题并呈现事件的模式,令观众"围观"新闻事件,而缺乏"在场感"与能动性。针对此情况,有学者认为,国际新闻教育首先应该是一个可激发现场本质的新闻叙事教育。③ 而借力全媒体技术,如5G技术、VR技术等,即在维护专业新闻根基的基础上,增强用户主体性,为受众个性化呈现更为丰富的在场性新闻内容。国际新闻记者的工作职能也得以拓展,他们不仅仅是异域社会、政治、经济、文化的记录者与转述者,更是受众的"智慧"来源,帮助受众将散落的信息重新整合,描绘出国际新闻与国际秩序的信息地图。

国际新闻教育的课程,一方面要进一步提升学生的核心专业素养,提升国际新闻深度与锐度,回归新闻专业生产,消除"后真相"带来的负面影响;另一方面要鼓励学生具有跨学科的知识储备,寻找个性化、特色化的职业发展路径,形成复合型、专家型的知识结构。目前,美国高校新闻传播教育体系多以丰富的通识课程资源为补充④,加

---

① 唐绪军."后真相"与"新媒体":时代的新课题[J].传媒观察,2018(6):5-11,2.
② 潘忠党,陆晔.走向公共:新闻专业主义再出发[J].国际新闻界,2017,39(10):91-124.
③ 周庆安.规训与免于规训的叙事教育:新媒体时代国际新闻教育的抉择与思考[J].全球传媒学刊,2018,5(1):30-38.
④ 常江,杨奇光.美国主流国际传播教育模式探究与思考[J].对外传播,2016(2):74-76.

强新闻人才培养在国际政治、经济、文化、社会、公共事务等诸多领域的丰富性。同时,相关课程聚焦国际前沿问题,引导学生展开深度思考。而我国的国际新闻教育多以理论导向与实务导向为主,未来可以进一步扩充媒介批评、媒介前沿等课程的容量,培养新闻传播专业学生的思辨能力与批判能力,改写"后真相"引发的国际新闻秩序乱象。

四、新责任:建构学生发展面向

(一)马克思主义新闻观教育培养家国意识

国际新闻教育所培养的人才,是为国家、民族、人民群众服务的人才。新闻学一直与国家舞台和民族语言密切相关,新闻深层的价值是"意态信息"[①]。即使在全球化时代,国家或地方的本土性重点和前景仍然不可被忽视。秉持新闻专业精神与全球视野之外,新闻工作者不能脱离家国目标。家国情怀是国际视野的精神依靠,我们要超脱传统西方简单的"客观性"模式,要求国际新闻工作者参与到社会问题以及媒体与受众的互动中,将个人理想追求融入国家和民族的事业中。

2019年5月,CGTN记者刘欣驳斥美国福克斯商业频道主持人特丽什·里根(Trisha Regan)宣扬对华"经济战"的言论,双方在Twitter上隔空喊话,约定在节目上进行贸易辩论。这是中国主流媒体机构主播首次有机会向美国观众概述中国对贸易战的立场。这场辩论(或称对话)中,刘欣在有理有据把握客观真相的同时,既尊重不同意识形态又坚定家国立场,获得了广大民众的赞许。对于美国来说,"看到有人说着完美的英语并以开放和雄辩的方式回答问题,这已经是一个与大多数美国人习惯看到的完全不同的中国"[②]。

家国意识的培育,需要在高校的教学过程中坚守国家立场,把握正确的政治方向,用新时代中国特色社会主义思想的理论体系武装学生,加强国情教育,提升学生政治素养,以更好展现国家积极形象、制造良好国际舆论,为国家发声,为时代书写。高晓虹等认为,"要利用调查研究、案例教学等多种实践平台,把马克思主义新闻观贯穿到

---

① 杨保军.论新闻价值实现的层次性[J].国际新闻界,2002(6):55-59.
② QIN A. Anchors from Fox and Chinese State TV hold live debate on trade [EB/OL]. (2019-05-29)[2020-12-02].https://www.nytimes.com/2019/05/29/world/asia/trish-regan-liu-xin-foxdebate.html.

大学学习的全过程,引导学生自觉、自愿、自主、自信地传播党的时代强音"[①]。马克思主义新闻观是科学的思想体系,是从实践中总结出来的对新闻现象和传播活动的总体看法,其理论精髓为党性原则、实事求是、理论与实践相结合。

在课程设置方面,中国传媒大学为国际新闻传播硕士班开设的"中国特色社会主义理论与实践研究""马克思主义与社会科学方法论""实践中的马克思主义新闻观""中国新闻传播大讲堂"等课程,践行课程思政理念,帮助学生系统、全面地理解马克思主义新闻观的深刻内涵与现实意义;在教材设计方面,教师团队积极探索马克思主义新闻观的教材编写,已推出《实践中的马克思主义新闻观——新闻报道经典案例评析》《中国新闻奖获奖作品展示手册》《"好记者讲好故事"活动新媒体展示手册》等创新教材,助力马克思主义新闻观的"入耳、入脑、入心"。

除了课堂教学,"第二课堂"也为学生培养家国意识作出积极贡献。清华大学、中国人民大学和中国传媒大学设立的"国际新闻传播后备人才班"均开展了国情教育与国情实践活动,为学生培养家国意识提供了良好的土壤。在硕士一年级的第二学期,三校学子集中参加国情教育讲座。该系列讲座每期共16讲,由中宣部组织,邀请各部委副部长以上级别领导担任主讲,内容包括国际形势、国际关系、国际贸易等多个方面,让国新学子接触最新、最实的第一手资料,充分了解我国国情,奠定职业生涯的基础。在硕士一年级的暑期,学生们还将参加由各校组织的国情实践调研活动。国新学生在学校教师以及主流媒体资深新闻工作者的带领下,赴延安、兰考、古田、汉中等地,深入群众,深刻了解国家全面建成小康社会攻坚阶段在城镇化、现代农业、精准扶贫等方面的发展情况,并用行动讲好基层故事,践行"两学一做"精神。

国际新闻传播硕士班也在党和政府的支持下获得更多一线观摩与实践的机会。参加"两会"发布会、外交部新闻发布会、中国记协新闻茶座、"好记者讲好故事"、"一带一路"记者组织论坛等活动,帮助学子体验与了解一线新闻工作状态,关注社会舆论焦点、国内外重要时事等。在硕士二年级的第二学期,学生可以根据自己的职业规划和专业偏向填报志愿,到《人民日报》、新华社、中央广播电视总台等主流媒体进行为期半年的实习,借助国家媒体平台,置身国际新闻传播一线,提升新闻实践技能以及综合业务素质。

[①] 高晓虹,赵希婧.新时期新闻传播教育的理念与方法创新:以中国传媒大学新闻传播教育为例[J].新闻与写作,2016(1):25-27.

(二)全媒体技能支持媒体融合向纵深发展

媒体融合是当今媒介变革最重要的表现之一,各种媒介形式聚合成数字格式在互联网中呈现,为国际新闻业态的发展提供了更广阔的空间。二十年来,媒介融合如何影响新闻业一直是国际学界研究的重要议题之一。相关学者或基于案例实践探讨传统广电与数字媒体平台优化整合的新闻产出[1];或探讨媒介变革中新闻专业人士能力的重新定位[2];或关注新闻教育如何构建适应全媒体平台的培养体系[3]。

2014年,中国媒体融合发展战略正式上升至国家层面,这一年被称为"中国媒体融合发展元年"。时隔八年,我国媒体融合发展已从初步融合阶段迈向深度融合阶段,实现了从"相加"到"相融"的进步,在积极探索中获得了可观的成绩。例如,人民日报"中央厨房"运作模式的宝贵经验,浙江日报报业集团建设"互联网枢纽型传媒集团",重庆日报报业集团建成"全媒体数字化技术支撑平台"等。同时,实践基础上的理论建构也得到加强,为媒体融合提供了学理支撑。全媒体的不断发展促成了中国新的新闻生态的形成,呈现"多种类型媒体共同参与,多元新闻实践形态并存"[4]的媒介生态。

中共中央办公厅、国务院办公厅于2020年9月印发的《关于加快推进媒体深度融合发展的意见》提出"逐步构建网上网下一体、内宣外宣联动的主流舆论格局,建立以内容建设为根本、先进技术为支撑、创新管理为保障的全媒体传播体系"这一明确要求[5]。这让我们意识到,在新时代,国际新闻教育也应当充分运用信息革命成果,把握"全程媒体、全息媒体、全员媒体、全效媒体"的媒介特性,推动媒体融合向纵深发展,培养一批全媒体能力全面、技能扎实的人才,以应对全媒体对新时代国际新闻传播格局的挑战。

高校新闻传播教育常会遇到技术更迭与理论发展、知识结构不匹配的困局。在新

---

[1] COTTLE S, ASHTON M. From BBC newsroom to BBC newscentre: on changing technology and journalist practices[J]. Convergence, 1999, 5(3): 22-43.

[2] KILLEBREW K C. Culture, creativity and convergence: managing journalists in a changing information workplace[J]. International journal on media management, 2003, 5(1): 39-46.

[3] CASTAÑEDA L, MURPHY S, HETHER H J. Teaching print, broadcast, and online journalism concurrently: a case study assessing a convergence curriculum[J]. Journalism & mass communication educator, 2005, 60(1): 57-70.

[4] 张志安,汤敏.新新闻生态系统:中国新闻业的新行动者与结构重塑[J].新闻与写作,2018(3):56-65.

[5] 新华社.中共中央办公厅国务院办公厅印发《关于加快推进媒体深度融合发展的意见》[EB/OL].(2020-09-26)[2020-12-01].http://www.gov.cn/zhengce/2020-09/26/content_5547310.htm.

文科建设的背景下,新闻传播专业利用"对现代科技的应用与创新、理论与实践的结合、学科交融和交叉"①,优化传统教学模式。国际新闻学生除了学习传统的"采、写、编、评"及批判性思维外,更要学习多重技能(Multi-skilling)以满足全媒体平台的媒介特性,"跨越新闻编辑室进行合作,以连接不同(媒介)新闻编辑室文化"②,并且要把握不同世代用户的属性与特征。在学习阶段,国际新闻专业的学生还应该学会审视媒体融合的社会属性、文化属性与技术属性,迅速融入业态前沿,培养互联网思维,在不同平台采用不同的制作手段与叙事方式,通过全媒体"故事包"体现记者能力。

中国传媒大学国际新闻传播硕士班通过全媒体的专业训练培养学生的实践能力。国际新闻传播硕士班在成立之初,便创设了英语电视新闻栏目《新闻八通线》,由学生完成新闻的采写、编辑、摄制、主持、配音等环节;在移动互联网兴起时,紧跟技术潮流,由各年级国新班学子开通、运营新浪微博与腾讯微信公众号。同时,电视学院搭建"TVS新媒体工作坊",让部分同学组成新媒体技术团队参与微信表情包、H5制作,大大提升学生的技术思维、创作能力、创新意识。以2015级国际新闻传播硕士班学生为主创设计的"长征路上小红军"表情包,全网发送量破千万。

(三)通识课程培育国际新闻素养

新闻学初次进入中国高等教育,便是以选修课的形式在北京大学开设课程,介绍欧美国家的新闻概况与理论。这是中国新闻教育的发端③,也是国际新闻作为通识教育的萌芽。而今,在新文科建设全面推进的背景下,新闻传播学作为人文社会科学的重要组成部分,作为与先进技术紧密接轨的专业,与学生的日常生活息息相关。因此,开设国际新闻教育通识课程,对于提升全媒体时代青少年的国际新闻素养尤为重要。中国网民活跃在世界网络中,网民个体行为同样影响国家形象与"五通发展"。国际新闻教育通识课程的开设,一方面有利于提升学生对于新闻的敏感度与鉴别力,另一方面使得学生将国际新闻作为一种意识。

在提高对新闻的敏感度与鉴别力方面,美国石溪大学(Stony Brook University)

---

① 强月新,孔钰钦.新文科视野下的新闻传播人才培养[J].中国编辑,2020(10):58-64.
② HUANG E, DAVISON K, SHREVE S, et al. Bridging newsrooms and classrooms: preparing the next generation of journalists for converged media[J]. Journalism & communication monographs, 2006, 8(3): 221-262.
③ 方汉奇.中国新闻学和新闻教育的摇篮:写在北京大学100周年校庆之际[J].中国记者,1998(5):3-5.

的 Schneider 教授认为,新闻教育应该重塑自身,成为学生核心竞争力的提供者,让学生能够成为新闻和信息的批判性消费者。他于 2005 年面向石溪大学全校学生开设了"新闻素养"公共课程,并由此掀起了新闻素养教育运动。一些小型的新闻素养培训工作坊也在美国各地展开,以服务特殊团体①。Schneider 教授及其团队也开始思考如何在全美甚至全球教育谱系中嵌入和拓展新闻素养课程。美国石溪大学新闻学院也到中国传媒大学参加会议,与中国教学团队探讨将该课程模式转移到中国学术环境中的可行性与难点。

将国际新闻作为一种通识意识,是让学生明确意识到,国际新闻是具有明确的目的性和指向性的,个体行为与国家民族紧密相连。其中,互联网是改变信息生产、消费和支付方式的驱动力,以各种可想象的方式影响传统的新闻报道模式,冲击了国际新闻的理念与工作方式。互联网,特别是社交媒体,使得公民可以绕过传统大众媒体的审核并平等地参与信息发布与获取。全媒体时代的信息生产强调要在虚拟社区中建立有效的传播机制,并利用与传统报道的差异性显现出世界公民的主动性。

在全球新闻业中,社交媒体扮演着越来越重要的角色。用户上传的图片或视频被引用为媒体的头条;从政治事件到娱乐新闻,从民生新闻到海外消息,社交媒体正在成为传统媒体收集各类信息的源头。对于网民个体而言,他们以更加私人化的方式,在网络社群中描述事件及发表观点。技术手段的更迭与普及赋予了普通大众信息生产与传播的新可能与新平台。

关于新闻教育的研究中,实践派(Empiricos)与学院派(Universitarios)之间的对立性根深蒂固②。笔者认为,将国际新闻教育加入通识教育需要更多技能的培训,令学生能够通过实践分析新兴的社会文化和社会经济问题,并在实践中思考如何改变个体,思考新闻被赋予的意义和做新闻的方式,避免在使用网络的过程中滥用信息权力以及被虚假信息误导,进而在由互联网串联的全球公共领域中自发回应国际社会语境与媒介语境的价值诉求。

目前,清华大学新闻与传播学院取消了新闻学本科专业招生,采用书院形式培养学生,开设文科课程,融入新闻传播学内容。此次改革是清华大学通识教育建设"强基

---

① BEYERSTEIN L. Can news literacy grow up?[J]. Columbia journalism review,2014,53(3):42-45.
② GAUNT P. Making the newsmakers:international handbook on journalism training[M]. Santa Barbara:Greenwood Publishing Group,1992:124.

计划"的一部分,是打破本科学科壁垒的尝试性改革,学生仍通过选修、辅修等方式学习新闻学相关课程。清华大学此番教改行动是将国际新闻作为通识教育的一次探索行动,在国内仍属唯一案例,其具体措施、安排以及成效如何还有待未来观望。

结　语

随着综合国力竞争日益激烈,国际话语权与国际软实力的竞争也日益突出。国际新闻作为国家软实力的重要载体,承担着向世界展现国家形象、传播中华文化影响力、用中国话语表达中国主张等重要使命。"世界多极化、经济全球化、社会信息化、文化多样化"的时代特征,对国际新闻实践与教育提出新的要求。我国国际新闻专业正式设立至今已有30余年,如何在新时代更新国际新闻观念,创新国际新闻教育成为亟待解决的问题。

国际新闻是被国家、民族赋予的跨国界信息传播的行为。国际新闻教育应该融入全球公共领域,认清国际新闻及国际新闻工作者作为世界公民的角色定位,在学习与实践中注入国际/本土思想;同时,解构外宣思想,利用国际新闻的信息流动建立跨文化公共关系,实现空间、信息与文化的流动;国际新闻也可以被视作专业新闻回归的可能路径,开拓国际新闻深度与锐度,消除"后真相"带来的负面影响。

国际新闻教育也秉承着新的时代责任。对于专业学生,各高校需要通过践行马克思主义新闻观培养他们的家国意识,坚定国家立场,加强国情教育,同时培养学生的全媒体技能,适应媒体融合时代的专业要求。对于非专业学生,也应将国际新闻作为通识课程,培养他们的国际新闻素养,让他们意识到自己的媒介行为在全球媒体生态中的重要地位。

我国国际新闻事业在探索中发展,在发展中升级。国际新闻学科要进一步立足中国、放眼全球、关怀人类、面向未来,加快构建学科体系、学术体系与话语体系,在马克思主义新闻观指导下,加强理论与实践的结合,方能为我国国际新闻传播视野的可持续发展提供强大支撑。

国际新闻传播教育的中国理念与实践探索
——基于马克思主义新闻观的教育传播研究

◇ 姜　俣　李尽沙

一、马克思主义新闻观与国际传播教育：理论追溯与中国探索

19世纪40年代，马克思主义新闻观在马克思与恩格斯的无产阶级报刊活动中开始奠基。在此后170余年的发展历程中，列宁在领导俄国无产阶级革命实践中形成和提出的新闻思想，以及历代中国共产党人对马克思主义新闻观中国化的推进，不断将这一理论体系推向全新的历史阶段，使其呈现出与时俱进、开放创新的特征。

目前，国内学界对马克思主义新闻观的概念阐释已经产生了颇为丰富的面向。追溯与梳理马克思主义新闻观这一理论概念的现有界定，亦是从观念本体、发展历史、哲学基础、理论价值等多维度对马克思主义新闻观进行总体性认识的过程。从观念本体出发，马克思主义新闻观是指"把马克思主义基本原理运用到新闻传播活动中所创立的一系列立场、观点、方法，是马克思主义对于新闻现象和新闻传播活动的总的看法"[①]；从哲学基础出发，马克思主义新闻观是"辩证唯物主义和历史唯物主义在新闻舆论工作领域的集中体现"[②]；从历史的视角来看，马克思主义新闻观是一个开放的理论体系，由马克思、恩格斯、列宁等无产阶级革命家以及中国共产党老一代革命家、党和国家主要领导人[③]等一系列马克思主义理论家创立、发展与创新；从价值层面出发，马克思主义新闻观"揭示了新闻传播活动的客观规律，明确了党和人民新闻事业的方

[①②] 中华全国新闻工作者协会,新闻战线"三项学习教育"活动领导小组办公室.马克思主义新闻观百问百答[M].北京：学习出版社,2019：3.
[③] 本书编写组.实践中的马克思主义新闻观：新闻报道经典案例评析[M].北京：高等教育出版社,2015：315.

针原则"①,是"人类认知、思考和把握传播活动及新闻信息生产规律最重要、最宝贵的思想成果和理论财富,是指导人们精神交往活动和信息流通生产的灵魂,是社会主义制度下新闻舆论及思想宣传工作的定盘星"②。

近年来,伴随着综合国力与国际地位的提升,我国在国际社会与国际事务中发挥的作用日益明显,在各国媒体和社交平台的可见度和讨论度显著增加,加强国际传播能力建设在新闻舆论工作总体布局中的重要性也随之凸显,这一任务关乎国家形象、国家利益、国家发展战略、文化软实力与意识形态安全等诸多方面。而"媒体竞争的关键是人才竞争,媒体优势核心是人才优势"③,培养合格的新时代国际传播"预备队"与"后备军"是国际传播能力建设的重中之重。在国际传播教育视野下回顾马克思主义新闻观的理论建构与实践探索,将为全球传播人才培养提供开阔的理论经纬与现实的经验借鉴。

(一)马克思主义新闻观的国际视野

从国际视野出发对马克思主义新闻观的考察主要分为两条路径:一是关注马克思主义新闻观国际化的理论脉络,通过对理论来源与发展进程的全面把握,实现对马克思主义新闻观更为充分的认识;二是着眼于马克思主义新闻观在本土化理论探索、具体实践与创新过程中的国际维度考量,在这一维度中,马克思主义新闻观和中国共产党新闻理论与实践在世界版图中的地位与意义被不断廓清。

马克思主义新闻观从发展历程来看,包括马克思、恩格斯的创始奠基,列宁的继承发展和以毛泽东为代表的中国共产党人的丰富创新三个历史阶段④。有学者指出,"对于中国而言,马克思主义、列宁主义不可分割,前者的影响是纲领性的、原则性的,后者的影响是具体而微的"⑤。马克思、恩格斯、列宁的新闻思想作为这一理论体系的国际源流,为马克思主义新闻观及其中国化提供了基础性资源和借鉴。

马克思与恩格斯的政治活动始终伴随着报刊活动,丰富的新闻实践经验孕育了其

---

① 本书编写组.实践中的马克思主义新闻观.新闻报道经典案例评析[M].北京.高等教育出版社,2015.1.
② 童兵.马克思主义新闻观中国化的典范:学习《习近平新闻思想讲义》心得[J].新闻记者,2018(8):4-9.
③ 习近平在党的新闻舆论工作座谈会上强调坚持正确方向创新方法手段提高新闻舆论传播力引导力[N/OL].人民日报,2016-02-20[2023-05-16].http://www.plitics.people.com.cn/n1/2016/0220/c1024-28136187.html.
④ 郑保卫.马克思主义新闻观中国化的历史进程及其理论贡献[J].新闻与传播研究,2018,25(2):5-19,126.
⑤ 邓绍根,丁丽琼.新起点、新探索:2019年中国的马克思主义新闻观研究综述[J].国际新闻界,2020,42(1):64-78.

综合性的新闻思想体系。学者郑保卫在其编著的《马克思恩格斯报刊活动与新闻思想研究》中,将马克思与恩格斯在各时期撰写的体现其新闻观念的文章与论述归纳为13个专题,分别为报刊的性质、任务和作用、出版自由、新闻真实、新闻工作者的修养、人民报刊、党报、传播、宣传、新闻写作及文风、舆论、报刊经营、新闻出版与法律,以及对资产阶级报刊的批判和利用①。其中,马克思与恩格斯关于:1.党报(包括"党报党刊是党的重要思想武器和政治阵地""党报党刊必须遵守和阐述党的纲领和党的策略""党内自由发表意见以及党内思想斗争公开"等②);2.报刊与人民的关系(如"人民的信任是报刊赖以生存的条件"等);3.新闻工作的一般规律(包括"报刊具有连植物也具有的内在规律""只要报刊有机地运动着,全部事实就会完整地被揭示出来"③,以及一系列关于新闻时效、真实、公正与写作风格的论述);4.报纸的监督功能等的新闻思想构成了马克思主义新闻观的基础性概念。

列宁的新闻思想在继承马克思、恩格斯的新闻思想的基础上,又为马克思主义新闻观注入了创新性的理论成果,对中国共产党新闻思想的形成以及马克思主义中国化起到了重要的启示与引领作用。列宁的新闻思想具有"创新品质""斗争精神"与"建设意识"④,其基于苏俄本土无产阶级革命实践提出的党的出版物、思想建党、依靠群众办报、建立全俄政治性机关报、将苏维埃报刊工作核心转为以经济建设为中心等观念,除了吸收马克思、恩格斯的新闻思想精华之外,还在"建设集中统一的马克思主义政党、组织动员广大民众投身革命斗争服务、建设和发展社会主义新闻事业"⑤等方面进行了发展与创新。

将马克思主义新闻观与中国共产党的新闻理论与实践放置于国际视野中进行考察,是实现对"中国新闻传播体系在世界历史语境中的全面理解"⑥,克服对新闻传播事业认识的历史虚无主义与"去政治化"倾向的必要过程,并将为国际新闻教育提供全局性与战略性的视野和方向。学者赵月枝采用国际意识形态斗争的话语框架,从国际共运史、美国新闻传播学与全球视野三个视角出发,阐释了马克思主义新闻观对资产

---

① 郑保卫.马克思恩格斯报刊活动与新闻思想研究[M].北京:高等教育出版社,2003:ⅱ-ⅲ.
② 郑保卫.马克思恩格斯报刊活动与新闻思想研究[M].北京:高等教育出版社,2003:417-433;本书编写组.实践中的马克思主义新闻观:新闻报道经典案例评析[M].北京:高等教育出版社,2015:321.
③ 陈力丹.马列主义新闻学经典论著[M].北京:人民日报出版社,1987:23.
④⑤ 郑保卫.论列宁新闻思想的历史贡献及当代价值:写在列宁诞辰150周年之际[J].国际新闻界,2020,42(4):34-50.
⑥ 赵月枝.全球视野中的中共新闻理论与实践[J].新闻记者,2018(4):4-16.

阶级新闻制度下自由主义新闻理论与实践的批判,展示了中国共产党新闻思想在美国学术界的地位、影响与面临的挑战,并试图提供一个将中共新闻理论与实践贯通中西的初步理解①,拓展了马克思主义新闻观在传播政治经济学领域、跨文化传播领域的视野。

作为中国特色新闻传播理论的构成维度之一,马克思主义新闻理论是国际社会认识中国宣传与媒体制度的前提。② 面对提升中国新闻传播理论与事业的国际影响力与话语权的现实需求,从国际传播与话语创新层面深入理解马克思主义新闻观,"做好党、国家和媒体关系的解释"③,与推动国际社会对中国的理解、增强我国文化软实力的目标紧密相连,也是全球传播人才培养的重要内容与目标。

(二)马克思主义新闻观的本土探索

马克思主义新闻观在中国化的进程中不断发展与创新,理论体系不断丰富,呈现出鲜明的中国特色与时代特征,其中包括"以毛泽东为代表的中国共产党人根据革命报刊工作经验形成的适应革命环境的马克思主义新闻观",以及"以邓小平、江泽民、胡锦涛、习近平为代表的中国共产党人在改革开放以来创造性发展的马克思主义新闻观"④。具体思想观点包括党性原则,政治家办报,新闻真实,关注世界信息沟通,以正确的舆论引导人,遵循新闻传播规律与新兴媒体发展规律,形成立体多样、融合发展的现代传播体系等。

对于马克思主义新闻观的理论要点及其关系,国内学界也进行了多维的充实和探讨。范敬宜认为,"实践第一""大局意识"和"与时俱进"是把握马克思主义新闻观的思想要点⑤。在中宣部与教育部共同组织编写的《实践中的马克思主义新闻观——新闻报道经典案例评析》一书中,马克思主义新闻观被归纳出以下六个基本观点:1.新闻工作的党性原则;2.坚持人民至上的价值追求;3.坚持微观真实与宏观真实相统一;4.坚持遵循新闻传播规律;5.坚持正确舆论导向;6.自觉承担社会责任⑥。杨保军则从系统

---

① 赵月枝.全球视野中的中共新闻理论与实践[J].新闻记者,2018(4):4-16.
②③ 姬德强.中国特色新闻传播理论及其国际影响力的提升[J].国际传播,2017(2):18-23.
④ 涂凌波.试析"实践中的马克思主义新闻观"提法及其内涵[J].中国新闻传播研究,2019(1):55-63.
⑤ 范敬宜.为什么要学习马克思主义新闻观[M]//李彬,宫京成.马克思主义新闻观十五讲.北京:清华大学出版社,2007:3-13.
⑥ 本书编写组.实践中的马克思主义新闻观:新闻报道经典案例评析[M].北京:高等教育出版社,2015:Ⅰ-Ⅳ.

要素的评判标准出发,将马克思主义新闻观归纳为党性原则观念、人民中心观念、新闻规律观念与正确舆论观念四大核心观念,并指出党性原则是马克思主义新闻观总体性、统领性的"第一观念",人民中心观念是居于核心地位的新闻舆论工作价值目标观念,新闻规律观念是基础性或根基性的概念,正确舆论观念是重要的方法论概念。① 在另一篇文章中,杨保军、王阳还探讨了当前中国语境中"马克思主义新闻观"与"新闻专业观"的来源与差异,并指出,在二者的关系张力中,马克思主义新闻观积极吸收与借鉴新闻专业观的发展方向。②

从本土国际传播教育的维度考量,伴随当前的媒体融合趋势与国际环境的变化,一系列创新观点被不断充实到马克思主义新闻观的理论体系中,为全球传播人才培养提供了方向指引。在媒介生态层面,习近平总书记2019年在中共中央政治局第十二次集体学习时强调,"全媒体不断发展,出现了全程媒体、全息媒体、全员媒体、全效媒体,信息无处不在、无所不及、无人不用,导致舆论生态、媒体格局、传播方式发生深刻变化,新闻舆论工作面临新的挑战。我们要因势而谋、应势而动、顺势而为,加快推动媒体融合发展,使主流媒体具有强大传播力、引导力、影响力、公信力,形成网上网下同心圆,使全体人民在理想信念、价值理念、道德观念上紧紧团结在一起,让正能量更强劲、主旋律更高昂"③。在国际传播层面,习总书记在"8·19"讲话中提出了"宣传工作要胸怀大局、顺势而为","精心做好对外宣传工作,创新对外宣传方式,着力打造融通中外的新概念新范畴新表述"④。2016年2月19日,习近平总书记在党的新闻舆论工作座谈会上提出:"要加强国际传播能力建设,增强国际话语权,集中讲好中国故事,同时优化战略布局,着力打造具有较强国际影响的外宣旗舰媒体。"⑤这些新闻思想既是在新的历史语境中对马克思主义新闻观的创新发展,又是对当前媒介环境与国家战略的现实需求的回应,对于国际新闻传播教育具有全局性、指导性的意义。

---

① 杨保军.当前我国马克思主义新闻观的核心观念及其基本关系[J].新闻大学,2017(4):18-25,40,146.
② 杨保军,王阳.当前中国语境中的"马克思主义新闻观"与"新闻专业观"[J].山东社会科学,2020(7):68-75.
③ 新华网.习近平:推动媒体融合向纵深发展巩固全党全国人民共同思想基础[EB/OL].(2019-01-25)[2020-12-29].http://www.xinhuanet.com/politics/leaders/2019/01/25/c_1124044208.htm.
④ 本书编写组.实践中的马克思主义新闻观:新闻报道经典案例评析[M].北京:高等教育出版社,2015:347,352.
⑤ 人民网.习近平总书记这样指引媒体融合发展[EB/OL].(2020-08-18)[2020-12-29]. http://media.people.com.cn/n1/2020/0818/c120837-31825578.html.

二、人才培养：马克思主义新闻观视野中的新闻工作者素养与当代新闻传播教育

全球传播人才作为复合型人才，既需要拥有普遍意义上的新闻工作者素质与修养，同时还应兼具面向国际开展新闻传播工作的特殊技能。因此，探讨全球传播人才培养这一议题，既需要观照新闻传播教育的共性规律，又需要将国际与跨文化传播教育的学术维度纳入考量范畴。

2016年，习近平总书记在会见中国记协第九届理事会全体代表和中国新闻奖、长江韬奋奖获奖者代表时，在讲话中将对新闻记者的希望归纳为"四向四做"："一要坚持正确政治方向，做政治坚定的新闻工作者；二要坚持正确的舆论导向，做引领时代的新闻工作者；三要坚持正确新闻志向，做业务精湛的新闻工作者；四要坚持正确的工作取向，做作风优良的新闻工作者。"[①]新闻工作者的素质与修养始终是马克思主义新闻观的重要构成部分，也是新闻传播教育的培养目标。历代马克思主义理论家都论述过新闻工作者素养的问题，这些论述涉及新闻工作者的政治素养、专业素质、职业精神等方面。

目前，国内学界在新闻传播教育与人才培养领域已经积累了较为丰富的研究成果。在中国知网以"新闻传播教育"为主题进行搜索，可获得中文文献2012篇，且对于这一领域的关注与探索正呈现蓬勃发展的态势。总体来看，"媒介融合""教学改革""培养模式"等话题是学者们关注的重点。相比而言，以"国际新闻传播教育"为主题的文献成果则略显单薄，仅有38篇，仍然留有较为广阔的学术讨论空间。[②] 已有的国际新闻传播教育相关研究在关切新闻传播教育领域共性问题的基础上，还关注了如"全球化""国情教育""跨学科""国际素养"等主题。马克思主义新闻观作为新闻传播教育的统领性、指导性观念，在上述两个研究范畴中均有提及与观照，然而，将马克思主义新闻观与新闻传播教育理念和实践进行深度勾连的研究数量不多。

---

① 习近平.论党的宣传思想工作[M].北京：中央文献出版社，2020：255.
② 本段数据统计于2020年12月29日。

表 1　马克思主义新闻观中关于新闻工作者素质与修养的表述

总体范畴	二级范畴	代表性观点
政治素养	党性原则	"……根据我们党的精神进行编辑工作。"①
		"牢牢坚持党性原则。党性原则是党的新闻舆论工作的根本原则。""坚持党性原则,最根本的是坚持党对新闻舆论工作的领导,必须自觉在思想上政治上行动上与党中央保持高度一致,必须加深对党性和人民性关系的认识"②
	政治意识	"对于编辑报纸来说学识渊博并不那样重要,重要的是善于从适当的方面迅速抓住问题。"③
		"新闻工作,要看是政治家办还是书生办。有些人是书生,最大的缺点是多谋寡断……搞新闻工作,要政治家办报。"④
		"要以党的政治建设为统领,牢固树立'四个意识',坚决维护党中央权威和集中统一领导,牢牢把握正确政治方向。"⑤
专业素质	作风与文风	"少发些不着边际的言论,少唱些高调,少来些自我欣赏,多说些明确的意见,多注意一些具体的现实,多提供一些实际的知识。"⑥
		"党八股这个形式,不但不便于表现革命精神,而且非常容易使革命精神窒息。要使革命精神获得发展,必须抛弃党八股,采取生动活泼新鲜有力的马克思列宁主义的文风。"⑦
		"不断解决好'为了谁、依靠谁、我是谁'这个根本问题。""要转作风改文风,俯下身、沉下心,察实情、说实话、动真情,努力推出有思想、有温度、有品质的作品。"⑧
	专业技能	"要提高业务能力,勤学习、多锻炼,努力成为全媒型、专家型人才。"⑨
	综合素质	"党的政论家需要更多的智慧,思想要更明确,风格要更好一些,知识也要更丰富些。"⑩
		"宣传思想干部要不断掌握新知识、熟悉新领域、开拓新视野,增强本领能力,加强调查研究,不断增强脚力、眼力、脑力、笔力,努力打造一支政治过硬、本领高强、求实创新、能打胜仗的宣传思想工作队伍。"⑪

---

① 马克思与恩格斯全集:第 6 卷[M].北京:人民出版社,1961:687.
② 习近平.论党的宣传思想工作[M].北京:中央文献出版社,2020:181-182.
③ 马克思与恩格斯全集:第 35 卷[M].北京:人民出版社,1971:176.
④ 中央文献研究室,新华通讯社.毛泽东新闻工作文选[M].北京:新华出版社,2014:271.
⑤ 习近平.论党的宣传思想工作[M].北京:中央文献出版社,2020:342.
⑥ 马克思与恩格斯全集:第 27 卷[M].北京:人民出版社,1965:436.
⑦ 中央文献研究室,新华通讯社.毛泽东新闻工作文选.北京:新华出版社,2014:102-103.
⑧ 新华社.习近平:坚持正确方向创新方法手段提高新闻舆论传播力引导力[EB/OL].(2016-02-19)[2020-12-29].http://www.xinhuanet.com//politics/2016-02/19/c_1118102868.htm.
⑨ 新华社.习近平:坚持正确方向创新方法手段提高新闻舆论传播力引导力[EB/OL].(2016-02-19)[2020-12-29].http://www.xinhuanet.com//politics/2016-02/19/c_1118102868.htm.
⑩ 马克思恩格斯全集:第 4 卷[M].北京:人民出版社,1958:304.
⑪ 习近平.论党的宣传思想工作[M].北京:中央文献出版社,2020:342.

续表

总体范畴	二级范畴	代表性观点
职业精神	职业定位	"要深入开展马克思主义新闻观教育,引导广大新闻舆论工作者做党的政策主张的传播者、时代风云的记录者、社会进步的推动者、公平正义的守望者。"①
		"在新的时代条件下,党的新闻舆论工作的职责和使命是,高举旗帜、引领导向,围绕中心、服务大局,团结人民、鼓舞士气,成风化人、凝心聚力,澄清谬误、明辨是非,联接中外、沟通世界。"②
	职业道德	"作家当然必须挣钱才能生活、写作,但他绝不应该为了挣钱而生活、写作。"③
		"要严格要求自己,加强道德修养,保持一身正气。"④
		"宣传思想战线的同志要履行好自己的神圣职责和光荣使命,以战斗的姿态、战士的担当,积极投身宣传思想领域斗争一线。"⑤

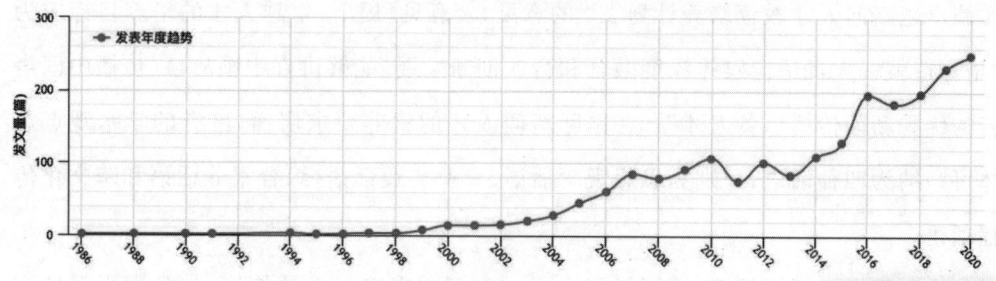

图 1 以"新闻传播教育"为主题的文章发表趋势

对于新闻传播教育这一领域的研究路径,学者们一方面从人才培养各环节主体出发,获取与总结一手教育经验。如,陈昌凤通过对学界与业界专家进行访谈,从新闻教育理念、学生素养、课程设置、师资队伍、办学模式等方面考察了创新型新闻人才的培养问题。⑥ 姜飞则通过向国际传播职能部门的有关负责领导、资深管理人员和记者、国传基地班班主任、国际新闻与传播教育的一线教师与毕业生发放调研问卷,从国际新闻传播人才培养的初心与使命、挑战与机遇以及培养体系等维度进行了深入探讨。⑦ 另一方面,也有学者立足于高校特色的人才培养模式与教学实践,为新闻传播

---

① 习近平.论党的宣传思想工作[M].北京:中央文献出版社,2020:184.
② 习近平.论党的宣传思想工作[M].北京:中央文献出版社,2020:181.
③ 马克思与恩格斯全集:第 1 卷[M].北京:人民出版社,1956:87.
④ 新华社.习近平:坚持正确方向创新方法手段提高新闻舆论传播力引导力[EB/OL].(2016-02-19)[2020-12-29].http://www.xinhuanet.com//politics/2016-02/19/c_1118102868.htm.
⑤ 习近平.论党的宣传思想工作[M].北京:中央文献出版社,2020:189.
⑥ 陈昌凤.21 世纪的新闻教育:如何培养创新型人才?[J].新闻大学,2020(9):10-21,119.
⑦ 姜飞.新时期对未来国际新闻传播人才培养的思考[J].新闻与写作,2020(7):37-42.

教育提供经验借鉴。陶建杰、林晶珂通过对国内16所新闻院校的35个新闻传播类专业的培养方案加以梳理分析,总结了当前国内新闻传播本科人才的培养现状与改进方向①。赵希婧、巢乃鹏、李华君等学者结合中国传媒大学②、深圳大学③、华中科技大学④等高校的自身特点与地方经验,分别探讨了"21世纪传媒人才'五条线'教学体系""'二三二'应用型人才培养体系""π型媒体与传播人才"等多样化的人才培养模式。

综合现有的新闻传播教育与国际新闻传播人才培养的成果内容来看,当前,学界对这一问题的研究主要聚焦于两大重心:一是探讨国际新闻传播人才应当具备的素质与修养,二是基于人才素养的要求反思与创新教育方法论。

2018年,教育部与中共中央宣传部发布了《关于提高高校新闻传播人才培养能力实施卓越新闻人才教育培养计划2.0的意见》,《意见》提出,卓越人才的培养目标应为"培养造就一大批适应媒体深度融合和行业创新发展、能够讲好中国故事、传播中国声音的优秀新闻传播后备人才"。在国际新闻人才的素养要求层面,已有的学术观点总体可归纳为四种话语,分别为思想观念话语、专业实践话语、综合素养话语和跨文化传播话语。

在思想观念话语层面,国际新闻人才一方面应当坚定党的信仰,与党中央保持高度一致,坚持马克思主义新闻观,立足正确的政治方向;另一方面应当树立国家意识,强化家国认识,培养家国情怀,关切家国命运,坚定"四个自信",站稳国家立场,维护国家形象与国家利益;此外,国际新闻人才作为未来的新闻舆论工作者,应当具备人文关怀,怀有爱与道德心、新闻理想⑤与社会责任意识,积极投入对国家、社会与人民的服务中,强化使命担当。

在专业实践话语层面,国际新闻人才应守住专业底色,巩固采写编评基础,练就过硬的外语水平,筑牢国际新闻传播从业者的基本专业技能。此外,面对媒体融合浪潮与5G、大数据、算法推荐、人工智能等技术发展趋势,新闻人才应聚焦科技前沿,不断

---

① 陶建杰,林晶珂.技能、知识与素养:中国新闻传播本科人才的培养现状与现实回应[J].新闻与写作,2020(7):5-14.
② 赵希婧,张晓明.国际新闻传播教育的路径与平台创新:基于中国传媒大学国际新闻人才培养模式的探索[J].中国新闻传播研究,2019(3):165-172.
③ 巢乃鹏.面向新时代的传媒教育:以深圳大学传播学院人才培养模式为例[J].中国出版,2020(14):22-26.
④ 李华君.多元、交叉与协同:学科融合背景下对新闻传播人才培养的思考——以华中科技大学新闻与信息传播学院为例[J].新闻与写作,2020(7):22-29.
⑤ 陈昌凤.21世纪的新闻教育:如何培养创新型人才?[J].新闻大学,2020(9):10-21,119.

更新完善自身的传媒技能体系,如全媒体创作、数据素养、跨媒体叙事、计算机应用技术等,以应对飞速变化的媒介生态与报道需求。

在综合素养话语层面,国际新闻人才应不仅是新闻传播领域的"专才",还是能力体系综合、知识触角广泛、视野多元开阔的"杂家"。有学者将中国新闻人才观分为三个阶段,分别为"通才办报、史家办报与政治家办报"①,无论是哪一阶段,对新闻人才的要求都超越了新闻传播领域本身。除专业领域的知识与技能外,国际新闻人才还应当具有国际视野以及宽广的跨学科知识结构,如政治学、经济学、历史学、社会学、文学、社会心理学、跨文化传播等。此外,对复杂问题的调查研究和分析判断能力、批判性思维、沟通才能、辩论才能也是被学者广泛提及的重要素养。

在跨文化传播话语层面,国际新闻人才身处国际舆论环境之中,首先应当对当前世界不平衡的传媒秩序和全球传播格局拥有清醒认识,正视信息与观念在跨边界流动中面临的机遇与挑战,在宏观的政治、经济与文化视野中探索智慧方案。在实践过程中,国际新闻人才一方面应善于选择和利用我国丰富的宣传资源,另一方面应当研究国际受众的接收心理与文化基因,关注国际传播的实际效果,掌握各类媒体平台与渠道的传播特性与运用技巧,不断进行话语创新,使中国故事不仅丰富多彩,还能深入人心。

对于全球传播人才的培养方法论,学界各领域的探讨与聚焦已形成较为系统的层次,为国际新闻教育的各环节主体提供了思考维度与行动指南。

从普遍意义上的教育内容传播与人才培养规律来看,教育传播学的理论视角与现有结论为国际新闻传播教育的研究对象与流程机制的探讨提供了结构化的参考图谱。从教育传播系统的构成要素出发,学界已总结出多种架构逻辑与组合模式,如"三要素论",包括"教师、学生、教材""教育者、受教育者、教育影响""教育主体、教育内容、教育观念"等;"四要素论",如"主体(师生)、客体(自然界与人类社会)、介体(各种物质与精神的教育手段)、周体(学校、家庭和公共场所)"等;参照拉斯韦尔的传播5W模式的"五要素论",如"教师、信息、媒体、学生以及效果或反馈",以及在此基础上发展出的"六要素论"——即"教育者、教育材料、教育手段或媒介、受教育者、教育效果或反馈、

---

① 徐新平.通才·史家·政治家:中国新闻人才观的变迁[J].新闻大学,2003(1):55-58.

教育环境"等①。从教育传播的创新维度来看,学者胡钰、陆洪磊针对马克思主义新闻观教育问题,提出了目标创新(包括价值塑造、理论建构、情感培养)、内容创新(包括宏大理论、现实问题、批判方法)、方式创新(包括思维训练、专业实践、全球比较)、评价创新(包括学术体系、学生反馈、学院建设)四条路径②。

在教育实践层面,全球传播人才培养是层层推进、多方联动的教育体系。这一体系可归纳为三个层面,一是立足于国家大政方针与发展战略,从宏观层面思考国际新闻人才培养的顶层设计,如高晓虹等学者基于"网络强国""一带一路""万众创新""学习大国"等方针,探讨信息型、外交型、创新型、学习型国际新闻传播人才的培养模式③;二是根据人才培养的整体目标,讨论系统完备、面向多元的国际传播教育理念、模式与布局,如邱凌提出的国际新闻传播人才培养的 KSC 模式与应用构想等④;三是聚焦教学实践,通过对课程设置、教学方式、师资打造、平台搭建等具体经验的分析与总结,充实马克思主义新闻观教育和全球传播人才培养的路径与方案。

三、新时代全球传播人才素养结构与应用实践

基于现有学术研究成果与人才培养实践,结合当前我国国际新闻传播事业的现实需求,本文提出了以马克思主义新闻观为指导,以专业素养、通识素养、跨边界素养为主体的全球传播人才素养结构,以期为国际新闻传播教育厘清培养目标。

(一)马克思主义新闻观作为思想引领

思想观念与价值体系指导并渗透于新闻传播活动的各个环节,牢固树立马克思主义新闻观是有效开展国际新闻舆论工作的前提。以马克思主义新闻观引领全球传播人才培养,一方面是出于国家性质⑤的要求,是坚持马克思主义指导地位在新闻传播领域中的体现;另一方面是对在当前媒介生态中做好国际新闻传播工作的现实呼吁。

---

① 黄鹂,吴廷俊.教育传播学新探[J].现代传播(中国传媒大学学报),2003(1):46-49;马启龙.教育传播的类型、定义及要素论析[J].文化与传播,2018,7(2):23-28.
② 胡钰,陆洪磊.马克思主义新闻观教育的创新思路研究[J].新闻与传播研究,2018,25(11):5-17,126.
③ 高晓虹,赵晨.立足国家"战略"探索国际新闻传播教育的顶层设计[J].对外传播,2015(11):4-7.
④ 邱凌.以 KSC 模式培养国际新闻传播人才[J].青年记者,2020(19):65-66.
⑤ 范敬宜.为什么要学习马克思主义新闻观[M]//李彬,宫京成.马克思主义新闻观十五讲.北京:清华大学出版社,2007:3-13.

从外部环境来看,后真相时代的国际舆论形势纷繁复杂,渠道与壁垒并存,赞美与质疑共生,牢牢坚持马克思主义新闻观对全球传播人才站稳立场,维护国家意识形态安全具有重要意义;从教育生态来看,我国新闻传播学科建设与内容体系既包含"源自列宁主义党性原则的马克思主义新闻学传统",同时也深受"基于美国哥伦比亚学派的行政主义传播学理论"①的影响,推进马克思主义新闻观教育,是在西方学术话语霸权下发展中国特色新闻传播理论的必然要求,也是对西方新闻传播理论的遮蔽进行祛魅,并对其实现批判性、全面性把握的重要途径。当前,国内媒介生态正处于飞速变革阶段,伴随互联网技术对多元主体的赋能以及市场化逻辑在信息生产与消费过程中的扩散,新闻舆论工作者正面临复杂多变的社会思潮与舆论环境。在这一背景下,如何使新时代国际传播的"后备军"在未来能够肩负"举旗帜、聚民心、育新人、兴文化、展形象"的使命任务,这一问题与马克思主义新闻观教育紧密相连。

指导全球传播人才以马克思主义新闻观为思想引领,关键在于推动马克思主义新闻观进教材、进课堂、进头脑。教材建设为马克思主义新闻观教育提供了资源支撑,目前已有较为丰富的积累,涵盖以经典理论文献梳理为主的"马克思主义新闻传播经典文本知识"(如《马克思主义新闻经典论著导读》《马克思主义新闻观理论基础》等),着眼于中国特色社会主义新闻传播实践与成果的"马克思主义新闻观中国化知识"(如《马克思主义新闻观十二讲》《马克思主义新闻观读本》等),以及聚焦于媒介技术与生态变革背景下我国新闻工作最新实践经验的"面向互联网时代的新闻实践知识"(如《实践中的马克思主义新闻观——新闻报道经典案例评析》《马克思主义新闻观十五讲》等)三大知识体系②。

马克思主义新闻观课程是全球传播人才思想观念培育与价值体系形成的重要阵地。马克思主义新闻观相关课程建设主要包含三个维度。一是从微观层面创新课堂教学方式与手段,如华南理工大学新闻与传播学院采用"浸入式"教学法教授马克思主义新闻观课程,并搭建课程的新媒体互动融合平台以获得更好的教学效果③。二是从中观层面完善马克思主义新闻观的课程体系布局,一方面在于改善马克思主义新闻观教育在新闻传播专业培养中缺位或不足的状况,另一方面在于形成符合教育规律的科

---

① 姬德强.中国特色新闻传播理论及其国际影响力的提升[J].国际传播,2017(2):18-23.
② 涂凌波.马克思主义新闻观教育的三种知识类型及其融合[J].现代出版,2019(3):15-18.
③ 刘小妮.马克思主义新闻观课程的浸入式教学探索[J].青年记者,2020(5):101-102.

学培养模式。如中国传媒大学电视学院所搭建的伴随本科教育全程,贯穿传播与媒介概论课程、新闻理论与马克思主义新闻观实践案例分析课程以及媒介与政治、媒介传播与中国社会发展课程的逐级深入、全覆盖、不断线的马克思主义新闻观课程体系。[①] 三是从宏观层面推动马克思主义新闻观的教学协同。在《关于提高高校新闻传播人才培养能力实施卓越新闻人才教育培养计划 2.0 的意见》中,为实现全面落实立德树人根本任务、坚持马克思主义新闻观等目标,"推动部校共建新闻学院新发展"被列为改革任务与重点举措之一,地方党委宣传部门、主流媒体和高校"三结合"成为新闻教育界的热点[②]。以"部校共建"的湖北经验为例,自 2014 年起,湖北省委宣传部与武汉大学新闻与传播学院共同推出"马克思主义新闻观大讲堂"系列讲座,由中央和湖北省宣传系统负责人、国内一流高校新闻传播与马克思主义研究领域的专家学者共同讲授[③],凝结多方合力提升马克思主义新闻观教学质量。

马克思主义新闻观始终强调实践的重要意义,因此,马克思主义新闻观教育在教材建设与课堂教学之外,还应引导人才在实践中加深对马克思主义新闻观的认识,提高应用水平,增强社会责任意识,推动马克思主义新闻观内化于心,外化于行。清华大学、中国人民大学、中国传媒大学的"国际新闻传播后备人才硕士班"均将国情调研作为人才培养的重要环节,在暑期组织学生赴井冈山、兰考、西柏坡等地,参观专题纪念馆学习党和国家的发展建设历史,深入村落洞察社会发展状况与精准扶贫成就,并鼓励学生调动多样化新闻专业技能报道和呈现调研见闻,使学生在实践中深度认识党史国情,具备家国情怀,坚定理想信念与使命担当,为其在未来"讲好中国故事"提供体认经历和情感认同。

(二)全球传播人才的素养构成

1.媒体融合背景下的专业素养

专业素养是新闻传播人才核心竞争力的重要构成部分,是其未来开展新闻舆论工作的理论与技能基础。从马克思主义理论家对新闻工作者素质与修养的期许,到新闻

[①] 冷爽.新时代马克思主义新闻观教育的实践探索:以中国传媒大学电视学院教学实践为例[J].中国新闻传播研究,2018(2):204-212.
[②] 王茜.部校共建背景下的新闻传媒人才培养[J].青年记者,2019(25):65-66.
[③] 湖北省人民政府.湖北省部校共建武大新闻学院马克思主义新闻观进课堂[EB/OL].(2014-09-23)[2020-12-29]. http://www.hubei.gov.cn/zwgk/hbyw/hbywqb/201409/t20140923_527388.shtml.

教育从业者与研究者对人才培养规律的探讨,专业素养在新闻传播人才素养结构中始终处于显著位置。当前,互联网已成为意识形态斗争的主战场、主阵地、最前沿,伴随着媒介技术发展与媒体融合的趋势,新闻舆论工作既要求专业新闻工作者把握新闻传播规律,夯实专业基础,巩固采写编评业务能力,遵守职业道德与规范,还要求其具备网络媒介生态中新样态、全媒体、跨平台的传播实践技能。

培育媒体融合趋势下新闻传播人才的专业素养,教育界的探索可归纳为以下三条路径:一是完善课程设置,一方面充实课程体系,使其能够覆盖新闻专业基本素养要求,符合专业教育质量标准,另一方面创新课程内容,将媒介技术前沿引入教学实践,如中国传媒大学电视学院开设由新闻传播学与计算机科学教师联合讲授的"融合新闻工作坊",学生在课堂学习与完成融合新闻结课作品的过程中,既能体验新闻制作的全流程,包括寻找选题、实地调研采访、运用全媒体手段获取素材并进行内容的编辑与写作等,同时也能在专业教师的指导下掌握网站设计、网页代码编辑等融媒体创作技能;二是对接行业一线,推进新闻院系与业界的深度勾连,既包括多方协作为人才打通实习与就业渠道,如国家留学基金委员会面向中国人民大学、清华大学和中国传媒大学国际新闻传播硕士生组织的"国际新闻传播硕士赴海外媒体实习项目",选拔优秀学子赴中央级媒体驻外分支机构实习,还包括业界经验对课堂教学的丰富与充实,自2014年起,由中宣部、中国记协组织的"好记者讲好故事"演讲活动每年都走进在京新闻院系,全国各地优秀记者组成的巡讲团与高校教师、新闻传播学子齐聚一堂分享交流从业经验;三是搭建实践平台,为学生运用专业技能、实现专业创新提供条件和机会。如中国人民大学新闻学院新闻系运营的业务教学与实践平台"RUC新闻坊"微信公众号,内容包括媒体访谈、时事评论、数据新闻、海外新闻与学术前沿编译等,借助这一平台,学生不仅能够全面锤炼媒体融合素养,还能在社会反响和社会评价中意识到自己所肩负且正在践行的社会责任,从而培育社会责任意识。

2.知识融通趋势下的新文科素养

对新闻工作者综合素质与能力的强调始终存在于马克思主义新闻观在各个发展阶段对新闻人才素养要求的表述中。呼唤超越专业素养范畴的通识素养,一方面是由新闻舆论工作的自身性质决定的,如要求新闻工作者深入了解国际与国内社会以及所报道的领域,具备宽广的视野与敏锐的判断力等;另一方面是在当前新形势、新技术背景下,知识结构与行业形态的激烈重塑对新闻人才素养的倒逼。2019年4月,教育部等 13 家单位联合召开"六卓越一拔尖"计划 2.0 启动大会,发展新文科的计划被正式推出。有学者认为,"新文科是后工业时代基于知识高度综合化、信息化、数字化的一种文科知识生产与再生产的新形态"①。新文科这一概念既具备继承性,又具备创新性。培育全球传播人才的新文科素养,既包含对中华优秀传统文化的继承和以培育人文素养与"人的综合智力"②为目标的通识教育理念的延续,还以社会发展与技术变革为驱动,以时代使命与专业任务为聚焦,打破专业壁垒,实现知识的融合创新,具有鲜明的"需求导向、目标导向与特色导向"③。冯果认为:"新文科是对传统文科的提升,其目的在于打破专业壁垒和学科障碍,以广博的学术视角、开阔的问题意识和深厚的学术积累为基础,为学生提供更契合现代社会需求的素养训练,是对快速变革的社会生活的主动回应。"④

新文科素养对于全球传播人才的意义主要有三点:一是为"讲好中国故事,传播好中国声音"提供知识储备。向世界展现真实、立体、全面的中国,一方面要有对中国社会与文化资源的整体性把握,另一方面要对国际社会与对象国文化进行深入理解。在这一目标驱动下,我们亟须将文学、艺术学、政治学、经济学等学科内容融入人才的素养结构。当前,许多高校都在专业设置与课程体系中丰富了跨学科的培养内容。二是在技术重构生存环境的背景中充分发挥价值理性的重要作用,促进人文精神的发展和普及。2019 年中国传媒大学获批的"媒体融合与传播国家重点实验室"就是这一意义中的典型实践。推动"人文社会科学与自然科学、人文精神与科学精神的融合"⑤是当前新文科建设的重要内容与目标。随着 5G、大数据、云计算、人工智能、算法推荐等技术深度参与传播过程,全球传播人才从技术层面了解传播基础设施与运作原理是其有效开展传播工作的前提,其中既包括工具理性层面的技术适应,又包括价值理性层面的技术批判。三是为培养国际传播人才的宏观理论视野,为其在国际传播工作中的判断与决策奠定基础。全球传播并不是去语境化的技术性行为,其作为一类社会科学,与历史发展、意识形态与权力博弈有着深层次的紧密勾连,只有具备开阔的理论视野

---

① 权培培,段禹,崔延强.文科之"新"与文科之"道":关于新文科建设的思考[J].重庆大学学报(社会科学版),2021,27(1):280-290.
② 强月新,孔钰钦.新文科视野下的新闻传播人才培养[J].中国编辑,2020(10):58-64.
③ 山东省教育厅.新文科重磅启动!教育部高教司司长吴岩:全面推进新文科建设[EB/OL].(2020-11-03)[2020-12-29].https://mp.weixin.qq.com/s/DeqgtuyTvUY60Jliv6XFAA.
④ 冯果.新理念与法学教育创新[J].中国大学教学,2019(10):32-36.
⑤ 强月新,孔钰钦.新文科视野下的新闻传播人才培养[J].中国编辑,2020(10):58-64.

与思维,才能对现象与知识追本溯源,形成批判性思考,更加全面地认识国际传播本质规律,实现新文科"运用新知识新理论,在中国讲好国际故事,在国际上讲好中国故事"①的建设目标。

3.国际传播语境中的跨边界素养

全球传播人才在国际传播中讲述中国故事、传递中国声音、展现真实立体全面的中国形象,应使传播内容具有跨越边界的能力。所谓跨越边界,既包括跨越物理边界,即借助国际传播机构与国际性社交媒体平台使内容抵达海外受众;同时也包括跨越文化边界,即令内容与观点能在不同的语言与文化背景中获得接受与认同。为实现新形势下对外传播的总体目标,全球传播人才需要具备跨边界素养。

跨边界素养主要包含三类能力要求:一是放眼全球媒体前沿,了解国际传播媒体或平台特点。不同的传播媒体有不同的内容定位,不同的社交媒体平台有不同的技术逻辑与内容偏好,如 Facebook 的算法更倾向于促进有意义的互动,而 YouTube 的算法则倾向于更好的观赏体验与更合适的时长②。二是夯实外语基础,使语言能力能够满足国际传播的工作需要。三是培养跨文化传播能力,一方面要理解国际传播规则,掌握国际传播语汇③,了解他国政治、经济、历史与文化状况,另一方面应训练辩论、评论、演讲等实用性才能。

在培育国际传播人才的跨边界素养方面,许多高校都进行了有益尝试。例如,北京外国语大学与英国博尔顿大学合作办学的"全媒体国际新闻硕士"项目,探索了以全媒体技能和跨语言/文化为特色④、中外高校专业合作、中外一流学者与业界专家联袂执教的人才培养经验⑤。清华大学则开设"一带一路"大篷车课堂,组织学生在巴基斯坦、乌兹别克斯坦、俄罗斯堪察加半岛等地开展"沉浸式"游学⑥等活动。

---

① 权培培,段禹,崔延强.文科之"新"与文科之"道":关于新文科建设的思考[J].重庆大学学报(社会科学版),2021,27(1):280-290.
② 姬德强.李子柒的回声室? 社交媒体时代跨文化传播的破界与勘界[J].新闻与写作,2020(3):10-16.
③ 胡芳,高晓虹.论新时期国际新闻传播人才应具备的三种基本能力[J].现代传播(中国传媒大学学报),2009(5):124-125.
④ 章晓英."融合国际新闻教育模式"的实践与研究:以北外-博尔顿全媒体国际新闻硕士项目(IMMJ)为例[J].对外传播,2015(11):8-10.
⑤ 北京外国语大学国际新闻与传播学院.国际项目:教育部批准北京外国语大学—英国博尔顿大学全媒体国际新闻硕士招生简章[EB/OL].(2020-12-29)[2022-04-20]. https://sijc.bfsu.edu.cn/zspy/bjwgydx_ygbeddx-qmtgjxwsszsjz.htm.
⑥ 周庆安."后真相"时代国际新闻教育反思[J].青年记者,2017(22):66-67.

马克思主义新闻观作为党的新闻舆论工作的定盘星和开放包容、与时俱进的理论体系,既是国际新闻传播事业应当牢牢坚持的方针,同时也是全球传播人才培养的理念指引。本文在这一视域下,基于教育传播规律,结合人才培养实践,提出以马克思主义新闻观为指导,以媒体融合背景下的专业素养、知识融通趋势下的新文科素养、国际传播语境中的跨边界素养为主体的全球传播人才素养结构,以期为国际新闻传播教育提供参考。

国际传播视野下全媒体人才之业界需求
——基于定性比较分析方法

◇ 吴炜华　张守信

一、研究背景

近年来,国家持续加快媒体融合改革宏观调控,推进新旧媒体产业层面的动能转换、产制对接,全面激发教育层面全媒体新闻传播人才建设的新潜能。与此同时,主流媒体与互联网媒体的跨界交融已然成为"业界新生态",在数据科学与智能传播的产业实践中衍生出的新产品、新平台和新应用层出不穷,并逐步全面、全效、全程化地嵌入社会以及人们的日常生活中。新型主流媒体和互联网平台间的合作互动、竞争创新不断展现出丰富而又变动的业界新景观,也对国际传播视野下,全媒体新闻传播人才的培养与流动提出了更为精细化的要求,本文从上述政策、产业和新闻教育发展的大背景出发,探索全媒体新闻传播人才的"业界需求"在媒体融合发展中的新变化及其影响因素。"业界"是指企业界或企业界中的各行业或某个行业,"需求"是指由需要而产生的要求[①]。本研究所提出的"业界需求"特指传统媒体与互联网企业在现代传播体系下对全媒体新闻传播人才培养与流动的需求。

从 2001 年到 2015 年,新闻类本科专业布点由 170 个增长到 1244 个,在校生人数由 1 万人增至约 23 万人[②],新闻传播教育面临的困境一方面在于新技术带来的技能需求,多数新闻院校已经完全不能跟进,学生只能依靠自学或短期培训[③],新闻传播教

---

① 中国社会科学院语言研究所词典室.现代汉语词典[M].5 版.北京:商务印书馆,2005:1590,1537.
② 吴洋洋,阴艳.新闻传播教育改革的趋势:基于 21 世纪以来新闻教育改革研究成果的综合分析[J].出版广角,2019(7):40.
③ 陈昌凤.技术创新与专业坚守:新闻传播教育何去何从?[J].全球传媒学刊,2017(4):3.

育的人才培养与"业界需求"匹配程度逐渐下降;另一方面,媒体融合引发新闻采编流程的巨大变化,从业教师的知识折旧速度加快,从而盲目地追随新技术步伐,工具性知识压倒反思性知识,以致出现"本领恐慌"现象,严重制约了新型人才的培养[1]。政策层面,国家提出卓越新闻传播人才教育培养计划,明确要求加快培养全媒化复合型新闻传播人才,培养未来从事新闻舆论工作的行家里手[2]。新闻传播教育影响因素复杂,追因于国际趋势、技术环境、本土政策、媒介市场、文化传统、教育体制等多个维度,本研究希望通过 QCA 定性比较分析、以条件为依托的因果关系逻辑运算,探寻影响因素之间的程度关系与逻辑图谱,尝试勾勒出可惠及当前本土全媒体新闻传播人才培养与教育创新的优化组合模式。

数据与计算机科学是当前媒介发展和演进的驱动力之一,作为非常活跃的影响因素,数据科学在新闻传播教育中的嵌入与延展也得到诸多关注,并形成了以紧跟数据科学发展、注重数据技能教育为主要着力点的教育改革技术取向。有研究发现,数据科学、信息可视化、数据挖掘、计算社会科学等课程,已然成为国外新闻传播院系标配的技术类课程。[3]

"当信息技术的发展推出一种新的传播手段,各行各业会……瞩目于新闻传播学院能在短期内培养出有能力的毕业生"[4],但技术形式终究离不开内容,媒介内容、传播者人文素养同样被视为重要的影响因素。有研究提出新兴媒体"日趋缩小的技术优势差异"特性,认为以新技术为依托的新媒体与现有媒体的优势差异会逐渐消失,要注重学生人文与科学素养的培养,使其获得长效技能。[5] 另有学者认为,在对技术的了解和应用方面,学校永远追不上业界,人才培养应当回到批判性思维、写作能力(包括多媒体手段)、表达能力等核心能力的提升上。[6]

此外,以往的研究也提到诸多新闻教育错误地将新旧媒体二元对立,忽略了新与旧的技术差异下永恒的媒介本质规定性[7]。对于新闻传播人才而言,最重要的是读懂

---

[1] 王哲平.智媒时代新闻传播教育的价值塑造、知识重构和能力再造[J].中国广播电视学刊,2019(2):67.
[2] 教育部.关于提高高校新闻传播人才培养能力实施卓越新闻传播人才教育培养计划 2.0 的意见[EB/OL].(2018-10-08)[2022-03-16].http://www.moe.gov.cn/srcsite/A08/s7056/201810/t20181017_351893.html.
[3] 刘明洋,袁晓川.融通之道:解读新媒体环境下新闻传播教育的两大趋势[J].国际新闻界,2018(9):141.
[4][5] 李喜根.媒体发展态势与新闻传播教育改革[J].全球传媒学刊,2017(4):47.
[6] 么泳仪,张婧琪,孙志男.抓住新闻传播学科发展的历史性机遇:专访北京大学新闻与传播学院院长陆绍阳[J].新闻与写作,2018(1):84.
[7] 刘萍.社会变迁与新闻传播教育转型:基于"人自身文化转型"的视域[J].学术交流,2018(12):186.

时代,若一味瞄准增加技术类课程,将增大其"可被替代性"风险。

二、国际新闻传播教育的研究路径回溯

新闻业和新闻传播教育正处于一个充满不确定性和多重挑战的时代。新闻传播学一直以来是学理性和实操性并行的一门学科,但这也为学科和人才培养带来了不少难题。学理方面,要求学科有独立、自主的立场和发展体系,注重稳定性;而实操方面,则要求紧跟技术和行业前沿,做到快速、多变,使毕业生能够快速融入行业生产实践。长久以来,国际新闻传播教育的转型也围绕着理论、人文、技术等方面的发展和改革路径争论不休。

随着数字化、智能化技术不断融入新闻业的生产传播实践,"数据新闻学""计算新闻学"等应运而生,学科的发展、人才培养的方向问题,已引发国际新闻教育从业者的焦虑,并产生了"叠床架屋式"地累加新课程、技术盲从、技术焦虑等问题,受全球媒体环境变化的影响,看似快速发展的新闻教育实则存在隐忧[1]。长期以来,学界和业界的交流,说是互动,但实质是单向性的,业界会根据技术的发展,要求高校培养出来的毕业生具备某些技术特长,伴随技术更新节奏的加快,业界向学界施加的压力也逐渐增大,显示出"数字优先"的特征[2]。比如,数据新闻学就要求从业者能够从用户关注的众多数据中建构出故事并予以技术化呈现,计算新闻学则是将算法、数据、新闻事实、社会学等诸多领域融汇于一体。这种数字优先的特征就是让新闻面向用户的需要,这与传统的新闻传播思路有相当大的区别。

国际新闻传播教育改革所处的这个"双岔路口",一边指向极具科幻色彩的技术与技能,一边指向极具传统底蕴的人文和专业素养。两难的选择之中,国际新闻传播教育多学科交融的特性越来越明显[3],其强调文科与理科的广泛交融和跨界,苏宏元将具备这种背景的学生称为"复合型专业人才"[4]。张明新在研究中进一步指出文理科

---

[1] 杜慧贞.全球新闻教育改革五大焦点评析[J].现代传播(中国传媒大学学报),2015,37(7):151-155.
[2] LYNCH D. Above and beyond: looking at the future of journalism education[EB/OL].(2015-02-19)[2022-03-16].https://knightfoundation.org/reports/above-and-beyond-looking-future-journalism-educati.
[3] 张明新.多学科交融的新闻传播教育:过去、现在和将来[J].新闻与传播研究,2018(S1):93.
[4] 苏宏元.新闻传播教育的挑战与变革[J].新闻与传播研究,2018(S1):83.

的彼此交融具有人文主义、技术思维、跨界能力三个维度①。多学科交叉看似选择了一条既温和又与媒介发展同步的"中间道路",但使新闻传播教育的转型面临更加复杂的选项。在引导、操作、激励与评估等标准化制度缺失的情况下,交叉学科的培养方式很难解决目前学界与业界融合中产生的表象化和功利化现象。除技术、人文、多学科交叉取向的探讨外,有研究者基于模式与个案展开对经验的总结与思考,为媒介融合环境下新闻传播教育改革的突围提供了更多的实践性参考:

胡百精详细讨论了融合背景下学科主体间性与独立性问题,从大学的现代化历程切入,判定新闻学教育产生于模式2(经济适用)阶段,并在模式3阶段更加注重"多样连接、跨界融合、网络化创新和生态式成长"。学科主体性走出自我建构,在融合语境中探寻与不同学科的主体间性,即"在不同层次、形态和节点上拓展多样共生、彼此增益的合作场景"。面对大数据、人工智能、算法等前沿技术,应保持动态更新、实时共享、同步反馈,形成既彼此连接、又彼此独立的平衡状态,"业界不必成为学界某些概念和理论的操演场,大学教育也不应成为业界的前置车间或技校"②。

南瑞琴等发现目前新闻传播教育存在理论知识学习时间占比大、理论与实践脱节等问题,并引入CDIO[Conceive(构思)、Design(设计)、Implement(实施)、Operate(运营)]工程培养模式,以项目模块为依托,强调知识学习的循序渐进、理论应用的业界情境,以此实现学习者在任务驱动下对不同学科知识的边学边用,同时将教师主导的结果考核转向教师、同行、社会、企业相协同的过程考核③,这实质上是一种有关智力与综合能力培养模式的探索,也是对新闻传播教育哲学观的更新。但此模式也面临多项考验,如任务与项目情境模拟的真实度、企业与市场协同考核过程的效果、不同学期和不同教师间的项目交接等,这些过程的波动极易引发人才培养过程连续性的丧失和目标与结果的断裂。

高晓虹等在研究中发现了"新闻传播领域的教学成果因时而动,因势而新,始终与时代同行、与前沿同步"的实践规律,并总结了中国传媒大学新闻传播教育理论线、创作线、观摩线、写作线、外语线的教学体系,着重阐释了学习新技术和坚守专业核心技能的辩证关系,"虽然大数据已经和笔杆、镜头一样重要……信息传播的核心要义不会

---

① 张明新.多学科交融的新闻传播教育:过去、现在和将来[J].新闻与传播研究,2018(S1):93.
② 胡百精. 大学现代化、生态型学科体系与新闻传播教育的未来选择[J].中国人民大学学报,2019(2):135.
③ 南瑞琴,严三九.国际互联网时代的新闻传播人才培养模式创新研究:基于CDIO工程方法[J].全球传媒学刊,2017(4):75-85.

改,'内容为王'的媒体宗旨不会变"①。廖祥忠提出智能传媒教育,定位于新文科、新工科、新艺科的融合发展道路,搭建金字塔式"底宽顶尖"的人才知识结构模型,着重处理与协调"博融"与"专精"的关系,在技术浪潮中,廖祥忠认为要"从科技、人文、艺术、道德四个维度提升学生的传媒伦理,避免技术宰制下的人性沉沦、技术专制下的媒介逻辑"。②

通过对多位欧美主流媒体一线从业者的访谈,常江发现,增加必要的技术课程和相关训练是欧美主流新闻业的共识,但从业者普遍认为,新闻教育中对学生传统新闻业务技能训练不足是更为紧迫的问题。③ 英国的许多机构过于强调对实践的认定,而忽视了那些培养学生思考力、批判力和预测力的课程,如分析、批评、哲学以及阅读和研究。④ Creech 认为新闻教育中的技术干预是一种对于技术型新闻人才的理想化,受到了数字技术论和市场大趋势的思维限制,从而忽视了系统的、更为持久的技术与新闻中的批判性能力,仅仅提高新闻教育中的技术训练并不能解决这个新闻教育行业的问题。⑤ Heravi 从新闻从业者的状况反向观察了新闻教育,研究显示,相当一部分新闻从业者对数据新闻非常关注,这些从业者普遍接受过新闻专业教育,但数据分析、数据可视化等技术性技能水平明显不高,现在美国、英国、荷兰、澳大利亚等国开设了诸多数据新闻相关课程,但是从专业方向来看,缺乏深厚的专业基础,从新闻教育角度来看,缺乏经受专业学科训练的、具备跨学科背景的专业教师。⑥

俄罗斯的新闻教育更注重民族文化的底色,对本国文学的深入讲授已经成为俄罗斯新闻教育的基础支撑,以此来培养学生的社会责任意识和新闻品格,使其养成新闻从业的基本素养。俄罗斯新闻教育的另外一个特点就是注重跨学科交叉的专业设置。以莫斯科大学为例,该校的新闻系陆续开设了"科学新闻学""政治新闻学""司法新闻学""社会新闻学"等专业⑦。但俄罗斯的新闻教育同样面临着技术的冲击和转型要求。

---

① 高晓虹,赵希婧.改革开放 40 周年:中国新闻传播教育的坚守与创新[J].新闻与写作,2018(1):19.
② 廖祥忠.未来传媒:我们的思考与教育的责任[J].现代传播(中国传媒大学学报),2019(3):7.
③ 常江.欧美新闻教育模式革新及其在数字新闻学体系中的角色[J].新闻大学,2020(9):95-106,122-123.
④ FROST C. Five challenges facing journalism education in the UK[J]. Asia Pacific media educator, 2018, 28(2):153-163.
⑤ CREECH B, MENDELSON A L. Imagining the journalist of the future: technological visions of journalism education and newswork[J]. Communication review, 2015, 18(1-4):142-165.
⑥ HERAVI B R. 3Ws of data journalism education[J]. Journalism practice, 2019, 13(3):349-366.
⑦ 李喆.俄罗斯新闻教育的主要特色研究[J].传媒,2020(17):52-53.

日本的新闻教育则主要来自媒体单位提供的 OJT(On the Job Training),NHK 等诸多主流媒体新入职的记者将以 OJT 的方式培养 5 年时间。但当前互联网和智能技术带来信息传播模式的变迁,使得日本的新闻教育落后于社会和科技发展,OJT 体系由于缺乏制度性保障也受到较大冲击①。另外,Chong 等指出,韩国的新闻教育同样面临核心价值教育缺乏、"百货商店式"课程过多、专业型教师不足等问题,毕业生缺乏原创内容能力、缺乏对于新闻道德和伦理的理解、缺乏对媒体和用户环境的了解,等等。②

Gillmor 认为传统的新闻院校的就业通道正处于危险之中,过去,新闻学院的毕业生是从学校直达媒体一线,而目前针对传统传媒业培养的人才似乎看不到自己未来的职业通道在哪里,因为传统媒体在与新的数字技术、智能技术发生着化学反应式的巨变与融合,但新闻传播教育在产业前沿(技术、商业实践)方面反应过慢③。针对美国新闻工作技能的调查研究显示,相关企业雇主认为社交媒体、网络发布、数字化等是新闻编辑室的关键技能,数据新闻、视频技能、用户运营、写作、数据分析等方面学理和技能的提升,是满足行业需求的重要方向④,也有报告指出,未来的新闻工作领域及职能还会包括机器人开发、平台经理、数据科学家、自动化设计师、AR/VR 制作人、增强型记者等⑤。

所以,新闻教育的改变和转型,至少要让学生可以看到这个行业未来几十年的前景,让学生有预测力、创新力和管理变革的能力,在新闻工作中知道哪些是重要的,哪些只是暂时的或将转瞬即逝⑥。Gillmor 强调新闻本科的教育,认为这是一切的基础,真实性、准确性、透明性、新闻价值、高质量是基本原则,但今天的新闻教育应该在这样的基础上,提升学生的跨学科能力,比如让学生学习法学中清晰的逻辑思维和写作条

---

① 加藤隆则.日本新闻教育的困境与探索:超越企业内 OJT 推动媒介素养教育[J].青年记者,2020(25):81-83.
② CHONG EUNRYUNG, OH HAE JUNG. Toward a new model of Korean journalism education focusing on journalism curriculum enrichment and journalistic collaboration improvement[J].Korean journal of journalism & communication studies,2019(63):38-86.
③ GILLMOR D. Towards a new model for journalism education[J]. Journalism practice,2016,10(7):815-819.
④ MASSEY B L. What job advertisements tell us about demand for multiplatform reporters at legacy news outlets[J]. Journalism & mass communication educator,2010,65(2):142-155.
⑤ BOTELER C. 10 tech trends with futurist Amy Webb[EB/OL].(2016-09-17)[2022-03-16].http://newsroom16.journalists.org/2016/09/17/10-tech-trends-with-futurist-amy-webb/.
⑥ FROST C. Five challenges facing journalism education in the UK[J]. Asia Pacific media educator,2018,28(2):153-163.

理,再比如让学生掌握计算机代码的基本原理,具备有效地与程序员开展沟通的知识储备。另外,数据技能、商业模式、媒介经营、创业文化等方面的知识对于新闻人才培养也非常重要。[①] 融合、数字化改变了新闻从业者的性质,现在的新闻业需要"多功能专家型人才",他们在一个信息产品中可以扮演创意工作者、作者、编辑、社会化营销人员等多种角色。[②] Royal 也赞同这种说法,认为未来新闻业的岗位从业者不是单薄的工作者,不会有专门的程序员,而是新闻从业者集报道者、艺术家、科学家、编程者的角色于一身。[③]

新闻教育从职业教育到"学院化"的过程,使其在全球范围内的规范化、标准化水平不断提高,当前全球范围内存在两种新闻教育模式——"西方模式"和"混合模式",前者以美国、英国、加拿大等的新闻教育模式为代表,提供培训(技能训练);后者以中国、印度、法国等的模式为代表,具有单独的、本地化的培训特色。同时,这两种模式也有诸多共性,如都以文科教育为基础,提供情境教育和实践技能训练。新闻业具有足够的灵活性,这使其能够不断适应新的发展和新的技术趋势,特别是受到技术进步的驱动,展现出较强的融合性,Jiang 等将此称为"流动性新闻"[④],新闻教育经历着"流动性的转向"。技术固然重要,现在的新闻人才确实需要掌握新技术,但技术为新闻业带来的风险,比如对个人隐私的侵犯和伤害,更需要新闻人才从专业规则、行业伦理等角度给出判断和批判,而不仅仅是代码的写作、程序的操纵。技术与现实新闻生产场景的结合,需要新闻从业者基本的职业判断力,这是新闻院校需要重点培养和提升的。

随着越来越多的新闻媒体向融合型新闻机构转型,单一生态的新闻出版(报纸、广播、电视,甚至互联网等)已成为历史,未来的新闻传播需要跨越多种平台。新闻传播教育在满足融合新闻业发展的需求方面,行动相对迟缓。并且,不少院校以累加技术类课程为策略,足以体现新闻教育领域对于流动性范式的理解局限于市场化角度,将

[①] GILLMOR D. Towards a new model for journalism education[J]. Journalism practice,2016,10(7):815-819.

[②] MELNIK G S, TEPLYASHINA A N. The impact of digitalization of network space on journalism education[J]. Media education (mediaobrazovanie),2019,59(1):86-92.

[③] FIDALGO J. Book reviews:global journalism education in the 21st century:challenges & innovations[J]. European journal of communication,2018,33(5):564-573.

[④] JIANG S J, ALI R. Connecting the classroom with the newsroom in the digital age:an investigation of journalism education in the UAE, UK and USA[J]. Asia Pacific media educator,2019,29(1):3-22.

新闻教育的空间缩小至毕业生应如何面临这种流动性①。

针对这种趋势,有学者在研究中提出了新闻教育与行业实践接轨的"工作整合学习"(Work-Integrated Learning,WIL)路径,在既有的实习模式、医院模式、国际化模式、顶点课程模式基础上,提出了针对新闻教育的弹出式新闻编辑室模式、在线模拟、事件模式、目的模式、快速模式五种替代模式,以提升新闻教育的包容性与实践性,同时通过一种渐进式的方式培养毕业生适应未来动态媒体/新闻业的能力②。

Frost认为新闻传播的人才培养,必须使学生具备批判性、分析性、制定战术/策略的能力,一是用于信息的生产与传播实践,二是应对行业的风云变幻,学生能够用这些前瞻性的能力看到未来行业的发展,跟得上变化,保持新闻业和从业者的领先地位。③日本早稻田大学已经开始做出改变,在课程和人才培养方面开始注重更广泛领域的专业知识、批判性思维、新闻基本业务和实践中的现场知识等方面能力的培养④。欧美国家主流院校的新闻传播教育逐渐转向一种"价值教育",通过淡化传统新闻传播教育理念中的职业化特性,强调对于学生批判性思维的培养,并在新闻技能和技术素养之间寻求平衡,提升新闻传播专业人才的跨界协同/融媒体叙事能力。新技术环境下,消解旧式专业性、建构多元话语的专业理念将成为新闻传播教育的主要发展形式⑤。

三、研究问题与方法论

相关文献表明,技术变革引发传播环境、媒介样态、业界实践的变化已成为研究者的共识,并以此推动国际新闻传播教育变革的思考。新技术素养、人文与科学素养、智力素养、专业能力成为重要考量因素,但已有研究缺乏较深入的定量或定性方法的应用,其中相关量化研究处于简单统计岗位、人数、关键词等数据的层面,需求的"程度"

---

① BUI M N, MORAN R E. Making the 21st century mobile journalist: examining definitions and conceptualizations of mobility and mobile journalism within journalism education[J]. Digital journalism,2020,8(1):145-163.
② VALENCIA-FORRESTER F. Models of work-integrated learning in journalism education[J]. Journalism studies,2020,21(5):697-712.
③ FROST C. Five challenges facing journalism education in the UK[J]. Asia Pacific media educator,2018,28(2):153-163.
④ 加藤隆则.日本新闻教育的困境与探索:超越企业内OJT推动媒介素养教育[J].青年记者,2020(25):81-83.
⑤ 常江.欧美新闻教育模式革新及其在数字新闻学体系中的角色[J].新闻大学,2020(9):95-106,122-123.

因无法测量而被忽略,亦无法给出满足业界对全媒体人才及其能力需求的要素组合方案。基于此,本研究力图探索:

RQ1:基于"业界需求",新技术素养、人文与科学素养、智力素养、专业能力等国际新闻传播教育的影响因素是否可以得到验证?是否还有其他重要的影响因素?

RQ2:基于"业界需求",上述影响因素对国际新闻传播教育的影响程度如何排序?

RQ3:在现有的院系和专业设置、课程体系、师资情况下,哪些要素的优化组合,可使国际新闻传播教育的人才培养满足"业界需求"?

定性比较分析方法(Qualitative Comparative Analysis,下文简写为"QCA")由美国社会学家查尔斯·拉金(Charles C. Ragin)最先提出,是以布尔代数逻辑思维方式和集合论思想为基础,以寻找中小规模样本(或案例)或跨样本(案例)之间普遍存在的隶属关系为目标,并由此展开对宏观社会现象的因果分析的方法论。"社会现象的因果关系是复杂多元且非线性的","QCA 方法旨在分析变量间的因果关系和什么样的原因组合在一起会促成某一结果的产生"[1],其中与结果相关的原因被视为"条件变量",研究所要揭示的结果被视为"结果变量",QCA 方法适用于探索二者之间所蕴含的逻辑关系,通过程序化运算探索集合之间暗含的不同隶属关系,最终获得能够推导出结果变量的不同条件组合方案,即解析和寻求社会现象形成的多因复合路径。

布尔代数的基本操作规范为:用 1 或 0 的二分法表示某个变量的开或关、出现或不出现,出现用 1 表示,不出现用 0 表示。这种判别方式适用于针对能够进行明确二元划分的变量的判别(如男性和女性、精英和草根等),原因形成的集合与结果形成的集合存在明确的对应关系,这种 QCA 分析技术被称为清晰集分析技术(cs-QCA)。但在研究实践中,某些变量往往很难被 1 或 0 二元判定,隶属度的概念由此被引入,即依据个案中出现的条件变量与理想概念的差距进行定量赋值,再运用模糊集合的算法进行隶属度值的评估与计算[2],这种 QCA 分析技术被称为模糊集分析技术(fs-QCA),常用的方法有四值模糊集(0、0.33、0.67、1)、六值模糊集(0、0.2、0.4、0.6、0.8、1)、连续模糊集(任何≥0 且≤1 的值),本研究采用四值模糊集判定。

集合论的思想为探寻因果关系、条件与结果关系、条件优化组合以及解决方案的

---

[1] 黄扬,李伟权,郭雄腾,等.事件属性、注意力与网络时代的政策议程设置:基于 40 起网络焦点事件的定性比较分析(QCA)[J].情报杂志,2019(2):125.
[2] 毛湛文.定性比较分析(QCA)与新闻传播学研究[J].国际新闻界,2016(4):13.

生成提供理论基础。当条件变量和结果变量被分别判定与赋值后,集合论思想和规则将被导入以完成下一步的逻辑运算。运算常用符号有"＋"(逻辑或)、"＊"(逻辑和)、"～"(逻辑非)、"＝"或"→"表示"推导出"。QCA 围绕结果变量输出理想状态下存在的多种条件变量组合,建构一套逻辑真值表。真值表可以反映出结果发生或不发生时多种条件出现或不出现的具体状态及其组合关系,以及结果激发与否的程度阈值[①]。运算过程遵循"布尔最简化"原则,即如果两个布尔表达式所推出的结果相同,其中只有一个条件变量的取值不同,那么,这个条件变量就被认为是可以剔除的,QCA 在运算过程中考察不同条件的组合并不断精简,从而找到影响结果的关键因素和条件最精简的组合方式,建立相关解释模型。

QCA 方法已经在政治学、社会学、经济学等社会科学研究中得到广泛应用,但与新闻传播学结合仍处于起步阶段。本研究采用 QCA 定性比较分析方法,对当前媒介融合转型环境下,全媒体新闻传播教育的影响因素展开分析,以期探索推进新闻传播教育改革的优化要素及组合方案。本研究遵循规范方法论指引,进行案例选取、设置变量、案例分析与测量、构建真值表、必要条件分析、标准分析,渐次展开个案扫描和程序化分析。

四、测量与分析

(一)案例选择

"业界需求"是一种概念化的人才能力与人力资源的需求描述,具体体现在实习或正式招聘信息的岗位要求中。本研究以用人单位发布的招聘信息对"业界需求"做出判定,展开基于"业界需求"与条件变量之间的隶属度考察,同时判定其与结果变量之间的隶属度情况,进而讨论影响新闻传播教育发展的诸多因素与"业界需求"之间的匹配程度和因果逻辑关系。本研究选取的个案涵盖本科和硕士研究生层次,但科研机构、政府部门、国家企事业单位宣传部门、外企等的人才需求不在讨论范围之内。本研究基于从公开途径[②]选择 101 个招聘信息作为代表"业界需求"的研究案例。上述案

[①] 何俊志.比较政治分析中的模糊集方法[J].社会科学,2013(5):31.
[②] 公开途径指网络公开途径,具体为用人单位网站、商业招聘网站(发布主体为经认证后的用人单位)、微信公众号(大专院校就业指导中心发布的就业信息)等。

例均为与新闻传播专业相关①的采编业务、内容制作、运营、广告与公关等岗位(见表1),分为传统媒体岗位和互联网企业岗位,其中传统媒体岗位又分为传统媒体—传统岗位、传统媒体—新媒体岗位两种类型。本研究运用 QCA 分析方法对这三个层次分别展开独立分析与合并分析。

表 1　案例层次与数量分布表

层次	数量	校招/社招	来源
传媒媒体—传统岗位	28	17/11	人民日报社、中国日报社、苏州广播电视总台、中央人民广播电台、浙江广播电视集团、江苏省广播电视总台
传统媒体—新媒体岗位	23	7/16	中央广播电视总台、人民日报社、中国日报社、苏州广播电视总台、新华社、中央人民广播电台
互联网企业岗位	50	8/42	字节跳动、腾讯、百度、阿里巴巴、爱奇艺

注:
①为便于 QCA 软件运算,本研究对传统媒体—传统岗位的类别设置编号为 01,传统媒体—新媒体岗位为 02,互联网企业岗位为 03,其中同一家单位在 01 和 02 两个类别中的编号保持一致。此外,每家单位的每种岗位也分配一个编号。如 010101,表示传统媒体—传统岗位(01)中,人民日报社(01)的第一个岗位信息"采编业务(01)"。
②招聘信息发布时间为 2017 年至 2019 年,中央广播电视总台于 2018 年 3 月组建,由于信息发布年份不同,案例选择中并未对中央广播电视总台和中央人民广播电台做区分。

(二)确定变量与测量标准

根据 QCA 分析程序,本研究的变量设置为"条件变量"和"结果变量"两类,其中"条件变量"包含 5 个自变量(具体 QCA 分析过程中分解为 11 个中介变量),"结果变量"包含 1 个因变量。

1.条件变量及其测量标准

(1)条件变量的确定

基于以往研究,本研究提炼出 4 个相对达成共识的自变量:专业能力(简称 MA,下同)、智力素养(I)、人文与科学素养(HS,亦称跨学科素养)、新技术素养(NT)。此

---

① 根据教育部《普通高等学校本科专业目录》新闻传播学下设的新闻学、广播电视学、广告学、传播学、编辑出版学、网络与新媒体、数字出版等 7 个专业(其中含 2 个特设专业)对招聘信息进行筛选。岗位描述中,专业要求为这 7 个专业的岗位入选,其他岗位如具体内容与新闻传播学相关亦入选。

外,结合101个案例,本研究将"个体能力与思想素质(PA)"设定为第五个自变量,以增加研究的本土性。上述5个自变量即为本研究宏观维度的"条件变量"。为避免宏观维度的粗糙考察和过于微观考察带来的程序运行困难,同时使研究结果更具现实意义,本研究基于5个宏观维度的条件变量与112个微观因子[1]的映射与隶属关系,生成更易于考察的11个中层维度的中介变量,将其作为满足QCA程序运算所需的替代变量(见表2):专业基础(简称MA1,下同)、融合传播能力(MA2)、思想素质(PA1)、操作技能(PA2)、综合能力(PA3)、智力与思维(I1)、语言(HS1)、文史经管(HS2)、理工医农及其他(HS3)、媒体与传播(NT1)、计算机与数据处理及其他(NT2)。根据程序操作与运算的需要,分析过程所输入的变量名称只能使用英文字母、数字字符(0—9,a—Z不区分大小写),本研究在运算和分析过程中均使用字母简称[2]。

表2 基于"业界需求"的新闻传播教育影响因素QCA分析"条件变量表"

自变量	中介变量	微观因素
专业能力[9]（MA）	专业基础（MA1）	写作能力[8]、新闻素养、新闻敏感性、严肃的报道者[9]、信息传播基本技能[2]、采访与报道[9]、编辑[9]、评论[9]、摄影与摄像[9]、视听语言、行业热点与前沿
	融合传播能力（MA2）	全媒体业务技能[3]、融合传播文案与脚本写作
个体能力与思想素质（PA）	思想素质（PA1）	马克思主义新闻观[12]、精神气质[4]、首先感[9]、价值观[1]、理性[4]、主流意识形态[5]、公共伦理[5]、共同价值[5]、信念与德性[5]、专业理想[5]、责任心、分享
	操作技能（PA2）	办公软件、平面设计、制图软件、剪辑、后期、包装、音频处理、普通话证书或相当水平
	综合能力（PA3）	协调能力、协作能力、组织能力、沟通能力、实习经历、体能(加班、夜班、高强度、驻外)、心理抗压能力、表达能力[8]、策划能力、学习与钻研能力、独立、视野、关注热点话题、营销、留学经历

---

① 微观因子是基于已有研究成果、文献、业界发布的招聘信息中的岗位要求等资料所提取的关于新闻传播教育影响因素(即自变量)的微观因子,其中已注释的因子来源于已有研究成果和文献,未注释的因子为研究者根据业界招聘信息的岗位需求对微观因子进行的校正与补充。
② 为简化注释篇幅,表2中涉及的条件变量所来源的文献在相关变量后面用"[number]"的形式标注,相关编号在注释中引用文献的尾部标注,与表格内容进行对应。

续表

自变量	中介变量	微观因素
智力素养[1](I)	智力与思维(I1)	互联网思维[9]、分析思考能力[9]、分析解读能力[4]、怀疑素养[9]、理性的调查研究[4]、批判性思维[8]、多重任务素养[9]、创新能力
人文与科学素养[2](跨学科、跨专业、跨领域交叉融合[10])(HS)	语言(HS1)	语言(外语能力)[10]
	文史经管(HS2)	经济学[10]、宗教[10]、文化[10]、政治学[5]、法学[5]、社会学[5]、心理学[5]、文学[6]、历史学[6]、哲学[6]、贸易[6]、财政[6]、国际政治[6]、管理学[7]、营销、艺术学、教育学、体育
	理工医农及其他(HS3)	医学[10]、健康[6]、农业[6]、统计学[7]、计算语言学[11]、计算传播学[11]、社会计算科学[3]
新技术素养[1](NT)	媒体与传播(NT1)	社交网络[5]、多媒体手段创作能力[8]、互联网[3]、数字化[3]、智能新闻采写[11]、智能算法内容推荐[11]、智能语音[11]、超高清[11]、互联网表达方式、互联网视听节目、短视频、H5、网页长图、微信群、公众号和服务号、小程序
	计算机与数据处理及其他(NT2)	数据科学[3]、算法[1]、大数据[1]、数据挖掘[3]、信息可视化[3]、智能化[1]、移动技术[1]、人工智能[5]、虚拟现实[3]、区块链[11]、5G[11]、AR[11]、网络信息案例[11]、脑科学[11]

(2)条件变量的测量标准

本研究采用四值模糊集判定。具体的测量过程中,研究者根据"岗位需求"中对求职者的能力需求程度进行判定,判定的标准以"岗位需求"描述中的"能力程度要求"关键字段为依据,限制性强或用词中表现强烈需求的(即隶属度越高的),赋值越接近1,对相关能力需求程度不高或无需求的(即隶属度越低的),赋值越接近0。具体赋值标准与关键字段的对应关系见表3。

表 3 "条件变量"测量标准

关键字段	赋值
精通、熟练、必须、扎实的、能独立完成……、……能力优秀、通过某种考试、具有强烈的……、具有敏锐的……、擅长	1
具备、有……能力的优先、须、需要、善于、具有较强的、较高的、具有良好的(或较好的)、有、能与、对……有经验	0.67
最好、最佳、有一定的……、能够适应、具有一定的、熟悉、了解、能够接受	0.33
无相关要求或未提及	0

注：
①工作经验、携带行业资源等与新闻传播教育无关的需求做剔除处理。
②有相关要求，但无关键字段提示的岗位要求，赋值 0.33。如 010305 案例中提出的"爱岗敬业"，无关键字段提示，赋值 0.33。
③同一案例若存在多个独立"岗位要求"指出同一变量，则取最高值作为该变量的值。如 020102 案例中提出"具有较强的团队协作意识，善于沟通，能够适应高强度工作"，均指出综合能力，赋值分别为 0.67、0.67、0.33，该变量的最终赋值为 0.67。

2.结果变量及其测量标准

(1)结果变量的确定

以往研究发现，业界转型为新闻传播教育改革提供的诸多线索，也是专业设置、课程调整、培养方案优化的实践依托。新闻传播教育及人才培养需要及时回应业界需求，因此，本研究将结果变量设置为"匹配度(简称 M)"，即新闻传播教育与人才培养和业界需求之间的匹配度。假设求职者均达到案例中各用人单位提出的岗位要求，研究者结合各案例的"条件变量"和"岗位名称""岗位职责"，对匹配结果的隶属程度(即匹配度)做出判定，判定结果亦采用四值模糊集的构建方式进行赋值。

(2)结果变量的测量标准

结果变量的测量分为"非常符合""符合""基本符合""不符合"四级(见表 4)，"不符合"在案例分析中未出现，但该值的存在适用于 QCA"逻辑非(～)"的运算。另外，业界所发布的岗位信息暂无统一标准，内容详尽程度各不相同，但在实际工作中，用人单位会对求职者提出更高的要求，这些要求往往在"岗位需求"中没有具体说明。因此，本研究对结果变量"匹配度"的判定按照以下例证方式操作：以"传统媒体—新媒体岗位"案例 020101 为例，岗位名称为"策划主管(视听新媒体中心)"，岗位要求为"具有一定的策划、文字、学习能力，有创新意识，思维敏锐，对新媒体发展趋势与现状有一定了解，具有较强的团队协作意识，善于沟通，能够适应高强度工作"，中介变量赋值：

MA1=0.33、MA2=0、PA1=0、PA2=0、PA3=0.67、I1=0.33、HS1=0、HS2=0、HS3=0、NT1=0.33、NT2=0。本研究认为,即使求职者符合上述岗位要求,匹配度亦不能判别为非常符合(M=1)或符合(M=0.67),在实际工作中,用人单位会在融合传播能力(MA2)、新技术素养—媒体与传播(NT2)等方面对求职者提出更高的要求。在判定条件变量与结果变量的隶属度上,本研究将其赋值0.33(基本符合)。遵照此操作惯例,研究者结合条件变量与岗位名称、岗位职责等情况对结果变量进行考察与赋值。

表4 以"匹配度"为依据的"结果变量"测量标准

匹配结果	赋值
非常符合	1
符合	0.67
基本符合	0.33
不符合	0

(三)测量

测量即依据所选案例(N=101)的文本与关键字段,对所涉及的条件变量和结果变量,按照给定的测量标准进行判别的过程。测量过程在已有研究文献、单案例资料、不同案例之间以及测量标准中反复跳进跳出、展开文本间的对话和比对,力求对案例条件变量和结果变量隶属度的判别与赋值做到有据可依,同时针对少量存在判别障碍的案例,研究者需要依据已有的理论文献、经验观察等综合情况做出判定。研究者最后获得以11个中介变量、1个结果变量为基础的101个案例的分析量表[1],经反复的数据校准,用于后续QCA分析。本研究采用fs/QCA3.0(Mac)软件对测量数据进行程序化分析,操作过程严格遵循Charles C. Ragin给出的《模糊集/定性对比分析用户操作手册》[2]中的要求,分别进行必要条件检测、构建真值表、标准分析、描述性统计等步骤。

---

[1] 受篇幅所限,本研究对案例基于模糊集进行赋值的分析量表此处暂略。

[2] RAGIN C C. User's guide to fuzzy-set/qualitative comparative analysis 2.0[Z].Irvine, California:Department of Sociology, University of California,2008.

(四)程序分析

1.单条件变量必要条件分析

将数据导入 fs/QCA 软件后,首先对每一个条件变量与结果变量之间的一致性(Consistency)进行检测①,以查看是否存在单个条件变量为结果变量的必要条件。一般认为,一致性(Consistency)值≥0.9 时,所对应的条件变量可确定为结果变量的必要条件。必要条件的存在,可以说明结果是前因的一个子集,简单理解为当这个条件存在,结果必然发生或发生的概率非常高。

经过运算(见表5),在传统媒体—传统岗位、传统媒体—新媒体岗位、总体案例中均不存在一致性值≥0.9 的条件变量。互联网企业岗位中,Consistency(PA3)=0.918399,PA3 对应"个人能力与思想素质"中的"综合能力",是互联网企业岗位结果变量的必要条件,互联网企业更加注重求职者协作、组织、沟通、学习等的"综合能力",如案例030303,"新闻与内容生态部—泛娱乐领域负责人"岗位要求"有很强的责任心、合作精神及良好的沟通能力、学习能力和团队协作能力,有较强的推动力"。由此可见,新闻传播教育人才培养中,较高的"综合能力"更易于满足互联网企业的"业界需求"。

表5 单条件变量的必要条件检测(outcome=M)

条件变量	传统媒体—传统岗位		传统媒体—新媒体岗位		互联网企业岗位		总体案例	
	Consistency	Coverage	Consistency	Coverage	Consistency	Coverage	Consistency	Coverage
MA1	0.872817	0.825930	0.580221	0.942735	0.551345	0.830953	0.643255	0.853894
MA2	0.072598	1.000000	0.543924	0.939146	0.030562	0.746269	0.180871	0.926170
PA1	0.274017	0.936567	0.246186	0.778702	0.418704	0.910904	0.334047	0.886028
PA2	0.364083	0.832709	0.613887	0.945705	0.367054	0.857245	0.433262	0.883295
PA3	0.783297	0.752886	0.632825	0.921839	0.918399	0.848152	0.805568	0.835505
I1	0.419760	0.957659	0.563388	0.970109	0.725244	0.886771	0.601428	0.919267
HS1	0.400109	0.878897	0.175697	0.910082	0.051039	0.830846	0.176160	0.880171
HS2	0.308406	1.000000	0.279327	1.000000	0.172677	0,892575	0.237116	0.960671
HS3	0.000000	nan	0.017359	1.000000	0.030562	1.000000	01018986	1.000000
NT1	0.109170	1.000000	0.615466	0.971761	0.459658	0.899522	0.410279	0.934330
NT2	0.000000	nan	0.210416	0.921659	0.296455	0.935391	0.195575	0.931339

---

① 毛湛文.定性比较分析(QCA)与新闻传播学研究[J].国际新闻界,2016(4):20.

同时,本研究还注意到传统媒体—传统岗位中 HS3 和 NT2 两个条件变量对结果变量的一致性值为 0,这表明传统媒体—传统岗位对人才的 HS3(理工医农及其他)、NT2(计算机与数据处理)跨学科素养并无需求,HS3 这一能力在其他两个岗位层次中的需求亦不高。通过对单个条件变量在各个分类中一致性值的观察,仅 Consistency (PA3)≥0.9,说明其他条件变量对结果的单独解释力较差,需要通过不同条件的优化组合获得更好的解释力。

2.构建真值表

真值表能够呈现导致结果变量发生的所有条件变量的组合情况,以及覆盖到的案例的数量,构建真值表也是进行因果关系运算并获得解决方案的必经过程。本研究的真值表构建按照案例的分类进行,分别形成传统媒体—传统岗位、传统媒体—新媒体岗位、互联网企业岗位、总体案例的真值表。构建真值表的过程通过 fs/QCA 软件完成,上述 4 个分类均选定 11 个中介变量为条件变量,设定匹配度 M 为结果变量,每一类别生成的真值表都有 2k 行(k 表示条件变量数量)。受篇幅所限,本章仅展示传统媒体—传统岗位部分真值表(见表 6),其他暂略。

表 6 传媒传统—传统岗位 fs-QCA 分析真值表(outcome=M,M=1 的条件为 raw consis.≥0.8)

MA1	MA2	PA1	PA2	PA3	I1	HS1	HS2	HS3	NT1	NT2	number	M	raw consist.	PRI conconsist.	SYM consist.
1	0	0	0	0	0	0	0	0	0	0	1	1	1	1	1
1	0	0	1	1	0	0	0	0	0	0	1	1	1	1	1
1	0	1	1	1	0	0	0	0	0	0	1	1	1	1	1
1	0	1	0	1	1	0	0	0	0	0	1	1	1	1	1
1	0	1	1	1	1	0	0	0	0	0	1	1	1	1	1
1	0	1	0	1	0	1	0	0	0	0	1	1	1	1	1
1	0	1	1	1	0	1	0	0	0	0	1	1	1	1	1
1	0	0	0	1	0	1	0	0	0	0	1	1	1	1	1
1	0	0	0	1	1	1	0	0	0	0	1	1	1	1	1
1	0	0	1	1	1	1	0	0	0	0	1	1	1	1	1
1	0	1	1	1	1	1	0	0	0	0	1	1	1	1	1
1	1	0	0	1	0	0	0	1	0	0	1	1	1	1	1
1	0	0	0	1	0	0	0	0	1	0	1	1	1	1	1
0	0	0	0	1	0	0	0	0	0	0	1	1	1	1	1
0	0	1	0	1	0	0	0	0	0	0	1	1	1	1	1
1	0	0	0	1	1	0	0	0	0	0	3	1	0.886667	0.830846	0.830846
1	0	0	0	0	0	0	0	0	0	0	1	1	0.885906	0.829146	0.829146
1	0	0	0	0	0	0	0	0	1	0	1	1	0.885906	0.829146	0.829146
0	0	0	0	0	0	0	0	0	0	0	2	1	0.853448	0.326733	0.326733
1	0	0	0	1	0	0	0	0	0	0	3	0	0.795181	0.392857	0.392857
0	0	1	1	0	0	0	0	0	0	0	2	0	0.744361	0	0
1	0	1	0	0	0	0	0	0	0	0	1	0	0.492537	0	0

真值表生成后,从中对结果的子集与非子集进行区分,区分的标准通过真值表构建后软件报告的原始一致性(rawconsist.)或 PRI 一致性(PRIconsist.)或 SYM 一致性(SYMconsist.)来度量,最后研究者所选择的符合标准的案例需要占总样本数的75%—80%。本研究将原始一致性(rawconsist.)$\geqslant 0.8$ 设定为一致,低于 0.8 表示实质不一致,对于一致性水平达标的案例,在结果列(M)中输入 1,对于一致性水平不满足一致性标准的案例,在结果列中输入 0,对于一致性值为 0 的行做剔除处理。

3.条件组合分析

条件组合分析即寻找解决方案的过程,基于 fs/QCA 可以进行"指定分析(Specify Analysis)"和"标准分析(Standard Analysis)",Ragin 在操作手册中建议研究者选择"标准分析",因为该方法是获得中间解的唯一路径。

通过"标准分析",可以获得"复杂解(Complex Solution)""简约解(Parsimonious Solution)""中间解(Intermediate Solution)"三种解决方案。由于新闻传播人才培养与业界需求匹配程度的特殊性,人才不具备某种素质,即否定性条件"~",对结果不具备解释力,"复杂解"中包含大量否定性条件,且条件组合一致性较低,所以此处不再参照。"简约解"过度强调单一素养或能力,所提供的方案不具备现实可行性,此处亦不再参照。本研究最终选定"中间解"所提供的解决方案(见图 1、图 2)。

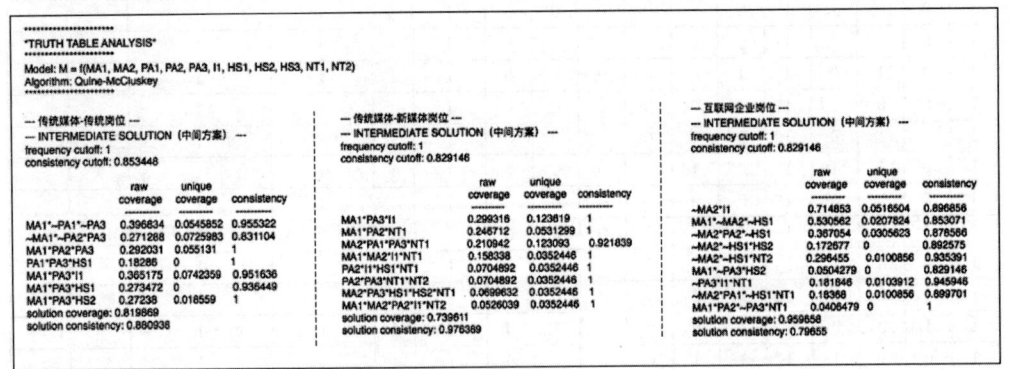

图 1 "案例分类考察"条件组合标准分析结果【中间解,n(传统媒体—传统岗位)=28;n(传统媒体—新媒体岗位)=23;n(互联网企业岗位)=50】

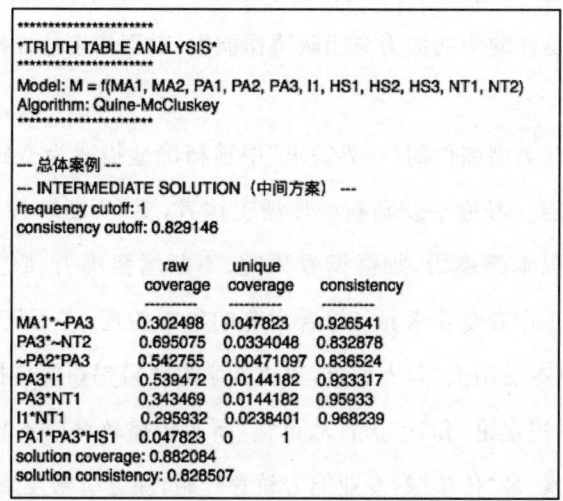

图2 "总体样本(N=101)"条件组合标准分析结果(中间解)

4.均值分析

条件变量的隶属度均值(数据表暂略),通过 fs/QCA 软件计算,可为解决方案和研究发现提供解释证据和辅助数据支持。

五、研究发现

根据条件组合分析过程中,fs/QCA 分析程序给出的"中间方案",本研究有如下发现:

第一,传统媒体—传统岗位类别中,条件组合的一致性均达到 0.8 以上,且条件变量中没有必要条件,证明所得方案对结果具解释力。从覆盖度 Coverage(条件组合所覆盖的案例数量)数值看,居于前三位的方案为:①MA1＊~PA1＊~PA3(专业基础素养高,忽略"~"表示的否定变量),②MA1＊PA3＊I1(专业基础素养高、综合能力强、智力素养高),③MA1＊PA2＊PA3(专业素养高、操作技能强、综合能力强)。研究发现,以报纸、广电为代表的传统媒体依然秉持在地化的新闻专业主义诉求,对传统型基础岗位的新聘人才,尤其重视其精深的新闻业务能力(MA1)与综合能力(PA3)的平衡发展,从条件变量的隶属度均值看,Mean(MA1) = 0.6914286,位列第一,传统媒体—传统岗位更为强调以采、写、编、评、拍为主的"专业基础"能力。如案例 010203 直播编导的岗位要求为"热爱新闻事业,具备从事新闻专业工作的能力与素养;自我驱动,自我管理,具备良好的沟通能力与团队协作能力,对影像表达保持热情,乐于探索、创新与分享"。

"专业素养"在此类型岗位的"业界需求"中被精确地描述为全媒体环境下新闻从业者的"传统型"技能。习近平鼓励新闻传播工作者,要"不断掌握新知识、熟悉新领域、开拓新视野,增强本领能力,加强调查研究,不断增强脚力、眼力、脑力、笔力"。[①]"四力"是新闻传播工作者专业素养与综合素养的集中体现,它不仅深刻地反映了"业界需求"中切实和基本的用人、聘人思维,也提醒学界要警惕新闻传播教育设计与改革避免过度追捧"技术决定论"和"市场盲从论"。新闻传播教育应不忘初心、夯实基础,从提升和更新最朴素、最"传统"的专业能力教育开始,探寻纷繁复杂、日新月异的新技术、新传播平台冲击下专业素养教育的新立场与新方法。

第二,传统媒体—新媒体岗位中,条件组合的一致性均达到 0.8 以上,且条件变量中没有必要条件,证明所得方案对结果具解释力。从覆盖度数值看,排名前三位的方案为:①MA1 * PA3 * I1(专业基础素养高、综合能力强、智力素养高),②MA1 * PA2 * NT1(专业基础素养高、操作技能强、媒体与传播新技术素养高),③MA2 * PA1 * PA3 * NT1(融合传播能力强、思想素质高、综合能力强、媒体与传播新技术素养高)。可见,传统媒体—新媒体岗位对专业能力、综合能力、媒体与传播新技术素养的要求更为凸显;同时,较高的 I1(智力与思维素养)、PA2(操作技能)要求也反映了新型新闻传播人才培养的"全媒体"化的潜在诉求。传统媒体—新媒体岗位作为传统媒体推动自身转型的产物,恰处于传统媒体的激烈转型、个体的职业转型、角色的多元复合地带,呈现出传统与新兴、新闻专业主义与媒体融合相交、独立、协同发展的大趋势。从条件变量隶属度均值看,Mean(PA2)= 0.5365217、Mean(NT1)=0.5234783 排位靠前,该岗位层次对人才的"操作技能""媒体与传播新技术素养"有更为精深、复合的要求,如案例 020103 社交媒体运营编辑岗位要求"熟悉社交平台生态及语态,有推进线上线下活动的能力"。

第三,互联网企业岗位类别中,条件组合的一致性均达到 0.8 以上,涵盖必要条件的方案已经剔除,所得方案对结果具解释力。从覆盖度数值看,排名前三位的方案为:

---

① 中国共产党新闻网.不断增强脚力、眼力、脑力、笔力,打造过硬宣传思想工作队伍[EB/OL].(2018-09-17)[2022-03-16].http://theory.people.com.cn/n1/2018/0917/c40531-30298632.html.

①～MA2＊I1（智力素养高），②MA1＊～MA2＊～HS1（专业基础素养高），③～MA2＊PA2＊～HS1（操作技能强）。上文的分析中，已证实互联网企业非常重视人才的综合能力，PA3成为人才培养需求中必备的要素。该岗位层次标准分析的中间解有一个鲜明的特点：方案中均只有一个非否定的条件变量。这表明互联网企业非常强调人才在某一方面的特长或能力。此外，互联网企业岗位中对计算机与数据处理能力（NT2）的需求更为明显。从条件变量隶属度均值看，除个人综合能力（PA3）外，Mean（I1）＝0.5352在所有岗位类别中需求最高。如案例030118客户端产品经理岗位要求具备"独立思考，善于自上而下分析问题并找到解决问题的核心方案；严谨的逻辑思维；关注细节，抗压能力强；强烈的责任心，优秀的沟通协作能力，能够在复杂环境下灵活调整策略"等能力，该岗位作为校招岗位，确实对人才的在校培养提出了较高的要求。

第四，总体案例类别中，条件组合的一致性均达到0.8以上，且条件变量中没有必要条件，所得方案对结果具解释力。从覆盖度数值看，条件变量不重复的排名前三位的方案为：①PA3＊～NT2、～PA2＊PA3（综合能力强），②PA3＊I1（综合能力强、智力素养高），③PA3＊NT1（综合能力强、媒体与传播新技术素养高）。PA3（综合能力）、I1（智力素养）、NT1（媒体与传播新技术素养）这三个变量条件的高隶属度在总体案例解决方案的条件组合中，显示出对满足业界人才需求更高的解释力，可为未来新闻传播教育的改革和人才培养动向提供参照点。

结　语

本文从"业界需求"这一概念出发，利用fs-QCA模糊集分析技术，展开对中国媒介转型发展中全媒体人力资源诉求、人才培养及其与新闻传播教育之间的相互影响因素的定性比较研究。

第一，基于"业界需求"，根据总体案例QCA分析结果和条件变量均值，以往研究中发现的新闻传播教育关键影响因素"新技术素养""人文与科学素养""智力素养""专业能力"都在"业界需求"的案例分析中得到现实印证。此外，从"业界需求"的文本中发现的"个人能力与思想素质"在案例分析中得到多案例一致性、覆盖度的验证，成为本研究中新闻传播教育影响因素的新增变量。

第二,新闻传播人才的"个人综合能力"在"业界需求"中极为凸显,专业能力反映在新闻传播专业素养、写作能力等多个方面,互联网企业的岗位同样对专业能力具有较高需求。新闻传播教育影响因素的重要程度排序依次为 PA(个人能力与思想素质)＞I(智力素养)＞MA(专业能力)＞NT(新技术素养)＞HS(人文与科学素养)。此前,学界针对新闻传播教育到底应该加强新技术素养还是加强人文与科学素养存在观点博弈。本研究将这两个影响因素作为条件变量加以检验后,发现其重要程度位列最后两位,而个人综合能力、智力素养、专业能力更为"业界"所重视。

表7 各类别岗位条件变量重要度排序

排序	传统媒体—传统岗位	传统媒体—新媒体岗位	互联网企业岗位	总体案例
1	MA1	MA1	PA3	PA3
2	PAS3	PA3	I1	I1
3	*	NT1	MA1	NT1
平行	I1/HS1/HS2/PA2	I1/PA2	PA2	*

注:依据条件变量均值测量以及条件组合方案覆盖度(Coverage)顺序综合排序,条件组合中未出现的条件变量不计入。

第三,按照以上研究分析,学界在新闻传播教育改革的相关研究中存在的技术取向、人文取向争论可以暂时搁置,学界也应减少对于技术的盲目追求,从业教师与学生也应积极减缓技术带来的"本领恐慌"情绪。传统媒体—传统岗位强调人才的新闻素养和专业性,传统媒体—新媒体岗位强调专业性与新传播技术的融合能力,互联网企业更加强调人才的一技之长。以下要素的有效组合,能够提升全媒体人才培养与业界的适配性。

1.着力培养学生的个人能力和思想素质,尤其是个人综合能力。QCA 分析结果表明,该条件在各类别岗位中具有较高的解释力,说明业界首先更加看重人才的综合能力。学校在人才培养过程中,应该加大对于学生协调能力、协作能力、组织能力、沟通能力、体能、心理抗压能力、表达能力、策划能力、学习与钻研能力等的培养,这在此前的相关研究中是被忽略的条件要素。

2.重视培养学生的思考和认知能力,即智力素养,具体需要在互联网思维、分析思考能力、解读能力、理性的调查研究能力、批判性思维、创新能力等方面展开。南瑞琴等提出的以项目为依托的 CDIO 模式对上述两点的人才培养实践有着重要的参考意义。

3.学界存在"新闻无学"的观念,甚至在技术的冲击以及其他相关学科的竞争中,许多从业教师和研究者出现了"技术恐慌""本领恐慌",严重缺乏学科自信。另外,实务技能培养的关键及其作为新闻专业性的基础来源,长期被国内许多新闻专业从业教师忽视,反而追寻形而上学的学问。在本研究展开的基于业界需求的QCA分析中,MA(专业能力)仅次于个人能力、智力素养,在各案例中具有较高的解释度,具体体现在写作能力、新闻素养、新闻敏感性、信息传播基本技能、策采编播评等方面。由此看来,不是新闻无学,全媒体环境下反而应该加大对于学生的专业基础训练,但需要注意的是,这种专业性的训练应该着眼于技能、实务和实际应用,而非空洞的理论。

在人人皆媒、万物互联的时代,新闻传播专业理想、学科核心课程的教育应该得到进一步强化,在此基础上,新闻传播学科通过与业界的有效互动,走出新闻传播学科原有的封闭、线性的学科建设与人才培养模式,转向一种学科系统内外不断交互和动态平衡的发展体系。进入21世纪以来,尤其是近十年,互联网的应用与发展已经融入国家各项政策和管理体系之中,新闻传播、信息舆论工作也相应地得到前所未有的强化,三网融合、媒体融合、县级融媒体中心建设、智慧媒体建设、5G技术等都在不断为新闻传播的学科建设与教育发展提供前所未有的机遇和空间,在强化人才能力、专业基础的前提下,新时代新闻传播教育的发展和全媒体人才培养的新征程正在展开。

媒体融合背景下国际新闻传播教育的比较研究
——基于北京与上海的高校专业调研

◇ 刘志成　佘海森

当前，以新媒体为代表的传播技术正在改变着原有的媒介生态传播秩序。媒体融合背景下，云计算、人工智能、大数据等互联网技术的不断发展，使得传媒技术也在不断更新迭代，进而重构了传媒发展的格局。在新闻生产领域，人工智能技术正在助力机器人采写与播报新闻内容，例如，新华社的 AI 合成女主播"萌小新"、光明日报社的 AI 虚拟人物"小明"、封面新闻的 AI 女主播"小封"等；可视化呈现的新闻报道愈发丰富，中国经济网使用"5G＋6K 全景"的融媒体技术进行"两会"报道、新华社新媒体中心使用智能 AR 直播眼镜进行直播、《人民日报》采用 5G 客户终端设备＋VR 全景相机进行直播报道；机器翻译、有声漫画、自动剪辑视频等技术日渐改变着媒体的运作方式，例如，人民网推出的《两会 VLOG》、光明网围绕部长通道推出的"我是部长"系列有声漫画等；移动智能技术使得信息传播渠道日趋移动化和互动化，尤其是以极具交互性和移动性的内容为载体的 H5，例如，中国政府网推出的插画手绘风格的游戏类 H5《美术馆里看政府工作报告》、《人民日报》推出的互动视频 H5《点击！你将随机和一位陌生人视频通话》、中国网联合歌手推出的 H5《我把政府工作报告唱给你听》。

在此背景下，全球新闻传播业纷纷谋求改革和转型，国际新闻传播教育也面临着迫切的调整需要。[①] 以美国高等院校为例，包括哥伦比亚大学新闻学院、南加州大学安纳伯格新闻与传播学院、西北大学梅迪尔新闻学院、加州大学伯克利分校传播系、雪城大学公共传播学院等在内的一批顶尖新闻传播院校在近五年内都提出了教学改革举措，促进本专业的人才培养能顺应新媒体时代变革的需要。[②] 新闻传播学的本科生

---

① 李晓静，韩羽昕.欧美新媒体传播硕士课程教学分析与反思[J].新闻记者,2018(5):91-96.
② 陈昌凤,王宇琦.互联网时代的融媒教育:美国经验及其启示[J].传媒,2017(21):13-14.

一直以来都是媒体行业的坚实后备力量。面对媒体融合深度发展的趋势,我国各高校的国际新闻传播教育该如何培养复合型人才是当下的一个重要议题。

以往关于国际新闻传播教育的相关研究大多数都是从学者的视角去探究媒体融合背景下的国际新闻传播教育改革和人才培养模式创新的问题。中国人民大学的蔡雯教授就从新闻教育规模及人才培养定位、新闻教育的创新与守成、师资队伍建设、复合型人才培养、专业硕士教育、资金与实验条件保障等角度出发,讨论了新闻教育改革的六大共性问题。① 中国传媒大学的胡正荣教授则提出国际新闻传播教育的改革应该遵循一个核心原则,以两个需求为导向,从四个层面展开,即将"立德树人"作为核心原则,以国家需求和行业需求作为人才培养的目标导向,从学科、专业、培养模式、师资结构四个层面进行教育教学改革探索。② 武汉大学的强月新教授认为,人才培养需要从坚定正确政治方向、优化新闻传播人才的融合能力培养体系、培养融合型知识结构的新闻传播人才等几个方面进行范式改革。③

本文则将研究视角立足于传媒业界对人才的现实诉求,考察高校本科生基于新媒体方向课程的学习对媒体融合背景下的国际新闻传播人才培养问题的认知和判断。来自高校本科新闻传播学子的声音,不仅将为国际新闻传播硕士的培养提供有用的教育模式,还会为各大新闻传播院校的教育理念和教学实践提供更有价值的参考。

一、研究设计

为了深入了解本科生对于新媒体方向的课程安排、教学方式、实操以及特色学科结合情况等方面的满意度,且便于归纳和比较分析。本研究主要运用滚雪球抽样的方法寻找调查对象,以中国传媒大学和华东政法大学两所高校新媒体方向的本科生为主,在这两所高校选取各 5 名新媒体方向的学生作为研究样本,对其进行深度访谈。

---

① 蔡雯.新闻教育亟待探索的主要问题[J].国际新闻界,2017,39(3):6-18.
② 胡正荣.面向融媒时代的国际新闻传播教育[J].新闻与写作,2017(4):1.
③ 强月新.媒体融合背景下的新闻传播人才培养[J].人民论坛·学术前沿,2019(3):30-37.

表 1　深度访谈样本构成

序号	代码	学校	性别	年级
1	TKQ	中国传媒大学	男	大四
2	CC	中国传媒大学	女	大四
3	LXR	中国传媒大学	女	大二
4	WXC	中国传媒大学	男	大三
5	XF	中国传媒大学	男	大三
6	ZJH	华东政法大学	女	大四
7	LV	华东政法大学	男	大二
8	YAL	华东政法大学	女	大三
9	WZY	华东政法大学	男	大三
10	FCH	华东政法大学	男	大三

在10位被访者中,有6位男性,4位女性,他们的年级平均分布在大二至大四之间。总体来看,受访样本的性别和年级分布都比较均匀,这两所不同高校的学生对新媒体方向课程教育的认知和学习方面的信息,能为分析当前媒体融合背景下各大高校传媒院系本科专业的人才培养理念是否与时俱进提供素材。

本研究致力于考察高校国际新闻传播人才培养的发展概况,若单从问卷数据来分析传播效果会显得较为单一,为此,笔者拟定了具体的深度访谈提纲,选定访谈对象,以求对国际新闻传播人才培养的现状进行全面的分析,再结合有效问卷数据以及访谈内容的综合考察,深度分析高校本科新闻传播学子对于人才培养模式的认知情况以及如何在媒体融合时代做好国际新闻传播人才培养模式的创新。本文的深度访谈主要从六个维度展开,包括:(1)选择了哪些理论或实务专业课程,以及选择这些课程的想法;(2)本方向的理论与实务课程安排是否均衡;(3)选择的实务专业课程能否满足掌握媒介专业技能的需求;(4)有关媒介前沿知识的学习,例如数据新闻、H5新闻、VR、VLOG等,老师的教学方式如何,能否引起你的关注;(5)所在院校是否有优势特色学科?如果有的话,谈一谈所学的专业课程和优势特色学科结合的情况;(6)毕业时,你是否愿意从事新媒体行业。

二、媒体深度融合的时代背景

新闻客户端和社交媒体越来越成为网民搜索新闻和看新闻的主要信息源。媒体深度融合不是一个新的概念,但近几年在中央政策的支持下,融合已经成为一个不可逆转的发展趋势。2019年3月15日,习近平总书记在《加快推动媒体融合发展 构建全媒体传播格局》中提到,要深刻认识全媒体时代的挑战和机遇,全面把握媒体融合发展的趋势和规律,推动媒体融合向纵深发展。①

新媒体技术的蓬勃发展也在不断塑造新的媒介信息格局,网民对移动互联网的热情消费也为推动媒介技术的更新迭代打下了坚实基础。面对当前层出不穷的技术革新以及五彩斑斓的传播形态,我国的传媒业正面临着机遇和挑战,一方面能够借助新技术进行革新,使自己尽快适应新的传播生态;另一方面由于缺少全媒型、复合型新闻人才,融合之路变得举步维艰。虽然技术的进步和新媒体的发展都呈现欣欣向荣的大好态势,但不可否认的是,传统媒体的日渐式微以及智媒时代的迅速崛起都使得我国高校在面对这些新的传媒生态时显得措手不及。一方面,各大高校为了适应智媒的环境都在积极培养复合型、全媒型新闻传播人才,通过调整新闻人才培养模式,在课程设置、专业技能、师资结构、教学案例、实践条件、培养目标等问题上大力革新,力求做到与时俱进;另一方面,媒介技术的发展仍然处于一个上升期,各大高校很难跟随技术发展的步伐做到与时俱进,而且一些传媒企业总是抱怨招不到优秀的新媒体传播人才,无疑让传媒专业的毕业生陷入尴尬境地。因此,媒体深度融合的时代潮流给传媒教育带来创新的同时,也对传媒教育造成了一定的冲击。

1918年,北京大学新闻学研究会成立,这是我国第一个新闻学研究团体,它的成立标志着我国新闻教育事业的开端。兜兜转转,新闻学经历了100余年的发展。截至2018年,全国范围内约有600余所高校开设新闻传播学类专业,共有1244个新闻传播本科专业点,其中有326所高校开设了新闻学专业,378所高校开设了广告学专业,234所高校开设了广播电视学专业,140所高校开设了网络与新媒体专业,另外还有82所高校设立了编辑出版学专业,71所高校开设了传播学专业,13所大学开设了数

---

① 习近平.加快推动媒体融合发展 构建全媒体传播格局[J].奋斗,2019(6):1-5.

字出版学专业。① 在这100余年的发展过程中,我国的新闻传播学科一直都在摸索中不断前进,由于学科起步较晚又处于发展时期,大多数高校在积极适应业界发展的同时也依然被一些现实问题所困扰,例如教师的媒介素养和专业技能有待提高、课程设置和教学理念落后、教学手段和知识体系陈旧等,这些基本已经无法适应当前的传媒生态和社会的实际用人需求。因此,我们需要积极、慎重地考虑我们到底需要什么样的新闻传播人才以及如何培养适应时代发展的新闻传播人才,要全面、客观、精准、深入地挖掘和把握好新闻传播学学科与专业发展的传媒生态,培养出符合传媒企业需求的新闻传播人才。

本文采用了控制联想法来获取被访者的观点。笔者与10位被访者通过社交软件沟通,让被访者针对"媒体融合"写出脑海中快速出现的5个关键词,随后对被访者进行追问,访谈他们如何思考与理解这个概念,并对词频进行整理与分析,结果显示,被访者对"媒体融合"的理解主要集中在5个关键词上:

一是"全媒体传播"。在10位被访者中,有6位提到了传播的全媒体性,其关键词主要为"5G""互联网+"和"大数据"。在访谈中,一位被访者提出:"全媒体性是媒体融合时代最为显著的一个特点,大数据时代的到来使得新闻生产模式发生了重大的变化,每位受众的阅读喜好都将由数据构成,大数据使得精准传播成为可能,提高了新闻生产的效率。"2019年是5G的商用元年,5G技术的到来不仅会继续推动人工智能的发展,也将促使新闻业逐步实现"人机共生",VR新闻、场景新闻都将提高受众的浸入感与体验感,提高新闻的传播效应。这些观点在其他受访人的思考和回答中也有所体现。

二是"渠道多元化"。有5位被访者提到了当前媒体融合时代下新闻分发渠道的多元性,其中"新媒体"词频高达4次,多数被访者认为新媒体如今越来越成为用户阅读新闻的主要渠道,例如微信公众号、新闻客户端以及官微。新闻传播渠道必须适应媒体融合时代的特点,要着眼于用户最常用的社交媒体,用户在哪里,新闻传播阵地就要在哪里,同时要打通渠道,实现渠道的互联互通,通过新闻矩阵提高新闻传播效率。

三是"生产主体下沉"。以往的新闻生产由专业的新闻机构完成,具有专业性的特点,在"人人都是麦克风"的时代,新闻生产主体由单一转向多元,UGC(用户生产内容)成为主流,并与PGC(专业生产内容)并存。4名被访者提到了"用户生产",认为

---

① 中国新闻史学会新闻传播教育史研究委员会.中国新闻传播教育年鉴[M].武汉:武汉大学出版社,2018.

"人人都具有表达欲,想参与进新闻生产中,每个人都具有自己独特的新闻视角"。虽然 UGC 的专业性没有那么强,但是,现在越来越多的新闻机构发现 UGC 存在独特的价值,即选题范围广,用户可随时随地拍摄所见所闻上传至客户端,这些内容再由后台新闻编辑进行后期加工;故事性强,好的新闻必须具备故事性,这里的故事性指的是具备冲突与情节。生产主体下沉使得新闻门槛降低,普通人的声音也得以被听见。

四是"媒体转型"。6 位被访者提到了媒体转型,其关键词主要是"转型""中央厨房""创新"与"集团化"。被访者认为,转型是传统媒体必须走的一条路,不转型,无法跟上时代的潮流。传统媒体转型不是说要完全抛弃旧式载体,而是要充分利用新媒体传播特点,进行组织架构和传播方式改革。中央广播电视总台的成立是传统媒体转型的重要举措,由中央电视台、中央人民广播电台和中国国际广播电台组成的中央广播电视总台推动了广播电视媒体以及新兴媒体的融合发展,在加强党对重要舆论阵地管理和建设的同时,增强了广播电视媒体的整体实力和竞争力。许多传统媒体缩减传统采编部门,进行优化合并,媒体间的整合、合并、重组是无法逆转的趋势。

五是"短视频风口"。5G 时代,短视频新闻必将再次迎来蓬勃发展的黄金时期。7 位被访者认为,短视频新闻颠覆了传统新闻的线性模式,短视频新闻言简意赅,将最核心的新闻信息放在最前面,如梨视频的"黄金 7 秒法则"。5G 技术使得网速提高、时延降低,短视频新闻模式将被更多的新闻媒体机构采用,而且会增加更多的虚拟化信息,实现真正的超视频化。

在分析完媒体融合的技术特征之后,本研究进一步了解被访者如何看待媒体深度融合对传媒行业的影响。从整理后的访谈内容来看,两所高校的新闻传播学子对该问题的看法主要体现在以下三个方面:第一,在内容的生产与分发层面,数据可视化、算法推荐、机器人新闻写作、VR 等智能技术一方面给予传媒行业更多的内容呈现方式和分发方式,另一方面也对传媒人才的专业技能提出了新的挑战。第二,在传播形态层面,沉浸式、场景化、交互化的传播形态已经成为智能媒体的基本特征。以往的纸质媒体、广播电视媒体都是以图文、音视频等形式来进行内容呈现,传播形态较为局限、单一,而智能媒体所带来的多元、交互、场景等形态改变了以往传媒行业单一形态的传播方式和传播理念。传统媒体需要进行主动融合,比如新华社的 AI 合成女主播"萌小新"、《人民日报》推出的互动视频 H5《点击!你将随机和一位陌生人视频通话》等,其传播渠道更显多元化,智能媒体背景下的多端传播已成为常态。第三,在法律层面上,智能技术的介入可能会带来很多新的法律问题,比如 AI 生产的新闻作品是否享有著作权的保护,如果发生了侵权行为该如何追责;该如何解决技术对于隐私权的侵犯等职业伦理问题。

三、课程设置

华东政法大学新闻学(新媒体方向)专业课程在传统媒体课程的基础上,加入了三个新媒体选修课程,即新媒体创意艺术与制作、融合媒体报道与新媒体项目运营,这三个课程并未被列为专业必修课程。该学校被访者的访谈内容显示,华东政法大学的新闻学专业主干课程多以传统纸媒为主,如新闻评论、初高级新闻写作、新闻编辑,这四个课程都是以写作为载体,其对应的媒介是报纸。广播电视学的课程除了专业主干课程的广播电视新闻学和电视编辑制作,还有选修课程,如网络摄像、电视摄像与导播、广电实务。华东政法大学新闻学课程较好地满足了新闻传播学理论知识讲授需要,在新媒体课程上,主要还是以理论为主,实务性课程太少。另外,由于华东政法大学的优势学科是法学,在专业选修与专业主干特色上,都体现了其法学学科的优势,如民法学、刑法学、行政法学、著作权法、知识产权法、新闻侵权与纠纷、传播法研究,这为培养国际法制新闻人才提供了得天独厚的学科背景。

中国传媒大学编辑出版学(新媒体方向)被视为中国新闻出版研究的起点,目的是为了培养适应现代出版产业发展需要、具备系统的编辑出版理论知识和技能以及编辑数字信息技术应用能力的人才。从专业主干课程来看,编辑出版方面的专业必修课程有电视画面编辑、报刊编辑、数字出版概论、新媒体编辑,选修课程有设计构成。其新媒体专业必修课程有新媒体编辑、新媒体导论和新媒体交互设计,选修课程暂无。通过分析可以看到,中国传媒大学编辑出版学的专业必修课程以电视特色学科为主干,应用电视学相关课程占比极大,而新媒体课程相对较少。编辑出版学的 CC 同学在访谈中说到,大一时期的新媒体导论课程中,老师会介绍许多国内外优秀的交互设计作品,也会定期开办讲座,培养学生的新媒体兴趣。编辑出版学的 WXC 同学认为,编辑出版学的教学框架还不够完善,很多课程的老师是由电视学院的老师过来兼任,新媒体方面的课程还不能够满足学生以后的从业需求。

表2 华东政法大学新闻学（新媒体方向）课程

专业选修课程			专业主干课程		
新闻摄影	32学时	2学分	新闻采访	48学时	3学分
电子采编实务	32学时	2学分	新闻学概论	48学时	3学分
网络摄像	32学时	2学分	新闻评论	32学时	2学分
电视摄像与导播	32学时	2学分	新闻心理学	32学时	2学分
网络调查	32学时	2学分	广播电视新闻学	48学时	3学分
新媒体创意艺术与制作	32学时	2学分	新闻法规与职业道德	48学时	3学分
融合媒体报道	32学时	2学分	传播法研究	48学时	3学分
新媒体项目运营	32学时	2学分	外国新闻史	32学时	2学分
报刊实务	32学时	2学分	传播学	48学时	3学分
广电实务	32学时	2学分	新闻侵权与纠纷	48学时	3学分
网络新闻实务	32学时	2学分	新闻编辑	48学时	3学分
民法学	64学时	4学分	电视编辑制作	48学时	3学分
刑法学	32学时	2学分	初级新闻写作	48学时	3学分
行政法学	32学时	2学分	高级新闻写作	48学时	3学分
著作权法	32学时	2学分	网络新闻传播学	32学时	2学分
知识产权法	32学时	2学分			

表3 中国传媒大学编辑出版学（新媒体方向）课程

专业选修课程			专业必修课程		
电视艺术概论	32学时	2学分	电视传播概论	32学时	2学分
摄影技术基础	32学时	2学分	电视节目制作技术	32学时	2学分
创作训练——图片摄影	64学时	1学分	摄影元素构成	32学时	2学分
电视摄影	32学时	2学分	电视文化学	32学时	2学分
纪录片创作	32学时	2学分	电视影像语言	32学时	2学分
媒介批评	32学时	2学分	电视画面编辑	32学时	2学分
比较媒介研究	32学时	2学分	电视写作	32学时	2学分
电视主持	32学时	2学分	电视编导	32学时	2学分
新闻摄影	32学时	2学分	电视节目策划	32学时	2学分
摄影理论	32学时	2学分	多媒体作品赏析	16学时	1学分
数字图像处理艺术	32学时	2学分	非线性编辑技术	32学时	2学分
专业应用软件	32学时	2学分	新媒体编辑	32学时	2学分
设计构成	32学时	2学分	新媒体导论	32学时	2学分
电视导播	32学时	2学分	新闻写作——消息	32学时	2学分
电视音乐音响	32学时	2学分	创作训练——DV作品	48学时	2学分
电视新闻节目制作训练	32学时	2学分	电视采访报道	32学时	2学分
电视节目包装	32学时	2学分	欧美名片名著解读	32学时	2学分
电视新闻学	32学时	2学分	数字出版概论	32学时	2学分
国际新闻理论与实务	32学时	2学分	融合新闻学	32学时	2学分
电视新闻学	32学时	2学分	新媒体交互设计	64学时	2学分
媒介与社会	32学时	2学分	媒介伦理与法规	32学时	2学分
马克思主义新闻观实践案例分析	32学时	2学分	报刊编辑	32学时	2学分
网络直播理论与实务	32学时	2学分	新闻理论	32学时	2学分
专业著作选读	32学时	2学分			

通过比较分析可以看出，两所高校在课程设置上都是以特色学科为主体，华东政法大学是培养国际法制新闻人才为主，中国传媒大学是培养国际传播电视人才为主，虽然在新媒体课程的设置上尚未完善，但已经开始设置相关课程做出补充。

四、专业技能

在当前及未来，对于高校本科传媒学子而言，掌握多种媒介技能将给他们今后的个人职业发展带来很大的帮助。考虑到媒体融合背景下各种新媒体技术的发展，传媒本科生到底需要掌握哪些核心专业技能呢？这也是当前很多业界学者研究和思考的议题。祝建华用英语、统计语言、编程语言等3种语言以及9项软、硬技能来概括新闻传播学生在大数据时代应具备的专业技能。[1] 胡正荣、冷爽指出，独立思考与判断能力、学习与创新能力、团队合作能力等是本专业学生最应具备的核心竞争力。[2] 蔡雯等学者全面地从口头及文字沟通能力、新媒体技术应用能力、快速应变能力、项目管理能力、数据分析能力等方面概括了传媒人才的核心技能。[3] 在与10位被访者的交流过程中，我们也问及他们对于自己所选择的实务专业课程能否满足掌握媒介专业技能的看法。华东政法大学的5位被访者中，有4位表示，他们并不能完全掌握实务课程中老师所传授的技能，大多数的课程仅仅是老师在课堂上进行理论性的阐释，老师也在课堂上安排具有实践性质的教学内容。同时，他们表示自己学院的实务课程主要集中在视频拍摄、剪辑、制作以及新闻摄影等方面，有关媒介前沿技术的课程，比如交互设计、H5制作、新媒体运营等都未开设，只是课堂上有所提及。视频拍摄、后期制作等技能其实都是本科生必须掌握的，而在掌握基础技能的前提下更需要钻研媒介前沿技术。相反，中国传媒大学的5位被访者中，有4位表示他们在实务课程的学习过程中，能在很大程度上提高专业技能，都认为自己完成的有关新媒体课程设计得比较合理，尤其是在技术实践方面。例如，他们不仅要在课堂上进行新闻案例分析，课后还会分成不同的小组进行电视新闻创作，从前期的选题策划到后期的拍摄、剪辑等都由学生完成，老师会在课上分析点评所有小组的作业。这是一种很重要的课堂互动方式，

---

[1] 祝建华.大数据时代的新闻与传播学教育：专业设置、学生技能、师资来源[J].新闻大学,2013(4):129-132.
[2] 胡正荣,冷爽.新闻传播学类学生就业现状及难点[J].新闻战线,2016(11):27-30.
[3] 蔡雯,翁之颢.融合转型的传媒业需要什么样的新闻传播人才？——对近年传媒业人才需求状况的观察与分析[J].新闻记者,2016(12):13-18.

老师能通过点评学生的作品发现他们的不足之处以及值得表扬的地方。在有关媒介前沿知识的学习方面，他们表示新媒体编辑、新媒体交互设计等课程让他们非常感兴趣。在新媒体编辑这门课上，老师不仅非常重视抖音、快手等新媒体平台的研究，还让学生进行短视频创作；而新媒体交互设计则能激发学生不同的创意和想法，学生们也会结合网络直播、VLOG 等新形式进行作品的设计。

仅仅从媒介技能掌握来看，相对来说，中国传媒大学的学生会比华东政法大学的学生掌握得好一些。但是我们在谈及第五个问题，也就是专业课程和优势特色学科结合的情况时，华东政法大学和中国传媒大学的优势就各自显现出来，华东政法大学的 5 名被访者都表示所学课程和优势特色学科结合得比较好。5 名被访者都认为他们在学习新媒体课程的基础上，还要专门学习新闻法、传播法，因为新闻与传播实践很多时候都会涉及相关法律问题，尤其在新媒体环境使传媒生态发生很大变化的当下，这些新形式的实践甚至会触及刑法，对于这些问题，老师也会在课堂上进行案例分析，让学生能更好地去灵活应对。同时，中国传媒大学的 5 名被访者表示，新闻传播学是学校的优势特色学科，由于学校又位于传媒人才集中的北京，因此学院专门开设了媒介前沿知识的讲座，每周都会邀请业内专业人士进行媒介前沿知识讲解，学生们因而对媒介前沿技术有更全面的了解和认知。另一方面，在我们与 10 位被访者的交流过程中谈到数据分析、数据处理等能力的时候，他们都表示与其他专业技能相比，工具性技能属于加分项，因为这种技能能够更好地满足面向未来的传媒实践中可能存在的交叉学科知识需求。结合被访者对于新媒体方向课程技能的掌握和理解，我们不难发现，培养他们的创新能力、学习能力、新媒体业务动手能力以及数据方法技能，是当前及未来新闻传播院校培育人才核心竞争力的重要方向。

在对两所高校的课程设置和专业技能进行比较之后，我们可以明显看出两所高校国际新闻传播人才培养模式的不同之处。本文也进一步以深度访谈法考察了 10 位被访者是否愿意毕业后从事新媒体行业，有 9 位被访者说不愿意。中国传媒大学的 TKQ 是其中仅有的一位愿意从事新媒体行业的同学，他说："有些同学对新媒体的定义过于狭窄，认为就是运营公众号，其实不是那么简单，做直播也算是搞新媒体，我觉得从事新媒体可以获得行业最为前沿的信息，永远走在行业最前面，这对我来说是有极大发展的。"中国传媒大学的 WXC 同学说："新媒体行业不是我的兴趣所在，我还会继续摸索。"华东政法大学的 YAL 同学说："已经打算考法律硕士研究生，基本上毕业后不打算从事新媒体行业,但我对这个行业还是抱有好奇,也说不准以后会改变想法。"面对瞬息万变的传媒行业,不同的人有不同的理解,本研究的访谈内容中也体现出新闻传播人才的培养是个人职业发展方面的一个值得探索的议题。

结　语

媒介技术的不断进步推动未来的媒体朝着更加便捷化、多元化、交互化和个性化的方向发展。如前文所讨论的,媒体深度融合带给传媒业的影响不仅体现为新闻流程从生产到分发的再造,并呈现出内容的交互性与传播渠道的多元性,还对未来媒体产业的升级与发展具有深远意义。因此,各大新闻传播院校在培育人才方面,应该做出合理的回应和调整。

首先,从育人目标定位和人才核心竞争力来说,高校应着重培养本科生适应媒体深度融合的业务实践能力、多学科理论视野,以及数据和研究方法素养。其次,在课程设置上,高校应侧重业务实践知识、媒介前沿知识和媒介素养知识的传授,适当降低新闻传播史论在课程设置中所占的比例。从华东政法大学和中国传媒大学两所高校的情况来看,各大院校尤其要结合自身的优势特色学科培养国际新闻传播人才,在此基础上实现课程设置的均衡安排。再次,在教学方式上,各大院校可以考虑师资共建、智能媒体平台化教学、合作项目式教学等新模式。目前,一些高校在师资不足的情况下,可以聘请优秀的业界导师来为学生进行讲座式教学,高校在这方面要利用好校友资源并明确业界导师的教学及人才培养任务。同时,校企合作也是非常重要的教学方式,学生可以在到企业实践的过程中接触传媒一线的前沿知识,真正接触智媒化、融媒化的专业训练,这也是未来教学平台的大势所趋。①

总之,国际新闻传播人才的培养始终是一个不断创新、不断发展的过程,各大高校正要结合自身的优势积极投身实践,培养全媒型、复合型人才。

---

① 李晓静,朱清华.智媒时代新闻传播学硕士培养:业界的视角[J].现代传播(中国传媒大学学报),2018,40(8):160-165.

卓越国际新闻传播人才培养中的外语课程思政建设研究

◇ 李艾珂

一、中国国际新闻传播人才培养的历史与发展

四十多年前开始的改革开放直接催生了国际新闻专业。为了给我国的新闻机构培养合格的驻外记者,在政府的支持下,中宣部、教委(当时的教育部)、新华社和广播电影电视部(当时的广播电视部)联合从 1982 年起在北京广播学院(现为中国传媒大学)、厦门大学、复旦大学等高校陆续开设国际新闻专业本科和国际新闻双学士学位,我国的国际新闻专业化教育正式开始了。①

改革开放 30 年后,中国媒体于 2009 年开始积极实施"走出去"战略。② 例如,2009 年 2 月 23 日,《中国日报》在北美地区的子报《中国日报·美国版》创刊;4 月 20 日,隶属于人民日报社的《环球时报》英文版创刊;7 月 1 日,新华网英语电视新闻线路开始试运行;9 月 30 日,中共中央机关刊《求是》杂志英文版创刊并向海内外公开发行。③ 与此同时,为了给国家传播能力建设战略提供人才保障,2009 年,中宣部和教育部联合六大主流媒体在清华大学、中国人民大学、中国传媒大学等五所高校(2011 年起变为三所)设立"国际新闻传播后备人才班",招收国际新闻传播硕士研究生,旨在培养政治素质过硬,思想品德优秀,具有突出的新闻专业素质和娴熟的外语能力,掌握熟练的新媒体技术,具有一定的媒介管理能力,适应对外传播需要的高层次复合型新闻

---

① 张毓强,尚京华,唐艾华.我国国际传播人才培养的历史沿革[J].新闻教育研究,2010(4):97-103.
② HU Z,JI D. Ambiguities in communicating with the world: the "going-out" policy of China's media and its multilayered contexts [J].Chinese journal of communication,2012,5(1):32-37.
③ 中国媒体"走出去"2009 大事回顾[N].中国社会科学报,2010-02-02(2).

传播卓越人才。

2015年,高晓虹等在《中国特色国际新闻传播人才培养模式与创新》一文中指出,中国的国际传播人才培养要走中国化的道路,应该有一套在马克思主义新闻观指导下的国际化培养体系。文章梳理总结了中国特色国际新闻传播人才培养的创新手段:强化国情教育,增强传播使命感;坚持海外实践,培养全球传播视野;把握媒介融合变势,提升跨界传播能力。① 经过多年的探索和努力,我国新闻传播类高等院校已基本形成了一套较为完整的国际新闻传播人才培养体系,并不断与时俱进,坚持培养理念和培养手段的创新。国际新闻传播人才的培养经历了早期的"外语+新闻"复合培养模式,逐步形成现阶段的"国情教育+融合新闻业务+外语+媒体实践"的培养模式。②

二、新时代卓越国际新闻传播人才培养的探索与创新

2017年1月,习近平在联合国日内瓦总部发表了题为"共同构建人类命运共同体"的主旨演讲,向世界阐释了"构建人类命运共同体"的重大国际倡议。他提出,构建人类命运共同体,建设一个持久和平、普遍安全、共同繁荣、开放包容、清洁美丽的世界。③ 2017年2月,联合国社会发展委员会第55届会议一致通过"非洲发展新伙伴关系的社会层面"决议,"构建人类命运共同体"理念首次被写入联合国决议;3月17日,联合国安理会通过关于阿富汗问题的第2344号决议,"构建人类命运共同体"理念首次载入安理会决议;3月23日,联合国人权理事会第34次会议通过关于"经济、社会、文化权利"和"粮食权"两个决议,"构建人类命运共同体"理念首次载入联合国人权理事会决议。④ 联合国决议频频写入这一理念,体现了人类命运共同体理念获得全球广泛认同。

在得到国际社会广泛认同的同时,人类命运共同体理念也频频出现在中国人民的视野中。2017年10月18日,习近平在党的十九大报告中明确提出,"坚持推动构建

---

① 高晓虹,赵晨,赵希婧.中国特色国际新闻传播人才培养模式与创新[J].对外传播,2015(6):48-51.
② 于波."一带一路"背景下高校国际传播人才文化传播能力培养[J].东南传播,2016(10):54-56.
③ 习近平.共同构建人类命运共同体:在联合国日内瓦总部的演讲[EB/OL].(2017-01-19)[2020-04-20]. http://www.xinhuanet.com/world/2017-01/19/c_1120340081.htm.
④ 常红,姚雪.特稿:人类命运共同体何以获得全球认同[N/OL].人民日报,2018-01-23[2020-04-20]. http://world.people.com.cn/n1/2018/0123/c1002-29781137.html.

人类命运共同体"是新时代坚持和发展中国特色社会主义的基本方略之一[1]。党的十九大通过关于《中国共产党章程(修正案)》的决议,把"推动构建人类命运共同体"写入了党章。2018年3月11日,第十三届全国人大一次会议高票通过了宪法修正案,宪法序言第十二自然段中增加了"推动构建人类命运共同体"内容,人类命运共同体理念正式入宪,再次被确立为全党和全国人民的集体意志和奋斗目标。

于是,我国的国际传播事业也在新时代背景下承载了"推动构建人类命运共同体"的新使命[2]。2016年12月31日,在中国国际电视台(CGTN)开播之际,习近平在贺信中强调,中国国际电视台要"讲好中国故事、传播好中国声音,让世界认识一个立体多彩的中国,展示中国作为世界和平的建设者、全球发展的贡献者、国际秩序的维护者良好形象,为推动建设人类命运共同体作出贡献"[3]。2018年4月19日,中央电视台(中国国际电视台)、中央人民广播电台、中国国际广播电台正式整合为中央广播电视总台,对外统一呼号"中国之声",为加快我国国际传播能力建设、推动构建人类命运共同体作出了进一步努力。

在新时代背景下,中国国际新闻传播人才培养也进入了2.0时代。2018年9月,教育部、中共中央宣传部发布《关于提高高校新闻传播人才培养能力实施卓越新闻传播人才教育培养计划2.0的意见》,提出要打造新闻传播人才德育新模式,并构建国际新闻传播人才培养新范式[4]。培养新时代的卓越新闻传播人才,首先要坚持党性原则、立足国家战略,引导学生坚定政治方向、熟悉国情世情,树立正确的世界观、人生观、价值观、新闻观[5]。在国际新闻传播教育中,要坚持以马克思主义新闻观为指导,主动适应新时代的发展变化,站在为党和国家的国际传播事业培养合格建设者和可靠

---

[1] 习近平.决胜全面建成小康社会夺取新时代中国特色社会主义伟大胜利:在中国共产党第十九次全国代表大会上的报告[R/OL].(2020-10-27)[2020-04-20]. http://www.xinhuanet.com/2017-10/27/c_1121867529.htm.

[2] LI A, WU M. "See the Difference": What difference? The new missions of Chinese international communication[J]. Westminster papers in communication and culture, 2018, 13(1): 41 47.

[3] 新华社.习近平致信祝贺中国国际电视台(中国环球电视网)开播[EB/OL].(2016-12-31)[2020-04-20]. http://www.xinhuanet.com/politics/2016-12/31/c_1120226953.htm.

[4] 教育部,中共中央宣传部.关于提高高校新闻传播人才培养能力实施卓越新闻传播人才教育培养计划2.0的意见[EB/OL].(2018-09-17)[2020-04-20].http://www.moe.gov.cn/srcsite/A08/s7056/201810/t20181017_351893.html.

[5] 高晓虹,赵希婧.立足新时代发展方向培养卓越新闻传播人才[J].中国大学教育,2018(4):10-13.

接班人的时代高度,增强新闻学子的国情认知,提升他们的国际化水平和融合创新能力①。

新时代卓越的中国国际新闻传播人才,首先应具备过硬的政治素养,须坚持正确的政治立场和方向,坚持马克思主义新闻观。人类命运共同体理念源自马克思主义哲学思想,继承和发展了马克思主义共同体思想,是马克思主义中国化在国际理念层面的体现;同时,该理念也汲取了中华传统文化大同思想、天下为公、"和合文化"等思想的精髓,旨在实现"万物并育而不相害,道并行而不相悖"的共存秩序,是对中华优秀传统文化的当代弘扬和发展②。植根于马克思主义理论与中华传统文化的人类命运共同体理念,是马克思主义新闻观的重要组成部分。国际新闻传播专业的学子只有具备过硬的政治素养,深刻理解并努力践行人类命运共同体理念,才能服务国家战略,为加强中国国际传播能力建设,增强国家软实力,讲好中国故事,推动构建人类命运共同体贡献力量。

三、国际新闻传播专业定制式外语课程思政建设的经验与启示

习近平在2016年12月召开的全国高校思想政治工作会议中强调,坚持把立德树人作为中心环节,把思想政治工作贯穿教育教学全过程,实现全程育人、全方位育人,努力开创我国高等教育事业发展新局面③。

课程思政是以习近平新时代中国特色社会主义思想为指导的高等教育的理念创新、制度创新和实践创新,对全面贯彻党的教育方针,完善立德树人体制机制具有重要意义④。大学作为培养国家后备人才的主要基地,对人才形成正确的世界观、人生观和价值观起到至关重要的作用。而这种形塑"三观"的过程并不能只是依赖高校思政课这种单一、传统、割裂式的教育路径;"课程思政"立足于当下多元价值交织渗透的社会文化环境,回归育人本质,强调学生"三观"的构筑是一个动态且复杂的系统工程,将

---

① 高晓虹,赵希婧.国际新闻传播人才培养的经验与启示[J].对外传播,2019(1):15-17.
② 王丹,孙敬鑫.做好人类命运共同体理念的对外传播[J].当代世界,2018(6):8-11.
③ 吴晶,胡浩.习近平:把思想政治工作贯穿教育教学全过程[EB/OL].(2016-12-08)[2020-04-20].http://www.xinhuanet.com/politics/2016-12/08/c_1120082577.htm.
④ 韩宪洲.论课程思政建设中的几个基本问题:课程思政是什么、为什么、怎么干、怎么看[J].北京教育(高教),2020(5):48-50.

思政教育注入学生的专业素质培训中,把价值观融入课堂的知识传播中,思政教育和专业知识教学共振,更好地发挥协同效应。

马克思提出我们理解意识形态不要从观念出发,而是从日常生活的多种实践中来把握其意涵,"马克思的'实践'既不是某种神秘的实体,也不是某种感性的直观,而是现实的人的活动"①。新闻学作为与意识形态塑造密切相关的学科,学生在学习知识与参与实践的过程中也潜移默化地受到意识形态结构的塑造与影响。培养政治素养过硬的卓越国际新闻传播人才,探索如何通过课程思政建设将思想政治教育和国际新闻传播专业知识教育有机融为一体,尤为重要和必要。高德毅、宗爱东提出了"引领-浸润-深化-拓展"的高校思想政治理论教育课程功能结构,关注不同类型的课程中思政教育的功能定位,认为在哲学社会科学等意识形态属性较强的课程中,思政教育要发挥"深化"功能,凸显社会主义意识形态功能,牢牢把握马克思主义指导地位,充分挖掘其中蕴含的思想政治教育资源②。

在国际新闻传播人才培养的专业知识教育中,外语教学一直是培养体系里的重要模块。然而,传统的外语教学并不能完全满足培养卓越国际新闻传播人才的要求。以英语教学为例,传统的英语课程和教学比较专注于语言教学本身,通过英语语音、英语报刊阅读和高级英语等专业课,培养学生的英语听、说、读、写、译能力。面对日益复杂的国际政治局势,意识形态领域的交锋也愈加激烈。学生在学习英语的同时也在接触文本背后的价值观与意识形态,因此,为响应新时代课程思政的要求,学生在学习实践的过程中,一方面需要着眼世界,正确认识中国特色以及中国与世界其他国家的关系,全面客观地看待外部世界;另一方面,在放眼世界的同时,学生也要明确自身立场,时刻保持主流意识形态价值观,在新闻传播的实践中讲好中国故事,为世界贡献中国智慧、中国方案和中国经验。而国际新闻传播人才的英语教学要重新设计教学内容与机制,在听、说、读、写、译五种能力的培养中融入中国的国情特色、历史文化,以多种形式创新教学工作。本文以中国传媒大学近几年国际新闻传播人才培养的探索实践为例,探讨如何将思政教育与英语教学有机融合,以课程思政建设助推国际新闻与传播专业定制式英语课程的改革创新,为培养新时代卓越的中国国际新闻传播人才献计献策。

---

① 李艳艳.意识形态概念基本特征的逻辑辨正:基于马克思意识形态理论的文本考察[J].江海学刊,2018(6):55-59.
② 高德毅,宗爱东.从思政课程到课程思政:从战略高度构建高校思想政治教育课程体系[J].中国高等教育,2017(1):43-46.

(一)精选时新教学内容,将课内语言教学与思政育人相融合

卓越的中国国际新闻传播人才,要能做到"联接中外、沟通世界"①,首先需要全面认识了解中国和世界。他们作为跨文化传播的沟通者,其跨文化能力不仅仅体现为跨文化交流的语言技能与具体的文化适应与交际能力,庄恩平还提出了在跨文化外语教学中的四大能力系统——全球意识、文化调适、知识和交际实践能力②,将全球意识、国际视野与对当下国际形势的把握列为培养其跨文化能力的重要指标。国际传播专业的外语教师通过创新课程内容和案例,打破传统英语教材的限制,选取时新的中外新闻和文化相关英语材料作为学习内容和案例,使学生在学习语言的同时,也摄取和掌握中外时事和文化知识,在加深学生对国情世情的了解、树立全球意识的同时,也将课内语言教学与思政育人融合在一起,培养学生的社会主义价值立场。

例如,中国传媒大学近几年培养国际新闻传播本科人才时,探索对该专业的英语类课程进行专业定制式改革,其中包括英语报刊阅读课程。改革开放以后,教育部对高校英语报刊教学给予了高度关注,其颁布的《大学英语课程教学要求》十分明确地将报刊阅读能力列为评定阅读技能的标准之一③。该课程也是提升国际新闻传播人才英语能力的重要课程之一。然而,目前,我国的报刊课程所使用的教材基本是从英语纸媒中摘录的文章,但报刊文选有明显的时效性,于是很多教材在出版不久,甚至出版之前,内容就已过时。因此,为了使学生在提高报刊阅读能力的同时加强对国情世情的了解,中国传媒大学近几年坚持在英语报刊阅读课程中引入最时新的英语新闻素材,如每年全国"两会"期间组织学生双语学"两会"④。学生在提升英语报刊文章阅读能力的同时,也加深了对国情世情的了解。

除英语报刊阅读课程以外,中国传媒大学也探索对国际新闻传播本科专业的英语语音课程进行专业定制式课程思政改革创新,精选教材以外的时新训练材料,提升学生英语的语音与播音能力,也提升学生的思政素养。例如,在2019年国庆期间,相关

---

① 张昆,吴金伟."联接中外、沟通世界":打造具有影响力、公信力、感召力的外宣旗舰媒体[J].对外传播,2016(4):4-6.
② 杨盈,庄恩平.构建外语教学跨文化交际能力框架[J].外语界,2007(4):13-21,43.
③ 教育部.大学英语课程教学要求[EB/OL].(2007-07-27)[2020-04-30].http://old.moe.gov.cn/publicfiles/business/htmlfiles/moe/moe_1846/200711/28924.html.
④ 中国传媒大学国新本科专业《英语报刊阅读》课程双语学"两会"成果示例,参见:https://mp.weixin.qq.com/s/8Y3indao1a4CJhTF6mCxew。

课程选取 CGTN 的新中国成立 70 周年系列报道(《70 年"电"亮中国美好生活》[①]《70 年"桥"见中国历史变迁》[②]等)作为教学案例,学生通过模仿、背诵播报内容,不仅英语语音和播音水平有所提高,更加深了对祖国 70 年发展成就的认识,增强了文化自信和爱国情感。

我们在理解这种课程思政与跨文化传播教育的融合时,需要摒除传统的割裂思维——将学生的思政素养与对外语技能和文化的理解相区分,语言教学与思政育人的结合并不意味只教授国外的语言技能,在面对国外的文化时实行"拒绝一切外来之物"的态度。恰恰相反,只有在熟悉了解外国的基础上,学生才能更客观地看待中国在当今世界上的位置与未来的发展,形成立足于世界视野的对中国制度、文化、道路的理解以及相应的制度、文化、道路自信。"第三空间"指学习者通过跨文化的探索和协商,创造性地摸索出本族语言文化和外来语言文化之间的一个中间地带[③]。在这一空间中,学习者可以超越本族/外来文化的二元意识,建立多维立体的思维方式与自信宽容的情感态度,重新审视本土文化。而精选时新教学内容,有利于在提升学生语言技能的同时,帮助其全面认识、了解中国和世界,在文化的碰撞中理解中国国情与中国道路的独特性,进而建立文化自信,更好地对外讲好中国故事,做到真正地"联通中外"。

(二)创新教学实践活动,将语言实践应用与思政育人相融合

除了精选语言教学内容和案例,相关课程还可通过精心设计课内外教学实践活动,使学生在增强语言应用能力的同时提升思政素养。

行为场景理论认为,环境与行为相互依存,相互作用,不同的环境特征决定特定的行为模式。基于行为与场景的关系,学界又提出了"隐性知识"的概念,即在人际交往与实践活动等具体情境中才得以传授的知识,"默会的知识不只存在于个体的头脑中,而是分布于人与环境的互动中,由人所运用的工具为中介的。情境造就了个体的认知,个体的思维和行动也造就着情境"[④]。默会知识即隐性知识,隐性知识将个人与情

[①] CGTN.70年"电"亮中国美好生活[ED/OL].(2019-09-10)[2020-04-20].https://mp.weixin.qq.com/s/pkUuySO__BK65s4CC_vwug.
[②] CGTN.70年"桥"见中国历史变迁[EB/OL].(2019-09-19)[2020-04-20].https://mp.weixin.qq.com/s/82U7xKECgPuq4IgqCWuajg.
[③] 叶洪.后现代批判视域下跨文化外语教学与研究的新理路:澳大利亚国家级课题组对跨文化"第三空间"的探索与启示[J].外语教学与研究,2012,44(1):116-126,160.
[④] 何明芮,李永建.基于分布式认知对隐性知识显性化的研究[J].情报杂志,2010(8):49-50.

景联系起来,个人观察世界、获取知识均是在这些特定的场景中进行的。"隐性知识是高度个人化的知识,它深受个体所处环境的约束。隐性知识包括个人的思维模式、信仰观点和心智模式等。"① 而在教学实践上创新,有机融合思政育人与语言学习实践,即借助一个场景,在这里,个人行为与情境紧密关联,学习者在这个场景里潜移默化地调整自身的思维模式、信仰观点与心智模型。

例如,中国传媒大学国际新闻传播本科专业的师生结合 2020 年全民国家安全教育背景,开展了一次特别的英语语音课内教学实践活动:线上合作"云录制",诵读英国诗人约翰·多恩的名作《没有人是一座孤岛》(No Man is an Island)。学生在实践的场景中主动、共同参与内容与知识的创造,在情境中发现学习的意义与乐趣。通过参与此次教学实践活动,学生不仅提升了英语应用能力,体验了团队合作的快乐感和成就感,更深刻认识到"国家安全面前,没有人是一座孤岛;疫情防控当下,没有国家是一座孤岛。维护国家安全,人人有责;构建人类命运共同体,人人有责"②,国家安全意识作为一种隐性知识被学生融入内心的知识框架。

分布式认知理论认为,认知既有信息加工的成分,又包括人对工具的使用、与他人和环境的交互活动,特别是如何通过工具的使用来理解人类社会和个体社会的功能。这些工具包括物理工具、人类对自然环境的改造,以及不同群体对知识的分布方式等。③ 这就要求我们基于个人与同伴、个人与教师、个人与技术环境、个人与文化等多重维度来理解教学实践的场景。我们构建语言实践与思政教育相结合的教学场景时,要注重借助多元的互动参与形式与新型技术构筑实践情境的多元化,除课内教学实践活动外,还可在精心设计的课后语言应用实践活动中融入思政育人元素。例如,中国传媒大学国际新闻传播本科专业的老师们结合 2019 年中华人民共和国成立 70 周年的背景,组织学生开展高级英语课程的暑期延展语言实践活动——拍摄制作"我眼中的中国"系列双语 Vlog,以实际行动献礼祖国 70 岁生日。④ 通过参与此次实践活动,学生在锻炼语言应用能力的同时,加深了对祖国的认识和了解,也进一步坚定了爱国

---

① 钟启泉.场景式教学:一种新的教学方式——日本教育学者多田孝志教授访谈[J].全球教育展望,2008(6):3-4.
② 中国传媒大学国新本科专业《英语语音》课内实践活动成果示例,参见:https://mp.weixin.qq.com/s/1C2hTrXV9OiZ1SiMTnDEKw。
③ 陈柏华.从认知到情境认知:课程教学观的重要转向[J].教育发展研究,2011,33(20):75-78.
④ 中国传媒大学国新本科专业《高级英语》课外实践活动成果示例,参见:https://mp.weixin.qq.com/s/rgut58VIg4gFKW-oR69pYQ。

之志,提升了爱国情怀。

(三)创新评价手段,在课程考核中融入思政育人元素

考试是教学中的重要环节,课程的考核是促进学生进步发展的重要手段。培养新时代卓越的中国国际新闻传播人才,还可在外语课程考核中融入思政育人元素,充分发挥课程考核评价的"引导作用"[①]和"教育功能"[②]。将思政育人元素纳入学生的考核标准中,一方面可以引导学生主动地、创造性地学习思政教育的内容,另一方面可以借助反馈,使教师及时掌握学生的思政水平,进而更好地调整课程策略与教学方法。

例如,中国传媒大学尝试为国际新闻传播本科专业定制高级英语课,在传统的笔试考核方式基础上嵌入创新课程考核手段,将思政育人元素融入课程考核。具体包括将"中国文化英语讲"系列演说作为课程考核的组成部分,在锻炼学生英语表达能力的同时,有效引导学生深入学习中国文化,使学生对自己国家的文化有了更深入透彻的认知和理解,增强了学生的文化自信,也为学生未来在国际舞台上讲好中国故事、促进中外文明交流互鉴打下良好基础[③]。

(四)加强全员师资队伍建设,提升教师的思政水平和全程、全方位育人能力

要想做到以上三点,完成好立德树人的根本任务,外语任课教师不能只顾自己的专业领域知识和业务,还必须注重加强自身的思政素养。教师不仅应关注场景中师生与环境的互动,也应追踪特定环境中的教与学的交往互动过程,教师在思政教学实践中与学生间的互动模式、教师自身的知识水平以及教师的思政素养与人文素养等,均在构筑良好的学习场景,影响形塑着学生在情境中对思政教学的认知、理解与内化。外语教师开展全员思政理论学习尤为必要。外语教师努力学习提升自身思政水平,对于学生来说有"身教"的作用,而身教往往比言传更能达到润物细无声的育人效果。培养国际新闻传播人才的外语教师只有全面了解国情世情、把握好时代大势,积极发挥育人主体的主动性和创造性作用,才能更好地将思政育人与外语课程的教学内容和案例、课内外实践活动和课程考核评价有机融合,以达到全程育人、全方位育人的效果。

[①] 张成立.谈应用型人才培养模式下的考试作用与功能[J].中国校外教育,2019(10):68-71.
[②] 周霖.发挥评价的教育功能[J].北京教育(普教版),2018(1):93.
[③] 中国传媒大学国新本科专业《高级英语》创新课程考核成果示例,参见:https://mp.weixin.qq.com/s/KCw-fmNsFum_1VsSecUWF6w。

结 论

  本章旨在讨论新时代卓越国际新闻传播人才培养中课程思政建设的创新路径,以中国传媒大学国际新闻传播专业定制式外语课程为例总结了课程思政建设的经验和启示。本文指出,课程思政建设可从以下几方面着手。第一,打破教材限制,精选时新教学内容和案例,使学生在学习语言的同时,摄取中外时事和文化知识,加深对国情世情的了解,进而将课内语言教学与思政育人融合在一起。第二,结合时事背景精心设计课内外教学实践活动,在实践中嵌入思政育人元素,使学生在增强语言应用能力的同时,提升思政素养。第三,创新课程评价手段,将思政育人元素融入课程考核体系,发挥考核的引导作用和育人功能。此外,要做到以上三点,需要加强全员师资队伍建设,提升教师的思政素养,培养教师的主动性、创造性和全程、全方位育人能力。

国际新闻人才培养海外游学实践教学理念探索与知识创新

◇ 胡 芳 邹佳丽

一、研究背景

在当前全球传播的重要性越发凸显的时代背景下,改革教育教学模式,创新培养手段,培养一批坚守国家立场、拥有国际视野、基础知识扎实、专业素质优秀的国际新闻传播人才,是传媒类高校的时代责任。近年来,基于对国际新闻传播教育的重视,国内一些领军的新闻传播院校在国际新闻传播硕士培养的过程中开展了一系列国际新闻传播人才短期海外交流、暑期海外游学的项目,在汲取西方国际新闻教育经验的基础上,也建构了具有本土特色的国新人才培养海外游学教育理念体系。本文在回顾与提炼中国传媒大学国际新闻人才培养海外游学实践(主要前往法国、比利时等欧洲国家)教学理念的基础上,以"体验式学习"为方法论,尝试梳理国际新闻人才培养海外游学实践的模式与内容,回应了新时代背景下国际新闻传播事业对国际新闻人才培养提出的要求与挑战。

(一)中法文化学术交流的历史溯源

当下中法丰富的文化学术交流深深植根于传承绵延的历史土壤之中。在东西方文化学术交流的历史过程中,中法交流是其中重要的一脉。早在13世纪中叶,就有法国教士受罗马教皇派遣来到中国。鸦片战争后,随着闭关锁国的桎梏被打破,基督教传教士和一批法国教育者带着西方文化与教育理念率先进入中国。这一时期,中法交流主要以"走进来"为主,有代表性的包括这批传教士与法国教育者开办了上海"徐汇公学",一批法国"洋教习"还参与到福州船政学堂及其"法国学堂"的工作中。19世纪60年代后,以曾国藩、李鸿章、左宗棠、沈葆桢为代表的一些较为开明的政府官员掀起了"师夷长技"的洋务运动,中法学术交流进入了真正"走出去"的学习过程。在政府的支持下,1877年,首批官费派出的学生赴欧洲"游历"。此后九年间派出的三批留欧生中就以赴法学习制造者数目最多。1901年,清廷"重行新政"后,以自费留学为主的留学热潮兴起。1908年至1910年前后,500余位中国留欧生中有140余人赴法。中华民国成立后,法国相对较低的留学费用、较多的工作机会和独特的艺术文化更是吸引了大批学子。随着"华法教育会"及国内各地分会团体的成立,近1600名留学生通过留法预备学校赴法勤工俭学。这一时期,学生主要是以半工半读的形式开展赴法学习活动。1921年,里昂中法大学的创办承继了中法学术交流的历史,开启了一种崭新的留学模式,这种集中式的海外办学模式展现了中法教育交流的不同维度。从法国传教士和教育者率先进入中国,到官派留学生赴法追寻"师夷长技"救亡图存的理想,再到中法勤工俭学热潮的兴起和中法海外办学模式的建立,中法学术交流从诞生起就承载着先辈们的历史使命与理想。随着当下中法两国文化与学术交流的不断发展,国际新闻人才赴法"海外游学实践"的设定体现了对历史的继承,这既是对600多年历史的延续,也是对新型中法学术交流模式的创新探索。

(二)全球视野下新闻传播教育的求同存异

随着全球化趋势与媒介生态融合的推进,国际规范化和标准化正在成为全球新闻教育发展的基本特征之一。与此同时,全世界的新闻教育正在扩散与分化。马克·杜泽(Mark Deuze)利用冈特(1992)和弗拉康·哈瑞克(2003)的跨国比较研究,对全球范围内的新闻传播教育进行了整理和分析[①],并将之归纳为五种类型。文献表明,大多数新闻教育体系正在朝着其中的两种模式发展:在大学中设立学院与在机构中进行培训(美国、澳大利亚、韩国等)和独立培训与大学培训的混合体系(中国、法国、德国等)。同时,全球的传统新闻教育大致划分为两个方面:其一是对背景教育和文科素养的培养;其二是实践技能培训。越来越多的记者通过接受专业的新闻传播教育进入新闻行业,探讨行业与学术的区别与联系成为全球新闻传播的共识。随着全球新闻传播课程设置和课程内容在历史发展中发生转变,语境化的教育模式越来越被广泛采纳。

---

① DEUZE M. Global journalism education: a conceptual approach[J]. Journalism studies, 2006, 7(1): 19-34.

除了全球性，多元的文化社会也日益受到重视。由此可见，国际新闻传播教育正在最大程度上呈现"去西方中心化"的趋势。

(三) 中国新闻传播国际化人才培养的变迁

"建设覆盖全球的国际传播体系"是我国国际传播战略的重要组成部分。作为中国新闻传播教育的学术重镇，自2009年起，中国传媒大学开始承担培养国际新闻传播后备人才的工作。

中国传媒大学国新人才后备型教育团队十分重视学生的全方位成长，逐渐形成以马克思主义新闻观为基础，全球教育观为辅助的教育观念。以马克思主义新闻观为基础，就是要建构中国特色社会主义新闻学教育体系。同时，2009年以来，在坚持以马克思主义新闻观为指导的基础上，教育团队放眼全球新闻传播教育培养，结合专家学者的探索与发现为中国国际传播人才培养问题的解决寻求学理上的契合性。澳大利亚格里菲斯大学的约翰·柯克雷教授曾对2013年网络上公布的439所开设新闻专业的中国高校的网站发布的主题简介信息进行研究①，同时比较了不同国家和文化中不同的新闻及新闻教育方法。该研究表明，约有22.63%的开设新闻专业的中国高校提供了"新闻专业英语"的课程，这一数字远高于世界其他地区。新闻专业英语实践教学的国际化成果，提高了毕业生在国内外的就业能力。研究还表明，中国的新闻教育工作者表现出更接近欧洲的思维模式——重视媒体的社会功能以及媒体如何为整个社会的建设和发展作出贡献。由此，在新闻传播教育去西方中心化的当下，欧洲模式的国际新闻人才培养模式为中国国际新闻人才的锻炼与实践提供了合适的土壤，鉴于中法学术交流的历史渊源，以法国为中心的欧洲海外教学实践，成为中国传媒大学国际新闻传播硕士人才模式培养创新的重要环节。海外教学实践事实上是一种"海外游学"模式，强调的是"读万卷书，行万里路"的体验式学习的过程。从2009年开启暑期欧洲教学实践活动以来，中国传媒大学的国际新闻传播海外教学实践团赴法交流项目已经走过14载光阴。在多年来海外游学实践的过程中，教育团队将校园课堂教育与海外实践相结合，将德育教育与素质教育相结合，不断培养学生的爱国情怀、新闻理

---

① COKLEY J, WEN J L, LIU Y L, et al. The great bridge of China? Journalism education curriculum trends suggest more research into the capacity for international mobility among Chinese journalism graduates[J/OL]. Journalism & mass communication educator, 2019, 74 (1) [2023-10-15]. http://doi.org/10.1177/1077695818770595.

想、专业素养和国际视野。

二、"体验式学习"理论视域下"国际新闻人才培养海外游学实践"教学理念探析

体验式学习自古以来就作为人类本能的、直接性的学习方法而存在。早在两千年前,孔子就提出:"不观高崖,何以知颠坠之患？不临深泉,何以知没溺之患？不观巨海,何以知风波之患？"这说明了体验式学习(Experiential learning)对于人获得经验与知识的意义。"体验式学习"即"Outward-bound",二战后,它作为管理学领域的一种培训理念,强调利用户外活动形式以及模拟真实管理情景对管理者和企业家进行培训。随后,"体验式学习"广为教育领域的实践者和研究者采纳与应用,引发教育领域教学模式的革新。教育研究者提出,体验式学习注重为学习者提供真实或模拟的环境和活动,通过探索个人在实践参与中获得的经验、感悟以及个人在归纳反思过程中发现的问题,抽象总结出教育理论,由此进一步指导实践。本文以"体验式学习"为方法论,是对海外游学实践中学生感悟与体验的记录,是对学习者心得与体悟的反思观察,也是对过去14年中,中国传媒大学国际新闻人才培养"海外游学"实践教育理念的进一步提炼归纳。

"国际新闻人才培养海外游学实践"是近年来中国传媒大学国际新闻人才培养模式的探索与创新。就其培养方式而言,"国际新闻人才培养海外游学实践"聚焦于使学生走出国门,通过赴海外学习体验当地的传媒课程、专业实践与文化生活以及追寻红色之旅,寻访伟人足迹,不断丰富新时代马克思主义新闻观指导下国际新闻人才培养的内涵。"海外游学实践"主要的"体验式学习"活动由"课程学习""实践参与""红色之旅"和"与驻外媒体使团交流"四部分组成,全面打造学生在海外游学实践中的"沉浸式"体验,以求通过跨文化接触、实践技能锻炼、与驻外机构交流、寻访伟人足迹、理论思考等构建海外教学实践体验式教育的体系与脉络。

"海外游学实践"在本土校园课堂教育与国情实践的基础上,丰富了多年来国际新闻人才培养的模式,成为国际新闻传播硕士人才培养模式创新的重要环节。当下国际新闻人才培养不仅强调学生外语能力(主要是英语)、新闻学学科能力的训练,更着力加强对国际关系之外的国际政治、经济、文化的通识教育。但同时,在让学生走出国门

亲自置身国际社会锻炼报道能力方面较为有限。① 随着清华大学、中国人民大学、中国传媒大学为代表的国际新闻人才培养院校逐渐强化"大篷车式"的实践教学,通过专门的暑期学校,让学生赴海外学习当地的文化和传媒课程,②中国国际新闻人才培养的教学模式得到延展和完善。自2009年以来,中国传媒大学"海外游学实践"尝试整合学校与学院多年来积累的海外优质教学资源,通过制定系统的实践方案,带领学生赴海外开展实地的参观体验、指导学生完成访谈和报道作品,并观察反思学生的实践感悟,逐渐探索出能够接轨国际语境、贴近中国发展实际的"国际新闻人才培养海外游学实践"的教学模式。

三、研究设计与问题

组织心理学家库伯在吸收杜威、罗杰斯等人的合理观点的基础上,提出了四阶段"体验式学习圈模型"。四阶段体验学习圈界定学习是基于体验的持续过程,包括具体体验、反思观察、抽象概括和行动应用四个方面。该研究模型被应用在"海外游学实践"中,推动了通过经验转化创建知识的教育模型的形成。国际新闻专业的学生既是"体验式学习"的亲身体验者与参与者、反思体验的记录者,又是理论成果行动应用的受益者;"国际新闻人才培养海外游学实践"项目的教育者是教育模式的反思观察者、教育理论的抽象提炼者和行动应用的执行者,在这一实践中,师生共同参与"体验""反思""理论概念化""行动应用"等环节。从2009年开始,"国际新闻人才培养海外游学实践"项目每年将国新专业的学生分为4—5人一组,每组须在海外实践项目中提交两部电视新闻作品或新媒体短视频作品,同学们分组在巴黎高等记者学院、布鲁塞尔自由大学的课堂上交流并互评。同时,每组须完成对两家以上驻外媒体的采访和对3位驻外记者的专访,提交30张以上的工作照片或摄影作品,小组中每位学生还须提交一篇感悟体会与一篇论文。所有的视频作品、心得体会、理论思考、交流专访的资料文本,将成为本研究参照的基础数据。在体验式教学实践中,我们计划解答和探讨的问题是:

---

① 戴佳,史安斌."国际新闻"与"全球新闻"概念之辨:兼论国际新闻传播人才培养模式创新[J].清华大学学报(哲学社会科学版),2014,29(1):42-52,159.
② 周庆安."后真相"时代国际新闻教育反思[J].青年记者,2017(22):66-67.

学生作为"体验式学习圈"模型中的亲身体验者、反思体验的记录者,如何在这一过程中获得丰富而全面的认知体验;如何进一步发挥自身的主体性和创造性,在体验式学习中达成自我感知与领悟的统一?

教育者作为"体验式学习圈"模型的反思观察者,如何通过观察和反思,概括出适应"国际新闻人才培养海外游学实践"的教育理论?在新的教育阶段中,教学理论如何进行进一步验证和应用?

四、研究设计与发现

(一)"体验"中个体知识记忆来源的重构与游学设计分层

"体验"是"海外游学"实践经历中的核心概念。如何将个人游历、体验、学习、反思与跨文化交流场景相融汇,使学生获得丰富而全面的知识、认知、技能体验,是"国际新闻传播人才培养海外游学实践"项目中最重要的问题。经过亲身参与观察体验与多次论证,我们将"体验式学习"游学项目设计分为三个层次:第一,"情境学习"是体验学习中重要的直接经验与获取知识来源,强调学习的情景和社会互动性。个人能够通过经历不同时间、空间、场景中的社会事件及社会互动获得比单纯知识获取更加丰富的参与感受与直接经验。因此,要将"个人体验"贯穿"海外游学"体验式学习的全过程,使学生直接接触国际语境,贴近海外民众风土人情、认知习惯,亲身参与国际新闻报道。第二,认知是需要情境依赖的,与教育设计、社会文化场景相互依存。[①] 因此,要强调"情景学习"与抽象知识的统一,在情景体验学习的基础上,结合对学生体验的总结归纳、抽象反思,加强直接经验的教育理论转化。第三,"技能应用"是对体验式学习过程中知识向认知技能转化的验证。要以学生创作新闻作品、开展调研、进行论文写作与展示摄影合集成果考查学生对于知识及专业技能的掌握,从而促进新一轮学习循环体验的形成。斯登博格(Sternberg)在针对个体接受不同来源知识的记忆模型中提出,体验式学习中,个体记忆的获得与单纯接受的知识记忆不同,体验式学习所获的记忆比单纯的接受学习获得的记忆更加生动而全面,其中包含三个层次,即情景记忆、程序

[①] 庞维国.论体验式学习[J].全球教育展望,2011,40(6):9-15.

记忆、语义记忆。① 情景记忆与语义记忆是个体可以通过回忆直接调动的内容,与语义记忆相比,情景性知识更加易于通过情节回忆而触发唤醒,不必经过多次反复记忆而被记住。程序记忆是指人如何展现认知技能、认知能力的记忆,情景记忆与程序记忆均可直接影响人的行为活动,或者转换为语义记忆对行为活动产生影响。相比较而言,单纯接受知识的记忆只能转化为程序记忆和语义记忆。因此,体验记忆赋予个体的记忆内容会更加丰富。

借鉴这一理论,我们将游学设计分为三个层次,正是希望通过"情景学习"建构学生知识记忆来源的多样性,也有利于学生在未来对于知识记忆进行唤醒。同时,结合学生直接经验的反思与教育理论归纳有助于进一步加强情节记忆的语义转化,使学生获得可独立于情景的抽象知识。最后,通过"技能应用"的环节设计,使得情景记忆及时转化为程序记忆,增强学生的行动力。

记录多年来国际新闻专业游学实践的文本资料表明,通过体验式学习,学生的国家意识、国际视野、专业素养和外语能力都有所提高。其一,跨文化"情景游历"筑牢了学生的信仰。通过重走海外红色道路,实地探访周恩来、邓小平、陈毅等老一辈革命家学习和工作过的法国蒙塔日小城、里昂中法大学;寻访马克思和恩格斯于 1845 年至 1848 年起草《共产党宣言》的布鲁塞尔大广场上的白天鹅饭店,体验式情景打破时空隔断,学生与思想先驱"隔空"对话交流,坚定了对于国家新闻传播事业的使命感。其二,"情景游历"与实践应用的结合,增强了学生的专业素养。参与海外游学的实践团成员在巴黎高等记者学院、布鲁塞尔自由大学、法国 24 小时新闻台等新闻专业教育、媒体机构进行实务课程学习,与新华社欧洲总分社的领导和记者们一起参加互联网工作会和每日编前会议,熟悉西方媒体融合新闻生产过程,掌握适合西方国家新闻生产的话语语境与实操技能,有利于在国际新闻传播中讲好中国故事,完成新闻国际传播人才的使命与任务。其三,"体验式学习"的理论归纳指导项目未来的推进。中国传媒大学国际新闻人才培养海外游学实践 14 年的体验交流过程也是不断归纳总结的过程,及时地整理和总结海外游学交流中的经验、感想和访谈记录,将进一步指导海外游学实践的新应用。

---

① STERNBERG R J, FORSYTHE G B, HEDLUND J, et al. Practical intelligence in everyday life[M]. New York: Cambridge University Press, 2000:114.

(二)"海外游学"教育范式的"去西方中心化"与教学生态重组

2010年以来,当中国成为全球第二大经济体,在国际新秩序的重建上扮演越来越重要的角色时,中国国际传播能力建设的任务也变得越来越紧迫。培育具有家国情怀和国际竞争力的新闻传播人才对争取国际话语权,讲好中国故事,建构良好的国家形象至关重要。从全球来看,尽管世界各地的媒体系统和新闻环境存在很大差异,但全球的新闻教育面临的变化和挑战在很大程度上是相似的,因此也将受益于"去西方中心化"的"全球化"方法。情景化的新闻教育模式越来越被广泛采纳,除了考虑"全球化"的发展方向,多元的文化社会(社会及文化的复杂性、包容性和多样性意识)也日益受到重视。[①] 为了满足中国国际传播能力建设对于优秀国际新闻人才的迫切需要,我们既要注重"全球化"和"多元文化社会"视域下"海外游学"实践的教育范式建构,更要以马克思主义新闻观为指导,辩证地融汇中西方教育理念,形成具有本土特色的"海外游学"实践教育观。

一方面,"全球化"意味着横向联系可以跨越(真实可感的)国家和文化边界。"国际新闻人才培养海外游学实践项目"从实地参访、交流展示到技能学习、经验总结,强调让学生跟随课程和实践教学的步伐,体会喧哗的国际社会场域中复杂的文化话语流动和多样的媒介场景,从而对于在国际报道中,如何接轨国际语境,贴近国外民众认知习惯有深切的认知。另一方面,新闻业的发展与特定的技术、经济、政治和社会环境有紧密的联系。[②] 新时代背景下,中国同整个世界一样,正处于传播技术变革的大潮之中。对外传播能力建设取决于马克思主义新闻观的贯彻与实施。体现到海外游学实践的教育生态中,则是强调国际人才培养要立足于新时代马克思主义新闻观的理论指导,扎根于中国传媒大学"采写编评"等新闻基本功的专业土壤,在从学界深入行业体验的过程中找寻在国际舞台上"讲好中国故事"的角度与方法,亦在从业界体验向学理领域探究的过程中,反思归纳新闻作品创作背后的理论逻辑,总结出马克思主义新闻观指导下的海外游学实践的指导理念。

通过多年来对项目以及学生个人经验的总结归纳与文本再解读,中国传媒大学实现了"海外游学"教育范式的创新,并将其总结为"实践教学四条线":其一,寻访伟人奋斗足迹;其二,到国家驻外媒体和文化传媒机构感受国际传播;其三,学习实务课程;其

---

①② DEUZE M. Global journalism education:a conceptual approach[J]. Journalism studies,2006,7(1):19-34.

四,在教师指导下完成实习作品。"实践教学四条线"的提出,是国际新闻人才培养多年来海外游学实践的经验转化与理论总结,在十多年来各级国新人才开展的海外游学实践的过程中不断更新与完善,体现了对"走出去,引进来"的深刻认识与践行。

海外游学实践项目使得师生获得知识的渠道,从书本、讲堂拓展至国际社会和国际新闻生产的实践场域。在与学生共同完成游历学习之后,教育者通过经验抽象与转化,逐渐摸索出具有全球新闻传播教育共识的教学范式。在正视东西方新闻教育模式的异同和转变趋势的基础上,辩证地吸取优势与经验,并将其融合进本土的新闻传播教育观之中。这一教育范式实现了两个层面的创新目的:让未来的国际传播人才走到国际新闻第一线,开阔眼界,拓宽视野,体验国际文化,把握国际传播规律;在西方社会情境下,身临其境地感受国家驻外机构的工作环境,增强使命初心的国情教育,培养自己从事国际新闻报道工作应该具备的素养和能力。

(三)"游学"理念成果的多维行动应用与知识创新

多年来海外游学实践项目常态化的连贯性与延续性,使得海外游学的"体验式学习"理念得以发展,始终与时代同行。紧跟时代发展,每一年游学实践项目结合不同的实践主题,探寻在知识创新的观念指引下,多维行动应用的专业教育实践。

海外游学交流实践项目汇集了语言课程、出镜报道、新媒体短视频制作、摄影训练等不同方面的体验式教学,以多样的成果要求进行开放的课程平行实验,观察不同小组的学生对国际新闻传播方法及内容的适应能力、接受程度和产出效果,并根据学生的实时反馈进行指导和调整。事实证明,这样全新的课堂模式是可以激发出学生的学习主动性和创造能力的。从 2009 年至今,每年为期三周、行程万里的海外游学实践成果颇丰。同学们将自己在"四条线"实践环节的感悟与思考凝聚于实习作品中,平均每年汇编一千多张照片,形成教学实践记录图册,拍摄十余部新闻短视频作品,制作十余部驻外记者专访视频,以及完成其他出镜报道、文字作品、融媒体作品创作等。其中,纪念中法勤工俭学运动 100 周年、五四运动 100 周年、中法建交 55 周年的短片《遇见·百年》,纪念马克思诞辰 100 周年的短片《寻找马克思》,基于共享现代科技、增强中法人民对移动支付的认知和了解这一设想制作的新闻短片《手机支付在法国》等一系列实践作品表现突出,在中国驻法大使馆、中国教育部高等学校新闻传播学类专业教学指导委员会与法国新闻院校联盟(CNPEJ)联合设立的"中法大学生新闻奖"、人民日报"我与中国"全球短视频大赛、中共中央宣传部学习强国平台"我爱我的祖国"微视频大赛等比赛中获奖。在实践过程中,从策划、资料收集、写作一直到作品完成和修改,参与创作的学生团队能够密切贴合海外游学实践项目的全局教学理念,活学活用,在实战演练中探索海外国际新闻传播的要素和要点,协助教师团队找出实践项目设计的不足和潜在可能,进一步改善课程规划。多维行动应用实践的开展,使得"体验—反思—抽象—应用"的体验式学习圈层循环得以完整(见图1),教师与学生共同发现问题,并在协商中解决问题,从而推进新的经验累积和深层次的教学行动。

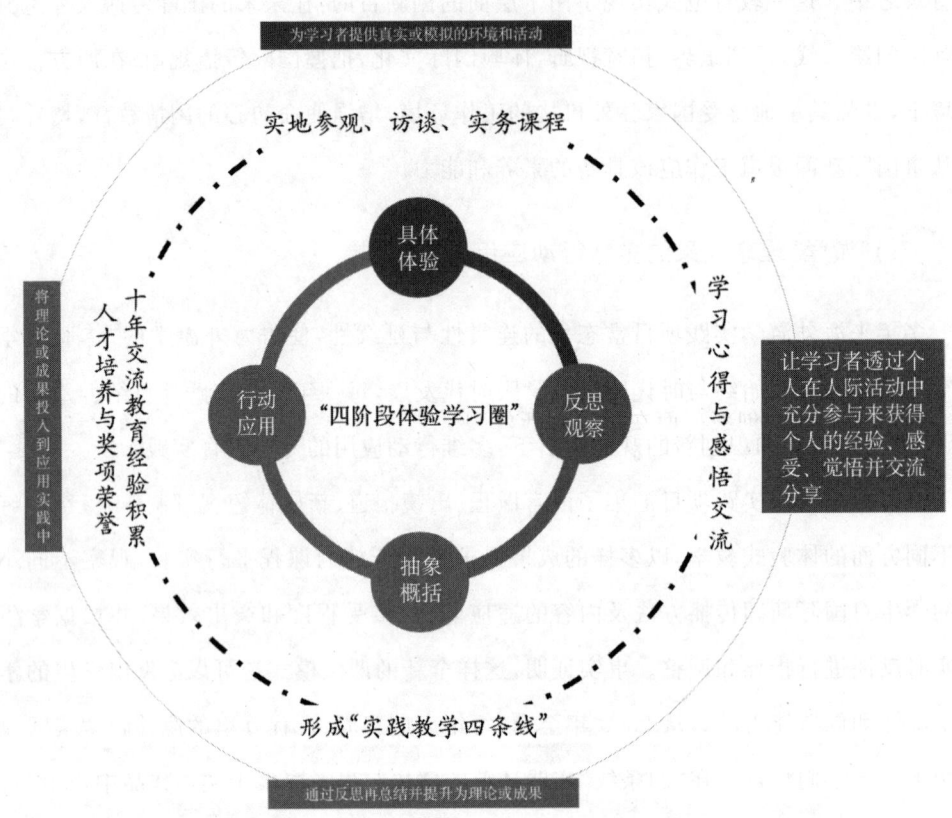

图1 "国际新闻人才培养海外游学实践"四阶段体验式学习圈模型

十余年交流与沟通,海外游学交流实践项目承载着对国际新闻传播教育中西方共识的探索。十余年探索与实践,曾经参与海外游学交流项目的学生已有不少站上了国际舞台,成为真正的国际新闻记者。中国传媒大学培养出一批"在国际舞台发出中国声音"的新生代国际新闻传播人才,他们秉持着在学习中日益坚定的政治素养与职业道德,利用在体验中掌握的西方思维模式和叙事方式,将"西学东用"的愿景落到实地,达成了"以西方语言讲好中国故事"的教育理念解读。

结 论

"国际新闻人才培养海外游学"实践教学理念与知识创新在中国传媒大学国际新闻学教育者十多年来年不断探索、改革、创新中发展而成,它结合了"体验式学习"教学范式之长,在梳理国际新闻人才培养海外游学实践的模式与内容时,回应了新时代下国际新闻传播事业对国际新闻人才培养提出的要求与挑战。它在融合中西方新闻传播教育学学理逻辑和知识结构的同时,牢牢坚守马克思主义新闻观的指导地位,辩证融合地形成本土国际新闻人才培养教育观,是未来中国国际新闻人才海外游学实践教育发展之根源。

在十多年的教学探索中,我们逐渐明晰了"国际新闻人才培养海外游学"的核心理念。在游学"体验"中,个体经验产生的情景记忆、程序记忆、语义记忆丰富了学生知识记忆的构成。同时,教育者作为教育过程中的反思观察者,通过对项目以及学生个人经验的总结归纳与文本再解读,将海外游学过程总结为"实践教学四条线",实现了"海外游学"教育范式的创新。而在知识创新的观念指引下,多维行动应用的专业教育实践,将促进新一轮学习循环体验圈的形成。目前,中国传媒大学电视学院已经与西班牙、意大利、荷兰、美国等国的多所大学商洽国际新闻传播人才培养的合作交流意向。由于我校具有小语种人才培养优势,在海外教学实践地区的选择上,计划将覆盖面由欧洲拓展到其他地区,进一步扩大海外教学实践的地域范围。在全球化背景下,随着中国国力的提升,中国形象的建立、中国文化的传播、中国在国际舆论场中话语权的确立、中国与世界各国之间的相互了解,都迫切需要从事中国国际传播工作的栋梁之材。国际传播的教育者肩负着国家的重托,努力创新人才培养模式,使传媒学子受教育、长才干,为国家的发展、事业的繁荣贡献力量。

基于国际影像节展的国际传播人才培养路径与平台创新
——以中国传媒大学电视学院国际传播人才培养实践为例

◇ 李 昉

一、基于国际影像节展的国际传播人才培养创新

中国传媒大学顺应我国国际传播现实,立足国家"走出去"工程战略,在特色化、模块化的国际新闻传播教育教学课程体系的基础之上,发挥学校在视听传播教育方面的优势,创新性探索出一套基于国际影像节展的国际传播人才培养模式,利用影像讲述中国故事、传播中国声音,以拓展学生的国际视野、提升学生的跨文化传播与国际传播能力为培养目标,以内容创作、平台搭建、国际合作为路径,培养具有全球视野和创新精神、具有交叉学科知识背景、适应能力强的高层次复合型国际传播人才。让中国故事"走出去",让中华文化"走出去",利用影像向世界展现真实、立体、全面的中国,提高国家文化软实力和中华文化影响力。

(一)国际传播人才培养

改革开放40多年来,我国经济、政治、文化、科技等多领域飞速发展,综合国力不断提升,我国在国际舞台上扮演着愈加重要的角色,发出越来越有影响力的"中国声音"。然而,从宏观角度来看,我国在国际影响力不断增强的同时,在国际上仍然面临"信息逆差"的问题:中国在世界上的形象很大程度上仍是"他塑"而非"自塑"的,国际舆论场中"西强我弱"的格局尚未得到根本性改变,我国的国际传播能力有待提升。习近平总书记在党的新闻舆论工作座谈会上强调:"要下大气力加强国际传播能力建设,

加快提升中国话语的国际影响力,让全世界都能听到并听清中国声音。"[1]如何牢牢把握国际话语权?如何讲好中国故事,传播好中国声音?从传播人才维度上考量,除了要建设外宣旗舰媒体,增强一线国际传播工作者"讲故事"的业务水平和综合能力,更重要的一点还在于承担人才培养重任的高校需要从国际传播人才培养的角度出发进行顶层设计,创新国际传播人才培养体系,积极探索国际传播人才培养路径,培养具有家国情怀和国际视野,能讲好中国故事,能传播好中国声音的高素质国际传播后备人才。

(二)国际影像节展与国际传播

国际电影节是指由某一国家或城市的政府或非政府机构(也可以是跨越单个国家的国际组织)定期(或不定期)举办的,以电影国际化评奖、展映、学术论坛和市场发行等活动组成的电影交流行为与节展。国际电影节起源于20世纪30年代的欧洲,是一种具有典型欧洲地缘政治特征的电影推广制度。在全球化的今天,国际电影节成为世界各国思想交流与展示的平台,吸引着越来越多国家的创作者、学者以及普通观众的关注。国际电影节不仅仅是影像从业者的交流盛会,也会给青年学生提供专门展示的机会,如戛纳电影节青年短片角单元、德国柏林电影节青年论坛单元等。在这些国际电影节的青年单元中,学生创作者能够使自己创作的影片在国际舞台上展映,国际电影节也成为学生创作者交流思想、互相学习的舞台。值得关注的是,电影作为当今最具影响力和全球传播力的媒介形式之一,必然成为实践文化多元化的重要载体,而国际电影节的出现,意味着有更多利益群体参与意志的表达,这些意志涉及政治意识形态、社会文化价值体系和经济利益等各个方面,电影节也因此成为多元利益对抗与协商的重要领域。[2] 也正因如此,国际影像节展在某种意义上构建了一个国际话语空间,搭建了一个不同国家思想文化交流与表达的平台。在这种场域中,如何抓住机会通过影像的方式向世界讲述中国故事,让国际受众通过影像看到与平时国际舆论场上的"失衡"新闻报道所展现的不同的却十分真实的中国,便显得尤为重要。

---

[1] 杜尚泽.习近平在党的新闻舆论工作座谈会上强调:坚持正确方向创新方法手段提高新闻舆论传播力引导力[N].人民日报,2016-02-20(1).
[2] 王笑楠.当代国际电影节体系的建构与演变[J].中国文艺评论,2018(12):107-118.

(三)电视学院师生参加国际影像节展的历史、发展与现状

中国传媒大学电视学院一向重视提升学生的专业技能和实践创新意识,重视鼓励学生在国际舞台上表达思想,发出声音。电视学院立足国家"走出去"工程发展战略,为了让青年影像"走出去",让中国故事"走出去",让中华文化"走出去",每年寒假和春季学期由专业老师带队,组织学生携优秀作品参加多个国际影像节展,进行展映交流。

学生亲身参与国际影像节展的相关活动,与来自全球几十个国家和地区的创作者及观众面对面交流,讲述自己影片创作中的中国故事,讲述影片背后所蕴含的中华文化,拓展了国际视野,增强了"讲好中国故事,传播好中国声音"的责任感与使命感。

二、基于国际影像节展的国际传播人才培养目标

(一)利用影像讲好中国故事,传播好中国声音

2016年2月,习近平总书记在党的新闻舆论工作座谈会上强调:"讲故事,是国际传播的最佳方式。"在国际传播中,讲故事的方式不仅容易被人接受,更具有感染力、吸引力和影响力。相比于报刊、广播、电视,电影是一种能用视觉与听觉的艺术组合讲述观众看得懂又能产生情感共鸣的故事的特殊媒介。与国际新闻传播相比,影像的对外传播更容易被国际受众所接受,成为国家话语对外传播的有力补充。对于影像传播而言,无论是剧情片还是纪录片,中国都是一个丰富的"资源素材库",960万平方千米的土地上,有太多值得被关注的人物,值得被记住的场景,值得被看见的故事。这些真实的中国人物、多维的中国场景、感人的中国故事需要在合适的时机被传播到国际社会中去,让国际社会看到一个真实、立体、客观、全面的中国。

基于这一背景,中国传媒大学电视学院鼓励学生熟悉国情,了解民意,深入挖掘有价值、展形象的中国故事,以这些好的中国故事为素材来源进行创作,并推选优秀作品参加每年举行的多个国际影像节展。在国际影像节展中,学生自己创作的影像作品能够面向来自不同国家和地区的观众展映,学生还在映后交流中阐述自己的创作理念,讲述影像作品背后令人感动、难忘的中国故事,使国际受众直观地感受到一个更加丰富多彩、与众不同的中国。在国际传播人才培养方面,电视学院积极发挥学院专业优

势,努力提升学生利用影像在国际舞台上讲好中国故事、传播好中国声音、展现好中国形象的专业能力。

(二)拓宽学生国际视野,提高跨文化传播与国际传播能力

举旗帜、聚民心、育新人、兴文化、展形象是新时代传媒工作者的使命任务。[①] 其中,展形象就是要推进国际传播能力建设,讲好中国故事,传播好中国声音,向世界展现真实、立体、全面的中国,提高国家文化软实力和中华文化影响力。落实到国际传播当中,我们会发现,"展什么形象"无疑是重要的,而"怎样把形象展好"更是需要人们着重思考的问题。展形象的方式和手段直接决定着能不能把形象展好,能不能把好形象输送到每一个国际受众的内心。如果把这个逻辑嫁接到国际传播人才培养的过程中,我们需要思考的问题便是高校在国际传播人才培养中,应该注重培养学生什么样的对外传播能力,或者说应该怎么培养学生讲好中国故事的能力。中国从来不缺少故事,选择讲什么中国故事在整个国家形象对外传播的过程当中相对来说是较为容易的,然而,怎样让不同文化背景、不同语言环境、不同思维方式的外国人都认为我们讲的故事是好故事,并且愿意听、愿意看,这不仅考验着国际传播从业人员,也考验着国际传播人才培养路径。要想解决这一问题,就必须了解国际受众的喜好及观赏习惯,了解他们的文化和思维方式,增强跨文化传播与国际传播能力。

中国传媒大学电视学院在国际传播人才培养中,注重从根本上拓宽学生的国际视野,培养学生跨文化传播的国际思维和叙事方式。在基于国际影像节展的国际传播人才培养路径中,电视学院从两个方面出发,对国际传播人才的跨文化能力培养进行了有益探索:一是利用国际影像节展资源学习、分析、总结国外创作者在国际影像节展中以影像对自己国家的形象进行国际传播的方法和手段,学习他们讲故事的方法,归纳国际受众在国际影像节展中的审美角度、接受与认同程度,并对他们的影像对外传播效果进行分析;二是将这种分析得来的心得运用到学生自身的日常创作中去,力求以外国人喜欢的方式创作讲述中国故事的影像作品,再将这些作品放到国际平台上给外国人看,让他们接受和喜欢,提升"讲中国故事"的效果,将中国声音传播到更多的国际受众心中。

---

① 习近平:举旗帜聚民心育新人兴文化展形象更好完成新形势下宣传思想工作使命任务[J].紫光阁,2018(9): 7-8.

三、基于国际影像节展的国际传播人才培养路径

(一)内容创作:以教学实践为基础,师生共同参与创作

中国传媒大学电视学院是我国国内历史最久、声誉最高的视听专业教育机构。办学六十多年来,学院一直坚持自身在视听创作及视听传播方面的教育优势,并注重将学院提出的"21世纪传媒人才'五条线'教学体系"贯穿在国际传播人才培养体系之中。其中最具电视学院特色的"创作线"是学院在国际新闻传播人才培养之外,对国际传播人才培养体系的又一补充和创新。学院通过优化创作类课程的设置,拓宽学生"讲中国故事,传播中国声音"的渠道,培养学生立体化、全方位的国际传播能力。

学院在第一学年和第二学年,通过"摄影基础""摄影元素构图"等应用型课程夯实学生的创作基础,训练学生基本的视听创作能力。从第三学年开始,学院开设的"视听创作训练""纪录片创作"等课程将系统性、针对性地提升学生用镜头"讲好中国故事"的能力。同时,学院鼓励老师和学生以影像工作坊的形式共同参与创作,例如,2013年,电视学院师生团队创作的重点文化援疆项目《走进和田》,荣获"五个一工程奖"。2018年9月,在中国·嘉峪关国际短片电影展组委会和中国电视艺术家协会的支持下,《走进和田》又荣获"记录新时代——纪念改革开放40周年电视节目展评展播活

图1 《走进和田》片头

动"最佳作品。此外,学院每年有多部师生创作作品入围戛纳国际电影节、波茨坦国际大学生电影节等国际影像节展,真正做到了让中国影像"走出去",让中国故事"走出去",让中华文化"走出去",在国际舞台上展示可信可爱可敬的中国形象。

(二)平台搭建:以自身平台为基础,举办多种国际影像节展

讲好中国故事、传播好中国声音,不仅需要有好故事,有传播故事的好方法,更需要有传播好故事的平台。中国传媒大学电视学院在鼓励师生积极参与创作的同时,努力为优秀作品寻找"出口":依托自身平台,电视学院举办了多种国际影像节展,让好的中国故事传播到更多、更远的地方去。

1."半夏的纪念"北京(国际)大学生影像展

"半夏的纪念"北京(国际)大学生影像展始创于2003年,是电视学院创办的历史最为悠久的国际影展之一。发展至今,"半夏的纪念"已成为集征片、评选、策展于一体的知名青年影像赛事。"半夏的纪念"以影像为载体,在全球范围内收集、组织高校学生的优秀影像作品进行展映与评比,坚持把"社会视野""青年视角"作为选片标准,秉承以新颖视角、先锋手段关注社会和人的主张,强调青年影像人的社会责任感和敏锐触觉,为青年影像对外传播搭建了专业优质的交流平台。

"半夏的纪念"以"大学生讲中国故事"为主题,大力挖掘"讲好中国故事"的青年影像作品。许多从"半夏的纪念"走出去的影像作品,已经走出国门,代表中国故事和中

图2 2017年第15届"半夏"工作团队合影

华文化靠近国际舞台的中央;2017年"半夏"国际影展年度作品《塬》,获第48届芬兰坦佩雷国际短片节最佳剧情片奖项。同时,从2017年起,"半夏"聘请国际各大电影节主席担任选片人,旨在将优秀的学生影像作品带到更高的国际平台,让中国故事和中国声音在国际舞台上传播。2019年,"半夏的纪念"北京(国际)大学生影像展被北京市国际教育交流中心纳入北京市文化创意产业节,提升为国际性赛事。

2.中国国际新媒体短片节(CSFF)高校日活动

中国国际新媒体短片节(CSFF)是目前中国唯一一个国家级、国际性的短片节,与北京国际电影节和上海国际电影节并列为中国三大国际性影视文化节庆活动。2017年,电视学院发起建立"青年影像创作国际传播与创新发展平台",通过CSFF高校日活动举办国际短片主题交流展映、国际选片人课堂、国际导演大师班讲座等多场国际交流活动,为国际传播人才培养创建跨文化交流学习的平台。

图3 第九届中国国际新媒体短片节主视觉

3.丝绸之路国际电影节青年短片单元

为贯彻落实"丝绸之路经济带"和"21世纪海上丝绸之路"的战略构想,国家新闻出版广电总局于2014年创办以海陆丝绸之路沿线国家为主体的"丝绸之路国际电影节"。截至2023年9月,丝绸之路国际电影节已成功举办10届。从2020年起,丝绸之路国际电影节青年短片单元由中国传媒大学承办,依托学校及学院青年影像创作与国际传播平台的丰富资源和"半夏的纪念"北京(国际)大学生影像展的成功经验,组织短片评选及展映活动,为青年影像创作者提供参与国际影像传播的机会和国际交流的平台。

四、以国际交流为基础,全面提升国际传播能力

为提升学生的跨文化传播和国际传播能力,中国传媒大学充分挖掘国际资源,依托专业创作课程及师生影像工作坊,鼓励学生与国际接轨,积极参与国际交流,参与国际化的专业竞争;在国际交流中拓宽国际传播视野,提升在国际舞台上讲好中国故事、传播好中国声音的能力,全方位提升跨文化传播及国际传播能力。

(一)青年电影人培养计划

"青年电影人培养计划"由中国电影基金会、新华网股份有限公司共同主办,华谊兄弟传媒股份有限公司、吴天明青年电影专项基金、中国传媒大学电视学院联合承办,旨在挖掘优秀的电影人才,为中国青年电影人提供国际展示和交流学习的平台,开拓他们的国际视野,提升中国影像对外传播能力。

2019年5月21日,作为中国唯一官方邀请参展高校团体,电视学院9部学生影像作品代表中国传媒大学参加法国戛纳国际电影节短片竞赛单元,最终,9部作品在与数千部来自全球的作品的激烈竞争中成功胜出,并入选短片展映环节,在映后举办了专场交流,受到国际专家观众的高度认可。本次展映的学生作品均被戛纳电影节数字媒体资料档案馆收藏。

(二)坦佩雷国际电影节深度体验活动

坦佩雷国际电影节是奥斯卡认证的欧洲第二大国际短片节,并获英国电影学院奖认证。为了给青年影像搭建国际传播与交流平台,电视学院从2018年起与来自4个国家的5所主流院校同芬兰坦佩雷国际电影节组委会联合建立"校园之星"中欧青年电影特别展映单元。该展映单元关注中国影像,关注青年中国,成为坦佩雷国际电影节重要的主节活动之一。

学生在校完成的优秀作品,由学院推荐到坦佩雷国际电影节参加中欧青年电影特别展映单元展映。与此同时,学生可以饱览最专业的国际电影展映,向欧洲业内各领域专业投资人和制片人展示自己的作品,得到投资人即刻给出的评价和建议。坦佩雷国际电影节深度体验活动已连续举办多届,电视学院已推选出一批能够代表中国国家形象、传播中华文化的影像作品在国际舞台上展映,在国际影像平台上展现"中国形象",表达"中国观点"。

图 4 2019 年电视学院参加深度体验活动的师生合影

结　语

自 2003 年首次举办"半夏的纪念"开始,中国传媒大学电视学院开始逐步创办属于自己的国际影像节展,为在校师生及全国大学生提供青年影像"被看见"的国际舞台。通过二十年的努力,"半夏的纪念"逐步构建了针对国内外高校最为通畅的征片渠道,每年有超过 100 所高校和 10 所重点征片高校参与供稿。每年征集的影像作品来源广泛、质量极高、开放性强。

以"半夏的纪念"北京(国际)大学生影像展为平台,电视学院从两个渠道入手逐步扩大中国青年影像影响力:一是搭建国内唯一一个覆盖全国所有省份、超过100所高校的展映平台。每一年"半夏"期间,电视学院会组织百余名志愿者前往对应的百余所高校举办"半夏的纪念"展映活动。活动期间,每所举办展映活动的高校至少举办3场展映,每场展映交流时间约为100分钟,累计总展映时长已超过10000分钟。参加展映的既有国内高校的优秀青年影像作品,也有来自国外院校的影像作品。这在大幅度拓宽青年影人国际视野的同时,提高了中国青年影像作品的影响力。二是通过"半夏"选送优秀作品在各大国际电影节进行专场展映,并同所有展映场次享受同等规格。2018年,电视学院通过"半夏"共向国际平台推送19部中国青年影像作品,其中第48届坦佩雷国际电影节14部,波哥大短片节5部,相关作品在国际平台上专场展映的总时长达400分钟。2019年,这一数量再次增加,电视学院通过"半夏"向国际平台输送的中国青年影像作品多达21部,持续而稳定地为"大学生讲中国故事"提供国际平台,为中国青年影像"走出去"创造了更多的机会,逐步扩大了中国青年影像在国际影像节展中的影响力。

教育共同体框架下的"一带一路"国际新闻传播人才培养:中国探索与国际经验

◇ 丰 瑞

一、研究缘起

(一)研究背景

2013年9月和10月,习近平总书记在出访中亚和东南亚国家期间提出"一带一路"倡议,受到国际社会高度关注。该倡议旨在借用古代丝绸之路的历史符号,促进沿线各国交流合作、互惠互利,共同打造政治互信、经济互惠、文化互通的利益共同体、命运共同体和责任共同体。2015年3月,中国发布了《推动共建丝绸之路经济带和21世纪海上丝绸之路的愿景与行动》,进一步推动"一带一路"倡议的实施。该倡议是中国推动全球化进一步发展的重大举措,是中国全面对外开放的重要标志,得到世界许多国家及组织的大力支持。

教育是国家发展的基石,同时也是国际交流的重要载体。在"一带一路"倡议中,教育占据了非常重要的地位。为推动区域教育大开放、大交流、大融合,2016年7月,教育部发布了《推进共建"一带一路"教育行动》。该文件阐述了中国与"一带一路"沿线各国教育合作的原则、方法及愿景,明确指出教育在"一带一路"建设中的重要作用,提倡沿线各国共建"一带一路"教育共同体、携手推动教育发展、共创人类美好生活新篇章。

随着国际教育合作的不断加强,来华留学生的人数逐渐增多,中国的留学生政策开始由强调数量向强调教育质量转变。2010年10月,教育部出台的《留学中国计划》

提出:"到 2020 年,外国留学人员达到 50 万人次,其中接受高等学历教育的留学生达到 15 万人。"2018 年 10 月,教育部颁布了《来华留学生高等教育质量规范(试行)》,对高校留学生的入学标准和培养目标提出明确要求,进一步提高来华留学生的教育质量。

随着媒介飞速发展以及各国对外交流活动日益频繁,新闻传播学科成为当下发展速度最快的学科之一,各国对国际新闻传播人才的需求量大大增加。近年来,我国将培养国际新闻传播类留学生作为一项重要的援外项目,意图培养一批优秀的国际传播人才。中国传媒大学新闻传播学部积极响应国家号召,自 2012 年起开设国际新闻与传播硕士留学生班。该项目共包含 13 门全英文课程,教学内容涉及多个领域,旨在培养具有国际视野、全能型的国际新闻传播人才。该项目自开办以来,招收了来自巴基斯坦、法国、印度、印度尼西亚、泰国、澳大利亚、美国、英国等 40 多个国家的留学生共计 148 人,项目具有跨国别、跨语种、跨学科的特点,其设立与发展契合了国家对于教育共同体的愿景与期待,同时探索了我国国际新闻传播类留学生的培养路径。

(二)研究问题及方法

随着"一带一路"教育共同体概念的提出,国际人才培养的重要性日益显著。本文试图分析总结来华留学生的培养现状及存在问题,梳理比较他国留学生培养经验,探析中国国际教育的发展路径。本文重点关注新闻传播类留学生的培养,并结合中国传媒大学新闻传播学部国际新闻传播硕士留学生班的招生、管理、教学机制,总结国际新闻传播人才培养的本土经验,为我国新闻传播类留学生的培养提供借鉴。

本文通过搜集整理国内外相关资料,总结我国现行培养方案的不足之处,对比分析他国较为成熟的培养方法。同时,本文也对中国传媒大学新闻传播学部国际新闻传播硕士留学生班的培养方案展开具体研究,通过分析项目资料及采访相关授课教师,总结该项目在新闻传播类留学生培养上的新方法、新尝试,以期探索出一条适合中国国情的新闻传播类留学生培养道路。

二、文献综述

(一)"一带一路"教育共同体

朱以财、刘志民在《"一带一路"高等教育共同体建设的理论诠释与环境评估》一文中,对"一带一路"教育共同体的概念进行了阐释:"'一带一路'高等教育共同体是基于'共同体'以及高等教育的特定内涵和要求而逐步形成的社会组织。在此基础上,沿线国家之间,围绕培养'一带一路'建设所需高等教育人才的发展目标,通过签署协议、建立机制、搭建平台、共享资源、协调关系,达成教育改革与发展共识,推动区域高等教育交流与合作,聚力构建具有'一带一路'维度的高等教育体系,提高作为'一带一路'意识承载者的大学在发展'一带一路'文化价值方面的中心作用,以此为宗旨,共建'一带一路'高等教育共同体。"[①]

郄海霞、刘宝存于2018年发表了《"一带一路"教育共同体构建与区域教育治理模式创新》一文,对教育共同体的内涵进行了总结:"教育共同体是'一带一路'倡议的核心内容,它以培养人才为核心任务,以满足沿线国家经济、文化和社会发展,实现共同利益为最终目的,通过教育项目、教育模式、治理机制创新,推动中国和沿线国家在教育领域的共荣共通、合作共赢。"他们认为,教育共同体具有关联性、互通性、开放性、包容性、差异性和多样性的特征。"一带一路"建设的人才需求以及教育共同体促进民心相通、推进教育繁荣的现实功能使得构建"一带一路"教育共同体变得尤为紧迫。他们指出,相关国家可以从制定教育合作新框架和搭建区域教育合作新平台两个策略入手,构建"一带一路"教育共同体。该文章提出,教育共同体应该实现区域教育治理模式的创新,弱化政府与市场的作用,充分发挥民间机构和非政府组织的作用,建立政府与非政府组织、企业、学校"合作式的网络化"治理模式。[②]

(二)"一带一路"与国际新闻传播

宋美杰通过分析国外媒体有关"一带一路"倡议的553篇报道的关系网络,发现国

---

① 朱以财,刘志民."一带一路"高等教育共同体建设的理论诠释与环境评估[J].现代教育管理,2019(1):85-91.
② 郄海霞,刘宝存."一带一路"教育共同体构建与区域教育治理模式创新[J].湖南师范大学教育科学学报,2018(6):37-44.

家与国家之间大多是单向度的报道与被报道关系,新闻报道并没有实现对等的回应与交流,新闻报道多是自说自话的"回音壁"模式。该研究还发现,在"一带一路"倡议的国际新闻网络中,美国依然处于核心位置。宋美杰认为,我国在进行"一带一路"内容传播时,应对印度、新加坡、俄罗斯、英国、东盟、马来西亚、巴基斯坦、哈萨克斯坦等进行积极报道,并且对报道中具有较强的新闻信息影响力与辐射力的重要节点予以重视。①

部分学者认为,在"一带一路"倡议下,我国的对外传播应该"巧用力"。郭镇之、冯若谷在《中国对外传播的巧用力》一文中提出"巧用力"这一概念,认为"巧用力"是"通过软硬力量的结合,采取借势用力方式,以随机应变的策略实施,最终实现影响力甚至控制力"②。王玉龙结合"一带一路"倡议的国际传播对"巧用力"进行了具体阐释。他认为,在"一带一路"倡议的国际传播中,应积极推动沿线的硬件与软件建设,强势传播与柔性传播相结合,实行各国差异化传播,推动构建社会多元传播主体格局,实现多中心非线性的国际传播。③

(三)国际新闻传播人才培养

张龙在《新时代国际新闻传播教育的使命与作为》中提出"应培养国际新闻传播类学生的家国情怀及坚守国家立场的坚定信念,让学生对国家现阶段的国情有深入的了解,从而培养出符合国家发展战略需要的国际新闻传播人才"④。与此同行,应拓宽学生的视野、引导其关注全球问题,增加学生对国际政治与国际关系的认知,让学生对全球发展进程中的问题有深入的关注和相关知识积累,使其能够通过多维学科的视角来认知和理解全球主要国家在发展进程中遇到的问题。美国哈佛大学肯尼迪政府管理学院前院长约瑟夫·奈曾表示:"真正的赢家不是看哪个国家拥有最强大的军力,而是看哪个国家的故事讲得最动听。因为在互联网上,没人知道你有多少武器,只有讲好一个故事才能吸引别人。"⑤因此,在当前国际新闻传播专业人才培养过程中,需大力

---

① 宋美杰.中心·边缘·群体:"一带一路"倡议的国际新闻流通图景[J].现代传播(中国传媒大学学报),2017(9):66-71.
② 郭镇之,冯若谷.中国对外传播的巧用力[J].当代传播,2015(6):27-29.
③ 王玉龙."巧用力":"一带一路"倡议国际传播之道[J].重庆交通大学学报(社会科学版),2020(4):17-23.
④ 张龙.新时代国际新闻传播教育的使命与作为[J].现代出版,2019(3):13-15.
⑤ 黄滢.软实力之父约瑟夫·奈接受本刊专访:中国领导人是讲故事高手,习近平提出的"中国梦"非常具有吸引力[J].环球人物,2013(34):44-46.

培养学生对国际话题的新闻敏感和国际报道的叙事能力,并对互联网时代的传播形态和话语样态有足够的关注。①

邓建国在《培养三种核心能力:国际新闻传播硕士课程设计的新思路》中提出应重点培养新闻传播硕士的三种核心能力:"首先,应培养学生的国际新闻传播能力,要求学生具有较高水准的外语能力和文化素养。其次,应培养学生的新媒体传播能力,既包括跨平台的报道技能,也包括对各种网络社会性媒体的应用,致力打造全媒体记者。此外,还应培养学生综合知识支撑下的逻辑分析能力,既包括微观层面迅速发现某一新闻报道中存在的逻辑谬误并予以反驳的能力,也包括宏观层面的能调动自身具备的一切知识、技能、阅历和经验集中应对和解决当下问题的能力。"②

三、中国道路:来华留学生培养现状及存在问题

(一)来华留学生现状

1.人数持续增长,但占比较低

表1 2011—2018年来华留学生人数统计

年份	2012	2013	2014	2015	2016	2017	2018
总人数	328,330	356,499	377,054	397,635	442,773	489,172	492,185
比上年增长人数	35,719	28,169	20,555	20,581	45,138	46,427	3,013

注:数据来源于中华人民共和国教育部门户网站。

中华人民共和国教育部门户网站发布的数据显示,近年来,来华留学生的人数持续增加。2018年,来华留学生总人数达49.2万人次。在2016年和2017年,来华留学生人数年增长量达4.5万人次以上。留学生人数不断增加,可见我国的教育水平在国际社会逐渐受到认可。但教育部公布的《2019年全国教育事业发展统计公报》显示,2019年全国各类高等教育在学规模达4,002万人次。由此可见,尽管来华留学生人数不断增加,但留学生在高等教育在校学生中占比仍然很低。英、美等留学热门国家

---

① 张龙.新时代国际新闻传播教育的使命与作为[J].现代出版,2019(3):13-15.
② 邓建国.培养三种核心能力:国际新闻传播硕士课程设计的新思路[J].新闻大学,2011(1):143-147.

的外国留学生占比高达20%以上,澳大利亚、新加坡等新兴热门留学国的外国留学生占比也远高于我国。因此,我国应进一步提高教育水平及在国际社会的教育认可度,吸引更多外国留学生到中国继续学业。

2.招生门槛亟待提高

教育部发布的数据显示,超半数来华留学生来自非英语国家,语言障碍成了影响留学生培养质量的一个重要因素。国家应进一步提高对来华留学生的语言能力要求,明确留学生中英文语言水平要求,保证其在留学期间能够高质量地接受教育。

不同国家的教育体系不同,教育水平也存在差距,为保证外国留学生能跟上国内授课进度,国家应对不同学科留学生的相关专业基础设置要求,确保留学生具备接受更高水平教育所必需的专业基础。同时,国家可以进一步推广留学生预科班制度,为留学生学习更高水平的知识奠定坚实基础。

表2 2012—2018年来华留学生学历结构

年份	2012	2013	2014	2015	2016	2017	2018
学历教育人数(单位:人)	133,509	147,890	164,394	184,799	209,966	241,553	258,122
占来华留学生总数的比例(%)	40.66	41.48	43.6	46.47	47.42	49.38	52.44

注:数据来源于中华人民共和国教育部门户网站。

留学生学历结构也是评价一个国家留学生教育水平的重要指标之一。"学历教育"是指学生在完成学业后可以获得国家统一印制的毕业证书和学位证书的教育,包括全日制普通博士学位研究生、全日制与非全日制普通硕士学位研究生、第二学士学位、全日制普通本科、全日制普通专科(高职)。与之相对的"非学历教育"是指各种培训、进修,学生完成学业后,可获得由培训部门颁发的相应的结业证书。教育部公布的数据表明,来华接受学历教育的留学生占比在持续上升,并在2018年超过留学生总人数的50%。国家应进一步提高接受学历教育的留学生的人数和占比,培养高水平国际化人才,提高留学生总体教育质量。

3.分布不均衡

留学生分布不均衡主要体现在两个方面:一是生源国分布不均衡,多为亚洲国家;二是就读地分布不均衡,多为北京、上海等现代化程度较高的城市及东部沿海省份。

表 3 2012—2018 年来华留学生国别统计

名次	2012 年	2013 年	2014 年	2015 年	2016 年	2017 年	2018 年
1	韩国	韩国	韩国	韩国	韩国	韩国	韩国
2	美国	美国	美国	美国	美国	泰国	泰国
3	日本	泰国	泰国	泰国	泰国	巴基斯坦	巴基斯坦
4	泰国	日本	俄罗斯	印度	巴基斯坦	美国	印度
5	俄罗斯	俄罗斯	日本	俄罗斯	印度	印度	美国
6	印度尼西亚	印度尼西亚	印度尼西亚	巴基斯坦	俄罗斯	俄罗斯	俄罗斯
7	越南	越南	印度	日本	印度尼西亚	日本	印度尼西亚
8	印度	印度	巴基斯坦	哈萨克斯坦	哈萨克斯坦	印度尼西亚	老挝
9	巴基斯坦	哈萨克斯坦	哈萨克斯坦	印度尼西亚	日本	哈萨克斯坦	日本
10	哈萨克斯坦	巴基斯坦	法国	法国	越南	老挝	哈萨克斯坦

注:数据来源于中华人民共和国教育部门户网站。

二、按国别排序前15名:韩国50,600人,泰国28,608人,巴基斯坦28,023人,印度23,198人,美国20,996人,俄罗斯19,239人,印度尼西亚15,050人,老挝14,645人,日本14,230人,哈萨克斯坦11,784人,越南11,299人,孟加拉10,735人,法国10,695人,蒙古10,158人,马来西亚9,479人。

图 1 《2018 年来华留学统计》截图

教育部公布的《2018 年来华留学统计》显示,2018 年来华留学生人数最多的 15 个国家中,有 12 个为亚洲国家。2018 年来华留学生中,59.95% 的学生来自亚洲国家,总人数超 29.5 万人次。韩国留学生连续 7 年人数最多,2018 年达 50,600 人。泰国、巴基斯坦留学生人数近年来不断增加,在 2017 年成为第二、第三大生源国。其他"一带一路"沿线国家,如印度、印度尼西亚等的来华留学生人数也在逐年增加,"一带一路"沿线国家成为来华留学生的重要生源国。我国在进一步扩大"一带一路"沿线国家来华留学生规模的同时,需要进一步吸引其他国家,尤其是欧美等发达国家的留学生来华继续学业,吸引高质量生源,由基础知识传授向学术研究发展。

三、按省市排序前10名:北京80,786人,上海61,400人,江苏45,778人,浙江38,190人,辽宁27,879人,天津23,691人,广东22,034人,湖北21,371人,云南19,311人,山东19,078人。人数超过10,000的省(区)还有广西15,217人,四川13,990人,黑龙江13,429人,陕西12,919人,福建10,340人。

图 2 《2018 年来华留学统计》截图

教育部公布的数据显示,2018 年留学生人数最多的 10 个省市中,北京、上海两大现代化都市居于前两位,其余有6个省市位于东部沿海地区,上述8个省市的留学生总人数达31.8万余人次,超过留学生总数的60%。北京、上海及东部沿海省份经济相对发达,教育资源更优越,成为留学生来中国的首选目的地。具有不同文化背景的留学生,可以为学校注入新鲜的血液、提供不同的视角,促进学校的国际化发展。因此,留学生分布不均衡在一定程度上会扩大地区间教育水平的差距。国家应扶持教育水平相对落后的地区的教育发展,积极引导留学生到中西部地区接受教育。同时,国家可加大对"一带一路"沿线城市教育水平的提升,培养相关人才,鼓励留学生深入"一带一路"沿线城市,更好地助力"一带一路"倡议的实施。

(二)中国留学生培养现存问题

1."文化休克"现象

文化休克(Cultural Shock),又称文化震荡,最早是由美国人类学家奥博格(Kalvero Oberg)于1960年提出的一个概念,它是指一个人进入不熟悉的文化环境时,因失去自己所熟悉的所有社会交流的符号与手段而产生迷失、疑惑、排斥甚至恐惧的心理反应的一种现象。[1] 来华留学生来自不同国家,这些国家的文化背景、生活习俗和教育体系与我国的存在较大差异。留学生在一个完全陌生的文化环境中,需要一定时间来适应当地的学习和生活。此外,来华留学生的语言能力参差不齐,不少留学生来自非英语国家,汉语水平也没有达到可以日常交流的程度。语言交流不畅会阻碍留学生尽快了解当地文化、适应课堂教学以及与其他学生沟通交往,加剧其"文化休克"现象。同时,目前国内各高校对于留学生的教学及日常管理常应用一套不同于中国学生管理的体系,这令留学生群体很难接触并融入中国学生群体,不利于留学生适应当地生活、了解中华文化。

2.教学质量与学历认可度亟待提高

目前,我国很多高校缺乏兼具一流外语能力与一流业务水平的授课教师。部分老师外语语言能力强,但专业知识略逊一筹;部分老师业务水平高超,但受限于外语水平而难以向留学生准确表达自己的想法,这使得留学生的课堂质量难以得到保障。同

---

[1] OBERG K.Cultural shock: adjustment to new cultural environments[J]. Practical anthropology,1960(7): 177-182.

时,我国留学生教学使用的学分制度与国际上通用的完全学分制还存在较大差异,导致我国学历、学位在国际上的认可度不高。进入 21 世纪以来,我国与世界上多个国家签订了学分、学位互认协议。到 2016 年,已有 46 个国家和地区与我国签署学分学位互认协议,中国已经成为世界上最大的留学输出国,有 200 多个国家和地区的留学生选择来中国留学。[①] 但我国目前的留学生教学管理制度还处于起步阶段,仍有很大的进步空间。

3. 实践机会不足

教育部颁布的《高校接受外国留学生管理规定》中对来华留学生打工及社会实践等有明确的要求。实践是留学生了解中国各行业发展、适应中国工作环境的重要途径之一,也是留住优秀毕业生在中国就业发展的重要方式之一。目前,很多留学生缺少在中国社会实践的机会,从而缺少继续在中国就业的可能性,大部分留学生在毕业后立即选择回国,这在一定程度上造成了人才的流失和浪费。此外,国内高校对留学生在就业信息获取、就业指导等方面缺少引导与帮助,降低了留学生在中国就业的可能性。

四、路径初探:中传国际班人才培养方案

作为新闻传播学科排名 A+ 的高校,中国传媒大学积极响应国家政策号召,走在培养新闻传播类国际留学生的最前列,以实际行动探索国际新闻传播类人才的培养路径。中传新闻传播学部国际新闻与传播硕士留学生班自 2012 年开设以来,共招收来自巴基斯坦、法国、印度、印度尼西亚、泰国、澳大利亚、美国、英国等 40 多个国家的留学生 148 人。该项目共有 13 门课程,包括基础理论课程、实践制作课程、媒介前沿课程、文化通识课程、跨学科课程,以期培养一批知中国、懂中国、能够发出中国声音的复合型国际新闻传播人才。

---

① 人民网.教育部:与 46 个国家和地区签署学历学位互认协议[EB/OL].(2017-04-19)[2017-12-30].http://edu.people.com.cn/n1/2017/0419/c1053-29222686.html.

表4 中国传媒大学新闻传播学部国际新闻与传播硕士留学生班课程总览

课程类别	课程名称
基础理论课程	传播学；受众分析；研究方法
实践制作课程	电视摄影；视频影像制作；创意写作；影视剧改编
媒介前沿课程	新媒体理论与实践；新媒体批评
文化通识课程	中国文化概论；中文课
跨学科课程	技术新闻学；数据挖掘

(一)消除"文化休克",培养知中国的国际新闻传播留学生

"文化休克"现象常常会对留学生在中国的学习和发展造成困扰,同时也在一定程度上降低了新闻传播类留学生更好理解中国的可能性。为降低该现象的不利影响、提高留学生的学习质量,学校须加强对留学生的文化建设,促进其对中华文化与社会发展有较为全面的认知。

1.以中文学习为基础的文化认知

语言是沟通与学习的基础,具有一定中文能力是留学生了解中国、认识中国的前提。不少来华留学生面临"文化休克"困境,究其原因就是中文能力不足。缺少中文听说读写能力导致部分留学生在日常沟通中存在一定困难,并不具备融入中国社会的语言能力。因此,提高留学生的中文能力,帮助其了解并理解中国国情至关重要。中国传媒大学新闻传播学部国际新闻与传播硕士留学生班特别开设了中文课程,并将该课程设置为必修课,要求每位留学生在校期间认真学习汉语,尽量达到能够用中文无障碍日常交流的水平。此外,在"中国文化概论"(Introduction to Chinese Culture)这门课程中,授课老师还会为留学生讲解汉字的起源、造字法等,帮助留学生理解汉字形成的原理及其中所包含的中华文明和传统思想。

2.以理解国情为目的的文化认知

新闻传播类国际项目应以培养能够发出中国声音、讲好中国故事的留学生为目标,这要求学生需要对中国的历史与现状有一定的了解,这样才能向世界展示一个客观真实的中国。留学生来自世界各地,文化背景与中华文化存在差异,常常在理解我国的一些政策条例和社会现状时存在障碍。因此,各高校在建设新闻传播类留学生项目时应加强对思想文明脉络和历史文化方面知识的传授。同时,新闻传播类留学生需

要全面准确地掌握当今中国的发展现状,向世界传达真实的中国图景。

为增加留学生对中华文化的了解,中国传媒大学留学生项目将中国元素融入项目课程的方方面面,以帮助留学生全面客观地了解中国。在"中国文化概论"课程中,教师从中华文明的历史发展、汉字、传统思想、节日习俗、国粹、当代生活等方面,向学生全方位地介绍了中国,使学生对中国文化有了基础认识,课堂上的经典案例也有助于学生进一步深入了解中华文化。该课程的结课作业要求每一位留学生在演播厅录制一档节目,介绍自己感兴趣的中华文化。在"影视剧改编"(Adaption Studies)课程中,教师选择陈凯歌导演的《梅兰芳》一片作为经典案例进行分析。除讲解改编技巧及画面含义外,教师还会对这位中国戏曲大师的生平进行讲述,进而延伸到中国的国粹——京剧的相关知识。从课程内容出发,对内容背后的含义及背景知识进行解释与拓展,可以更好地帮助留学生理解课程内容,同时有助于他们更加全面深入地了解中国的历史文化。授课教师还会组织留学生到梅兰芳纪念馆进行参观,更深度地体验中华文化。此外,该课程还组织学生参观中国电影博物馆,让学生身临其境,体会中国电影的历史发展和变迁。

为增加留学生对当代中国社会发展进程的了解,国际新闻留学生的课程内容和实践方向还应紧贴中国社会发展的前沿。首先,诸多课程都提倡让学生走进日常生活中衣食住行的真实情境,例如向学生介绍手机支付等中国生活方式,为学生展示一个真实的中国生活图景。其次,项目课程内容还会涉及中国最新的政策及发展成果,帮助留学生了解中国目前的政策方向及相关举措。如,2020年为我国脱贫攻坚的决胜之年,各地区的脱贫工作都取得了重大成果,"电视摄影"(Television Photography)课程授课教师要求留学生针对脱贫成果进行视频创作,帮助留学生深入基层一线,亲身感受中国制度和道路的优越性。此外,相关的实践活动助力留学生了解中国媒体行业的发展现状,授课教师会组织留学生到居于行业领先地位的媒体、互联网企业参观,了解中国新闻与传播行业的发展现况。如在"新媒体理论与实务"(New Media: Theory and Practice)课程中,授课教师会组织留学生到中国互联网企业巨头腾讯进行参观学习,让学生们了解该企业的工作环境、工作流程、工作内容及最新产品和最新技术,切身感知中国互联网企业的发展。

3.以交流互动为方法的文化认知

在课堂上,教师与学生多为一对多的互动模式,教师无法准确照顾到每位留学生的需求。而中外学生之间的交流互动,可以实现一对一、点对点的高效传播,并能及时解答每一位留学生的疑问。中外学生年纪相仿,沟通起来更加顺畅自然,同时,与中国学生的交流可以使留学生亲身体验当代中国青年的表达习惯和生活模式。中国传媒大学国际新闻与传播硕士留学生班积极推动中外学生的交流互动。在课堂上,授课教师时常将中国学生的课堂与留学生的课堂融合在一起进行授课,大家互相介绍自己国家的风土人情,促进不同文明之间的交流碰撞。课后,授课教师采取"结对子"的方式,每个留学生与一位中国学生结成小组,中外学生互相交流、帮助,共同完成小组作业。

(二)提高教学质量,培养懂中国的国际新闻传播留学生

培养能够代表中国立场的新闻传播类留学生,需要让学生在认识中国的基础上,还要能够理解中国特色,进而传播中国故事。提高留学生教育质量是增强来华留学国际认可度的最根本途径,同时也是培养能够讲好中国故事的留学生的必要因素。

1.师资保障是根本

在留学生的培养过程中,部分老师与学生之间的语言障碍常常阻碍了师生之间的进一步探讨和交流;而一部分语言能力优秀的老师,在专业知识和业务水平方面又有所欠缺,难以在专业培养上给留学生带来帮助。因此,语言能力和业务水平双一流的师资团队对于留学生的培养来说至关重要,而出色的教师队伍对于新闻传播类留学生的培养更是必不可少的。我国对于国际新闻传播类留学生的培养目标为希望其日后能够代表中国、向国际社会发出中国声音,因此,对新闻传播类留学生综合素质的培养具有比其他专业留学生更高的要求,各培养单位要帮助留学生懂中华文化、懂中国理念、懂传播技巧。

中国传媒大学国际新闻与传播硕士留学生班拥有一批语言能力扎实、专业素质过硬且具有国际化视野的教师团队。项目授课教师均具有国际化学术背景,并先后赴剑桥大学、麻省理工学院、南加州大学等国际名校访学;同时,学校还大力引进海外名师、客座教授、业界导师等,组建了一流的国际化教师团队。海外生活和教育经历确保授课教师语言水平过关,可以与留学生无障碍交流,也使授课教师在紧跟国际前沿的同时,更具有包容开放的理念和胸怀。

2."去西方中心化"的教学特色

传统的新闻传播学科以西方理论与经验为出发点。虽然目前中国本土化的新闻

传播理论还处于发展建设阶段,但为了培养能够代表中国立场的国际新闻传播留学生,培养单位应摒弃唯西方中心化的理论与实践经验,发展出具有中国特色的新闻传播框架体系,从中国案例、中国经验出发,帮助留学生了解中国新闻传播理论及媒体发展现状。

该留学生班注重中国理论与中国案例的探讨与分析,同时引导学生客观看待西方媒介制度下的相关理论与实践问题。授课教师会通过具体案例进行分析,培养学生客观分析和理解问题的能力。此外,教师讲授的理论或案例在一定程度上只是作为出发点,用以启发学生结合本国新闻生产的实际情况和学生自身的媒介使用经历进行分析和研究,互相取长补短,促进多种文化的交融。同时,很多课程并没有按照传统的西方理论发展脉络进行讲授,而是对本领域最前沿、最先进的理论及成果展开研究和探讨,所以有助于学生了解行业最新发展动态。

(三)着眼国际,培养能够发出中国声音的国际新闻传播留学生

1.具备国际化视野

国际化视野是国际新闻传播专业学生的必备素质之一。国际新闻传播留学生应密切关注国际社会发展变化、了解国际时事并具备客观分析该现象及成因的能力,同时能够以开放包容的态度对待不同文化。

在该留学生班的授课过程中,老师不采用单向输出和简单说教的授课方式,而是提倡多种文化交流互通,形成师生教学相长的课堂模式。在课堂上,教师往往从中国理论或中国案例出发,鼓励学生介绍自己国家的相关案例,促进师生对不同文化的认识和理解。此外,授课教师鼓励学生针对同一个问题发表各自的看法,培养学生从多种角度看待问题的能力,帮助学生形成开放包容的态度,并使其在面对不同观点时学会以相对客观公正的角度认识问题。

2.具有批判性思维

批判性思维对于国际新闻传播事业的从业者来说至关重要。批判性思维可以帮助新闻从业者避免陷入西方理论或西方国家至上的思想误区,并有助于其在看待国际事务时保持冷静客观的态度。国际新闻传播留学生应具备独立思考的能力,能够发现新闻背后隐藏的权力关系,绕开唯西方新闻主义至上的思维误区。

该留学生班开设了"新媒体批评"(New Media Critics)等课程,重点培养学生的批

判性思维,使学生能在面对国际时事时,保持相对客观中立的态度。比如,在该课程中,授课教师会侧重选择西方发达国家新近发生的案例,与同学们一同分析案例折射出的体系弊端,帮助同学们学会以批判的视角看待问题。

3.具有专业实操能力

新闻传播中同一知识体系下的理论与实践并不能适用于所有国家地区,因此,从事国际新闻传播的留学生更应注重基本业务能力的培养。虽然新闻制度差异会造成新闻生产内容的差异,但只要新闻从业者具备扎实的业务能力,便可在短时间内适应各种媒介生产环境。

中国传媒大学国际新闻与传播硕士留学生班非常注重对留学生实操能力的培养。项目开设了多门专业技术性基础课程,加强学生写作、拍摄、剪辑的能力。如"中国文化概论"课程的结课要求是留学生在演播厅自制一档节目介绍中华文化,这既加深了学生对中华文化的理解,又锻炼了留学生面对镜头采编播的能力。在"视频影像创作"(Video and Image Production)课程中,教师每节课后都会根据本节课讲授的拍摄技巧,要求留学生完成相关视频的拍摄及制作,锻炼学生的视频拍摄及剪辑能力。

国际新闻传播教育的本土案例：
全国优秀案例分析

案例一　中国传媒大学：坚持海外实践，开拓"体验式"国际新闻传播教学

项目名称： 国际新闻传播海外教学实践团赴法交流项目
院校名称： 中国传媒大学
案例整理人： 苗琨鹏

2009年起，中国传媒大学开始承担国际新闻传播后备人才的培养工作。作为国际新闻传播硕士人才模式培养创新的重要环节，海外教学实践是中国传媒大学电视学院作为专项培养单位开拓国际化实践平台的主要着力点。从首次成功举办暑期欧洲教学实践活动以来，中国传媒大学的国际新闻传播海外教学实践团赴法交流项目已经走过十余载光阴。

2010年6月，中国传媒大学电视学院组织教师带领首届国际新闻传播硕士班赴法国进行海外教学实践与交流。这项远赴欧洲的海外教学实践活动的主题与目标在于：将校园课堂教育与海外实践相结合，将德育教育与素质教育相结合，培养学生的爱国情怀、新闻理想、国际视野和专业素养。

在一次次的实地探索后，中国传媒大学国际新闻海外教学实践团总结出"实践教学四条线"：

(一)寻访伟人奋斗足迹

重走红色道路是海外教学实践不可或缺的环节。通过实地探访周恩来、邓小平、陈毅等老一辈革命家学习和工作过的法国蒙塔日小城、里昂中法大学;参观寻访马克思和恩格斯于 1845 年至 1848 年间起草《共产党宣言》的布鲁塞尔大广场上的白天鹅饭店,参与实践活动的师生与革命先驱隔空进行思想对话,切身感受革命先辈立志振兴中华、报效祖国的爱国情怀,坚定了为国家新闻传播事业毕生奋斗的新闻理想和使命感。

(二)到国家驻外媒体和文化传媒机构感受国际传播

教学实践团在三周时间里,到新华社欧洲总分社和巴黎分社、中央电视台、中国国际广播电台驻西欧地区总站、中国新闻社法国分社和驻比利时记者站、巴黎中国文化中心、凤凰卫视资讯台驻法国记者站、欧洲时报、中谊传媒等十余家我国驻外媒体和文化传播机构及当地华文媒体参观学习。师生与十多家驻外机构的负责人座谈,并对优秀驻外记者进行专访和拍摄专题片。

通过身临其境地熟悉驻外记者的工作环境、面对面地与媒体领导与驻外记者交流,同学们切身体会到国家意识、国际视野、新闻理想、敬业精神、人格魅力、专业素养和外语能力都是驻外记者胜任工作所必须具备的素质和能力。与榜样近距离地交流有利于让传媒学子产生自豪感和使命感,深切感受到"中国声音在国际舆论场中抢占话语权"对于未来的中国驻外媒体记者来说是一种值得毕生为之奋斗的崇高事业和光荣使命。

(三)学习实务课程

实务课程的学习是教学实践团的重要组成部分。想要在国际环境中讲好中国故事,必须善于使用国际化的视听元素,学会在国际化的背景下提升新闻报道的感染力和吸引力。因此,教学实践团为学生们安排了在巴黎高等记者学院、布鲁塞尔自由大学、法国 24 小时新闻台等专业机构的实务课程学习环节。

1.巴黎高等记者学院:"如何做好驻外记者"为主题的国际新闻报道实务课程

此课程邀请来自一线的资深驻外记者担任授课老师,采用分组讨论、选题策划、实践操作、实地采访、成果展示、师生点评等多种形式授课,强调实战性和互动性。教师以亲身经历向同学们传授记者在国际新闻报道中应该掌握的专业知识和技能,同学们在完成采访任务的同时,也在跨文化背景下真实体验了驻外记者的工作环境和感受。

2.法国24小时新闻台:出镜报道训练

中国传媒大学海外实践团自2015年开始在法国24小时新闻台进行出镜记者现场报道的媒体实践课程学习。

首先,实践团会学习新闻的融合生产流程。法国24小时新闻台的新闻大部分是以各大通讯社的供稿加工而成的。每条新闻由三位新闻采集员从各信源收集,筛选递送各外语频道主编,主编负责新闻筛选,再分配给记者进行加工。除特殊新闻需要由编辑监制之外,大部分新闻由记者独立完成新闻的解说词撰写、配音、剪辑的全过程。

其次,实践团会实地学习法式新闻报道的观点呈现:辩论。法国24小时新闻台通过设置辩论环节,希望提供更加平衡、公正的报道与观点。为做好这一环节,电视台设有专门部门(Booking Department),负责邀请嘉宾进入新闻演播厅参与新闻节目录制。据相关负责人称,每个语种每天都会邀请专门的嘉宾,因此,嘉宾邀请工作在新闻节目制作中起到关键作用。

最后,在参观学习结束后,实践团要进行挑战三种出镜报道形式的实战演练。出镜报道训练课程共分为四个部分:理论学习、定点出镜报道训练(stand-up)、动态出境报道训练(walk-and-talk)、出镜报道采访训练(interview)。经过四个部分的学习,同学们两两分组以"法国见闻"或"24小时台见闻"为线索开展出镜采访活动。教师将针对同学们普遍出现的问题,示范如何在与受访者沟通的同时兼顾与观众的沟通等。

通过在专业机构的实务学习过程,实践团师生体验当地的媒体制作流程,完成课程作业,掌握技能,并获得结业证书。

(四)在教师指导下完成实习作品

海外实践团会提前将学生分为多个采访小组,要求每组成员在海外实践项目中完成对媒体、记者的采访,提交电视作品、摄影作品、结课论文或专访文章,并在课堂上交流点评。

在教师的指导下,同学们在三周的暑期实践过程中完成照片、新闻作品、纪录片、专访视频资料等实习作品,在认真完成教学实践作业的同时,提高了新闻素养和专业技能,并将专业理论知识应用于专业实践,提高国际传播现场报道能力。这些作品也在后续的各类比赛中频频获奖。

总　结

中国传媒大学新闻传播学部学部长高晓虹总结道:"国际新闻传播和人才培养工作需要加深理解中国精神的世界意义,需要对'走出来、引进去'传播理念的深刻认识,需要教育工作中的彼此借鉴、交流学习。"

中国传媒大学国际新闻传播海外教学实践团赴法交流项目是参与跨文化传播的深刻探讨。学生们作为国际传播未来的新生人才,通过重走红色道路,坚定初心与信仰;通过访问优秀记者、自主采写新闻,积累实战经验;通过实地走进国外媒介专业机构学习,感受特别的课堂理念,体验欧洲实践式教学模式;在实践中体会国际新闻传播形式,摸索未来职业发展的规划与道路。其作为案例,可供国内其他新闻传播教育高校在进行国际新闻传播教学规划时加以参考。

案例二　中国传媒大学:领略"亚得里亚海之夏", 搭建跨国专业实践平台

项目名称: "亚得里亚海之夏"工作坊(中国传媒大学电视学院暑期水下摄影工作坊)

院校名称: 中国传媒大学

案例整理人: 王昭阳

"亚得里亚海之夏"工作坊起初由塞尔维亚诺维萨德大学艺术学院组织发起,至今已走过了超过十年的历程。2016年起,中国传媒大学电视学院委托中塞教育交流协会,与诺维萨德大学艺术学院合作举办该工作坊项目。每年夏天,中国传媒大学电视学院的三十名学生会在学院教师队伍的陪同下,出发前往欧洲,进行为期14天的国际交流学习。

项目成立的初衷是为了引领同学们充分利用假期时间充实自己,提升专业技术。电视学院为同学们搭建起走出国门、对外交流的优质平台,使学生在提升专业素质的

同时，在国际交流中增强文化自信，培养交流能力，并促进中外文化交流事业的发展。这也拓展了国际新闻传播教育的新模式。

该工作坊主要于克罗地亚著名的度假胜地奥帕蒂亚、塞尔维亚第二大城市诺维萨德以及波黑首都萨拉热窝举办，还途经克罗地亚、意大利、塞尔维亚、波黑、匈牙利以及斯洛文尼亚等多个欧洲国家，包含众多历史名城。学生在行程中可以充分感受欧洲各国的文化传统以及风土人情。

工作坊由专业教师带队，注重理论和实践相结合。学生们会在当地接受专业潜水训练机构的一对一辅导，在亚得里亚海进行潜水训练并体验水下摄影。学生们在潜水途中可以领略平时难得一见的美丽自然景观，在充分的安全保障下，和带队老师一起记录水下的美丽景象，提升摄影技术，丰富摄影经历。许多同学在参与工作坊之前均没有潜水的经验，他们在克服恐惧、挑战未知的过程中，不仅收获了新的技能与美好的回忆，更与当地的教练以及指导老师建立了别样的友谊。

在水下摄影之余，工作坊每年都会邀请诺维萨德艺术学院的教授们为同学们开展关于肖像摄影、胶片摄影的讲座。

胶片相机相比数码相机而言，成像色彩更加浓郁，对比度更高，宽容度更高，照片上独特的颗粒也使成片具有一种浓浓的复古感。这份特殊的质感深深地吸引着无数的摄影师，在每个热爱摄影的人心中都拥有无法替代的地位。Ivan Karlavaris 教授每年都会受邀带领实践团队开展胶片人像摄影创作，详细地向师生们解释曝光的概念以及胶片摄影的注意事项，带领师生们一起体验这种传统拍摄方式的每一个步骤，深入感受胶片摄影的独特魅力。同学们还有机会跟随教授进入暗房，亲眼见证自己拍摄的照片一点一点地被冲洗出来，教授还会向同学们展示胶片时代的摄影师如何对照片进行后期调整，以达到最佳的呈现效果。这对同学们来说不仅是一次难得的体验，更是一次宝贵的交流机会。在近距离接触传统摄影技术、与大学教授深入交流的过程中，同学们填补了在校学习期间的知识空白，充实了理论与实践知识，获得了与平时的大学生活不同的体验。

学员们还会在克罗地亚参加里耶卡中国青年摄影展、世界大学生摄影（海报设计）双年展和"Kvarner 11"摄影展，并有机会受到卡斯塔夫市市长的亲切接见。里耶卡中国青年摄影展为参加工作坊的机构和学院量身打造，让同学们有机会将自己的摄影作品带到克罗地亚展出。展览过程中，同学们可以赏析世界各地的设计师、摄影师的优秀作品，感受不同国家艺术工作者的创作理念与审美模式，还有机会在现场与创作者进行深入交流，提升自己的专业知识和审美素养。在2019年的工作坊项目中，中国传媒大学牵头，联合诺维萨德大学、伏伊伏丁那OK协会以及中塞教育交流协会共同举办的《映象·中国》——建国70周年"一带一路"沿线国家摄影作品展，在工作坊全体师生的共同策划与布置中亮相诺维萨德市。《映象·中国》由70幅单幅及组照作品组成，分为"光与影""历史印记"和"我的故乡"三部分，所有摄影作品均由中国传媒大学电视学院的同学们拍摄，他们在不同城市，从不同角度通过"倒影"这一有趣的方式记录下中国的一点一滴，向世界展示中华文化，讲述中国故事。大学生们通过自己独特的视角，运用不同的形式和技巧，记录下来自中国乡村和城市的各色景观，并以"倒影""映射"的概念将其表现出来，造就了一场充满想象力和表现力的摄影展。此次活动受到国内外媒体的关注，当地的伏伊伏丁那省电视台以及新华社、人民网、腾讯新闻和中国传媒大学白杨网都对此次活动进行了报道。来自贝尔格莱德的艺术家和媒体人与中国传媒大学"塞尔维亚水下摄影暑期海外实践"工作坊师生进行了现场交流。不同肤色和国籍的参观者与中国大学生围绕作品的内容、技术、艺术追求等方面进行了深入探讨，在交流的过程中，不少国际友人与中华文化的故事也让同学们印象深刻。

该工作坊已经成功举办了四届，先后共有120余位师生参与其中，尽管每届活动的行程都稍有不同，但均能获得同学们的一致好评。同学们在随队教师的带领下，每年都会创作出别具特色的传媒作品，让更多的人看到了中国大学生眼中的世界。未来，中国传媒大学也将继续坚持开展这项活动并不断丰富工作坊的内容，为广大学生提供更好的国际交流以及传播教育的新平台。

案例三　中国传媒大学：创新"3+1"办学模式，探索传媒类外语人才多样培养

项目名称：中国传媒大学外国语言文化学院"3+1"办学模式

院校名称：中国传媒大学

案例整理人：石宇杭

中国传媒大学外国语言文化学院前身是北京广播学院建校之初的三大系之一——外语系。20世纪五六十年代，外语系曾先后开办过23个外国语专业。1999

年,北京广播学院在外语系基础上组建国际传播学院。2008年,中国传媒大学决定在原国际传播学院的基础上成立外国语学院,2018年学院正式更名为外国语言文化学院。

学院现有4个系部和5个中心:英语系、亚非语系、欧洲语系和大学外语部;中国传媒大学葡萄牙语中心、西班牙安达卢西亚文化研究中心和中国传媒大学巴基斯坦研究中心、坦桑尼亚研究中心、金砖国家研究中心等5个教育部国别与区域问题研究中心。

和传统语言院校不同,中传外院在教学培养过程中注重结合学校的平台以及传媒资源优势,在培养翻译人才的同时,注重外宣人才的培育。学院和中央电视台、中国电影集团(译制中心)建设了双向人才培养(实验)基地,与中国国际广播电台(现并入中央广播电视总台)共建教育部国家级大学生校外实践教育基地,探索传媒类外语人才的多样培养道路。

在本科人才培育过程中,外国语言文化学院坚持国际化办学道路,除配备外籍教师外,还与多所海外高校保持或建立"3+1"合作关系,即除了在本学院学习之外,学生可于大三学年前往对象国进行为期半年至一年的海外学习。

学院非通用语专业与对象国高校联合办学的"3+1"模式,经多年运行实施效果良好,深受学生和社会欢迎,并在实践中不断成熟完善,已基本能够满足非通用语学生的海外交流学习需求。近年来,学院与法国里昂第二大学、坦桑尼亚达累斯萨拉姆大学、日本实践女子大学、巴西南大河州联邦大学、尼泊尔加德满都大学、俄罗斯莫斯科大学、荷兰格罗宁根大学等20多所高校保持或建立"3+1"合作关系。

在对象国进行沉浸式学习和生活对于学习语言的学生提升自身语言能力大有裨益,通过对外交流学习,学生们还可对当地的文化习俗、生活习惯等有深入了解。"3+1"模式中的一年海外学习,根据不同语种的情况而有所不同。例如,德语学生在到达德国后会先开始语言班的学习,半年后则会进入波鸿鲁尔大学学习日耳曼语言学,同时也可选修其他专业的公共课程。此外,也有不少语种的传媒培养特色从中传延续到了海外对象国。例如,葡语和法语学生在巴西和法国交流学习时,都会接触到新闻报道、传播学等传媒相关课程。以法语学生前往的法国里昂第二大学为例,该校为中传法语学生提供了传媒、艺术、经济三个选择方向。除了听、说、读、写等语言训练之外,选择传媒方向的学生还可以学习新闻报道、企业传播、杂志制作等内容,更可以和当地学生一同修读政治传播、媒体与新闻等课程。在学习过程中,老师还会组织学生前往当地报社参观和交流,以便学生更好地了解法国传媒行业的发展现状。对于新闻报道、调研报告等作业作品,老师也会从"法国人"的角度给出意见参考。目前,我国的国际新闻与传播人才领域,小语种人才严重缺乏,尤其是在传播个性化、个人账号、言论越来越重要的今天,需要更多小语种专家在对象国发声,但我们这方面的人才接济不上。① 在对象国学习传媒类课程,接触当地的从业人员,可以让学生对当地新闻的受众偏好、内容倾向、制作标准等有更清晰的认识,有助于学生日后投身于国际新闻传播的大舞台。

除了"3+1"的特色办学模式之外,外国语言文化学院对于国际新闻传播人才的培养还体现在其"有教无类"的教学方式上。学院内开设国际新闻、国际政治相关的选修课程;学院在实践学期中鼓励学生将语言和新闻相结合,制作外语新闻、外语人物访谈等视频作品;学院还致力于培养"复语型"人才,即使是非通用语的学生也须参加英语专四、专八考试;同时,学院对于学生的各种爱好也给予充分的尊重,在校报、校电视台、官微英文网、英文广播台等校媒中经常出现外院学生的身影,而校媒的实践经历也影响了部分学生的职业选择,令他们在毕业后走上国际新闻的工作岗位。

2011级日语专业毕业生胡怡晟在校期间是校报的一名学生记者,曾为观察者网、《三联生活周刊》等知名新闻机构供稿,目前是央视财经频道驻日本记者,长居东京。胡怡晟曾在大三学年赴日本交流学习,深入感受当地的风土人情。从日语到新闻,从中国到日本,正是外院的特色培养模式和中传丰富的实践机会让胡怡晟一步步走上了国际新闻传播的道路。

曾因央视新闻频道《东方时空》的一期特别节目《走进"上帝之城"》而为人所知的记者刘晓骞同样毕业于中传外院。学习葡萄牙语的刘晓骞2010年毕业后就进入了央视新闻中心,次年开始担任驻里约热内卢记者站记者。② 刘晓骞在校期间就尝试进行新闻方面的实践,2008年北京奥运会期间为ESPN做联络人和翻译,2010年南非世界杯期间担任腾讯体育驻南非的文字记者和出镜记者。在他看来,外语专业的学生本身就有着对世界的好奇心,而外语专业出身的记者,如果能克服对形象的过分追求并

---

① 姜飞.新时期对未来国际新闻传播人才培养的思考[J].新闻与写作,2020(7):37-42.
② 刘晓骞:这位央视驻外记者很文艺![EB/OL].(2018-01-22)[2022-03-16]. https://www.sohu.com/a/218149832_407314.

正确理解记者在报道中的角色和身份，同时发挥好外语方面的优势，就能不逊色于新闻专业出身的记者。

胡怡晟和刘晓骞只是一个小小的缩影，建系至今，中国传媒大学外国语言文化学院已经为社会培养和输送了大批具有国际视野、中国情怀、扎实的语言基本功和鲜明的传媒特色的优秀外语人才，他们中间有知名记者、主持人，多人获得了长江韬奋奖、全国百佳新闻工作者、中国新闻奖、金话筒奖、国家有突出贡献中青年专家等荣誉。

除了中国传媒大学外国语言文化学院以外，我国其他语言类院校也在积极探索"外语＋新闻"的复合型人才培养模式，将国际视野深度融入人才培养的各级标准之中。如北京外国语大学与新华社合作开办了"多语种国际传播实验班"，2020 年招收乌尔都语、土耳其语、朝鲜语、意大利语等专业的学生。与此同时，从 2020 年起，北京外国语大学实施本科生海外研修专项资助计划，让每一位本科生在读期间都至少获得一次海外留学、研修或实习的机会。

在国际新闻工作当中，外语能力的重要性不言而喻。中国传媒大学外国语言文化学院凭借"3＋1"模式提高学生的语言水平，依托学校资源培养学生的新闻兴趣和能力，走出了一条特色化国际新闻传播人才培养之路。

案例四　复旦大学：加强国际新闻学科建设，落实跨国教育培养方案

项目名称：国际新闻传播专业硕士项目、全球媒介与传播国际双学位项目

院校名称：复旦大学

案例整理人：戴焰山

（一）基本情况

复旦大学新闻学院（以下简称新闻学院）作为国家一级重点学科单位，创办于 1929 年 9 月，是中国历史最悠久的新闻传播教育机构之一。新闻学院设有新闻学系、广播电视学系、广告学系、传播学系四个系，旨在培养具备宽厚的人文、社会科学和自然科学基础知识，能以马克思主义的立场、观点、方法观察分析新闻传播现象，适应社会发展需要，具有高远的职业理想和良好的职业道德的高素质专门人才。

新闻学院新闻传播学科整体水平位列全国第三。根据新闻学院官网介绍,本科教育阶段,复旦大学新闻学院并未设立专门的国际新闻传播教育课程,而是实行"2+2"培养模式,即将四年制培养进程分成两个阶段:在第一阶段(第一、第二学年),新闻传播类专业学生(含新闻学、广播电视学、广告学、传播学四个专业)须在经济学方向、社会学方向、法学方向、国际政治方向等方向中任选一个方向,按所选方向培养方案进行学习。以选修社会学为例,学生在第一阶段除了要完成大学外语等通识教育外,还需要完成社会学导论、社会研究方法、社会工作导论、法理学导论等多门基础教育课程。第二阶段(第三、第四学年),学生才深入新闻传播类专业课程,并按照各专业的培养方案进行学习。本阶段的专业选修课程设有史论板块、实务板块和专题板块。其中,国际新闻报道课程作为实务板块的专业选修课程供学生学习。

研究生阶段,新闻学院自2011年起,设立了新闻与传播硕士专业学位(两年制),包含新闻与传播、财经新闻、新媒体传播、全球媒介与传播国际双学位等专业方向。2020年,新闻与传播硕士专业新增国际新闻传播方向。同时,新闻学院历来重视对外交流,积累了丰富的海外资源,与美国密苏里大学新闻学院、哥伦比亚大学新闻学院、弗吉尼亚联邦大学、南加州大学、英国伦敦政治经济学院等40多个国家和地区的一流院系建立了人员交流和项目合作关系。以此为基础,新闻学院在开展国际新闻传播教育方面,具有得天独厚的优势。下文将具体介绍新闻学院在研究生阶段与国际新闻传播教育相关的两个具体专业项目:国际新闻传播专业硕士项目和全球媒介与传播国际双学位项目。

(二)专业项目:国际新闻传播专业硕士项目

2009年9月,复旦大学作为中宣部、教育部"国际新闻传播硕士"项目的试点学校,正式在新闻学院设立"国际新闻传播"专业硕士项目(MA Program in International Journalism and Communication),并在2009年和2010年共招收48名学生。2019年,复旦大学新闻学院为响应推进开放创新、讲好中国故事、提升国家软实力的时代号召,正式恢复该项目,旨在培养内知国情、外知国际,具有较高的外语能力、扎实的新闻传播和国际关系理论与业务技能,具有跨文化、跨语言和跨媒介沟通能力的高层次、复合型、应用型国际新闻传播人才。

复旦大学国际新闻传播专业硕士项目为两年制,正式从2019年开始招收2020级学生,共30人,其中15人为推免生。而最新发布的《复旦大学新闻学院"国际新闻传播"专业硕士项目2023年推免招生简介》设置了一定的英语能力的门槛,如大学英语六级成绩550分,或托福成绩95分,或雅思成绩6.5分,等同英语类专业招生要求。

作为新闻学院的新兴专业项目,"国际新闻传播硕士"项目在2023年的招新简章中突出了"跨学科交叉融合"和"产学研联合培养"两大特点。在跨学科方面,除了不限制本科的文理科专业外,复旦大学国际新闻传播专业依托学校综合性、多学科的特点,在坚持新闻传播教育优势的前提下,实现了人文和社科跨学科交叉融合。例如课程主题内容包含了外语、新闻、传播和国际关系四大模块,专业课程与外语学院、国际与公共事务学院、法学院、管理学院等合作建设,形成跨学科的交叉培养机制。在产学研联合方面,复旦大学在导师设置上采取学界业界双导师制,且导师将参与学生课程教学、实习、就业的全过程。同时,学院还与中央电视台、中国国际广播电台等多家国内中央级国际媒体机构深度合作,实现学界、新闻传播业界、政府机构以及商界之间的联合培养。为了使学生在学习过程中与业界有效互动,学院还开展了国际新闻与传播前沿讲座、前沿工作坊、学术沙龙、业界实习、海外课程等特色项目,保障"产学研"的贯通。

就业方面,招新简章上明确表示学校支持并鼓励毕业生进入国内中央级国际媒体机构、政府对外传播机构与驻外机构、事业单位国际交流部门、国际企业(包括新媒体企业)海外发展部门、国际组织等就业。2009级和2010级两届毕业生也大部分就职于中央媒体和地方大型媒体集团。

"国际新闻传播"专业硕士项目在复旦大学正式设立的时间并不长,但依赖于历史悠久的办学经验和新闻传播类学科的优势,该专业已经成为复旦大学新闻学院的热门专业,人才培养计划的完整性和独特性或将使复旦大学国际新闻传播专业成为未来国际新闻传播领域人才有力的输出平台。

(三)特色项目:全球媒介与传播国际双学位项目

2006年9月,复旦大学新闻学院与伦敦政治经济学院正式签署了"全球媒介与传播双硕士学位"合作项目,并宣布面向全球招生,旨在培养"富有中国经验的"高素质的国际化新闻与传播人才。到2018年,新闻学院与伦敦政治经济学院媒介与传播系、巴黎政治学院传播学院、墨尔本大学文学院达成合作,建立了"全球媒介与传播"(Global Media and Communications)双硕士学位项目、"传播与媒介"(Communication and

Media)双硕士学位项目以及"全球媒介与传播"(Global Media and Communications)三个国际交流项目。

这三个项目实行全英文教学,学制为两年。"全球媒介与传播"双硕士学位项目和"传播与媒介"双硕士学位项目的学生第一年在伦敦政治经济学院或巴黎政治大学学习,第二年在复旦大学新闻学院学习。墨尔本双学位项目的学生第一个学期在复旦大学新闻学院学习,第二、三学期在墨尔本大学学习,最后一个学期回到复旦大学。学生达到毕业要求后,可同时获得合作双方的国际传播学类硕士学位。

该项目作为我国在国际合作教育方面的先行者,开我国新闻传播教育领域的先河。通过整合中外名校的优质教育资源和区位优势,将国际传媒专业知识与中国国情相结合,有利于培育出新时代背景下,具有国际视野、富有中国经验、兼具实践能力和学术能力的复合型人才,从而更好地发出中国声音,更清晰、更准确地"向世界说明中国"。

案例五 北京师范大学:推行海外交流项目,促进新闻人才教育高等化发展

项目名称: 海外交流项目
院校名称: 北京师范大学
案例整理人: 杨雨千

增强国际化教学办学对于新闻学科创新性人才培养具有积极作用。培养创新型、开放型和特色型的新闻人才是新闻人才教育过程中一个非常重要的人才培养诉求。创新型新闻人才培养指新闻学科高等教育发展必须把创新作为战略取向和核心竞争力,使新闻人才充满活力,具有国际化视野,并且成为创新源头。开放型新闻人才培养则是指新闻类人才的高等教育要以更加开放的胸襟面向全国、全世界,在与经济社会和世界的互动中营造更好的发展环境。特色型新闻人才培养则是指新闻人才培养要适应社会多元需求,以特色求发展、显实力,形成融多样性、应用性、优质性于一体的高等教育新格局。

北京师范大学(以下简称"北师大")起源于京师大学堂,从1902年开始招生。在

新中国成立后的发展历程中受到历任党和国家领导人的亲切关怀,是中国历史上第一所师范大学。经过百余年的发展,学校秉承"爱国进步、诚信质朴、求真创新、为人师表"的优良传统和"学为人师,行为世范"的校训精神,形成了"治学修身,兼济天下"的育人理念。在新闻人才的培养方面,北师大的人才培养定位是服务国家需要,抢占国际先机,凸显师大的优势。①

在新的社会时期,北师大积极开展了丰富的海外交流项目。在世界经济全球化的推动下,在国际教育市场开放的前提下,经过多年发展,到2019年,学校海外交流项目的形式已实现了从单一到多样的转变,目前主要分为以下几类:短期交流项目、游学项目、国际化教学项目、国际会议项目。在这些项目中,新闻传播学院在人才培养方面积极采用小学期游学的方式将师大学子输送到国际平台上,不断深化新闻教育的国际化程度。

首先是短期交流项目,北师大新闻传播学院连续三年组织全国新闻传播学子进行国际游学活动。每个暑期小学期,北师大新闻传播学院拟招收30名学生(以北师大新闻传播学院学生为主,兼招少量其他学院学生),前往塔夫茨大学开展交流活动。塔夫茨大学是美国的著名大学,也是仅次于哈佛大学和麻省理工学院的波士顿五大名校(哈佛大学、麻省理工学院、塔夫茨大学、波士顿学院、布兰迪斯大学)之一,是25所"新常春藤"成员之一。塔夫茨大学在2019年U.S. News全美最佳大学排行榜中位居第27名。

这项交流活动每年的主题与当下媒介环境的前沿话题紧密相扣。以2019年赴塔夫茨大学暑期课程的主题"未来媒介与传播"为例,游学课程主要集中在三个领域:新闻、健康传播、广告/社交媒体的使用和效果。第一,新闻单元将向学生介绍美国记者在21世纪面临的一些知识储备、应用和道德问题,并将其与中国新闻业的经验进行比较;第二,健康传播单元将向学生介绍如何利用媒体促进不同人群的公共卫生素养;第三,社交媒体单元主要研究社交媒体如何被用于营销和广告、公民参与以及社交媒体对传播模式的影响。在课程中,学生能通过文献检索、研究方法和实践技能的培训分析人们在媒体传播系统迅速变化的时代面临的新问题,更好地在一个新兴媒体的世界里驾驭新闻和传播研究,以应对未来新闻传播领域的变革。该项目属于受北师大国际

---

① 北京师范大学国际交流与合作处王秀梅教授:建设"双一流大学" 推进师资和人才培养国际化[J].国际人才交流,2017(6):46-47.

人才培养专项经费支持的"学生境外交流团组专项"。根据《关于2019年国际人才培养专项经费申报通知》的规定，学校将资助北京到境外学校所在城市的部分经济舱往返国际旅费（人均不超过1万元人民币），新闻传播学院亦将为本院学生配套与学校资助额度相等的经费。

参与2018年国际交流项目的一名同学表示，她在学术水平、国际化视野与综合素质等方面均有提升。在学术水平方面，在紧张的课程学习过程中，她了解了美国的媒介环境、传播学研究现状，学会了制作健康传播信息图和广告策划案，并通过对中、美媒介环境的对比开阔了视野，对传媒的发展有了更多的思考视角。在国际化视野方面，她在美国本地学生的陪伴下参观了新英格兰水族馆并坐船出海看鲸鱼，在昆西市场和纽伯里街购物，还参观了波士顿美术博物馆、当代艺术协会，领略了这座沿海城市的自然魅力和人文气息，并体验了美国大都市的生活。在塔夫茨大学师生的带领下，北师大新闻学子充分而深入地了解了这座经济发达且富有历史文化的城市。这项国际交流不仅开拓着学生的专业视野，也成功地让学生感受到了美国的文化艺术以及人文气质，是一次全方位提高学生的综合素质和专业水平的国际交流过程。

其次是游学项目，2023年，北师大新闻传播学院领衔申报的"未来媒体与传播创新研究人才项目"，获批国家留学基金委国别和区域研究人才支持计划，这是我校获批资助的首个国别和区域研究人才支持计划（项目制）。"未来媒体与传播创新研究人才项目"基于新闻传播学院"未来媒体与传播创新"实验室平台，充分发挥学院在认知传播、计算传播、智能传播等领域的学术特色与优势，通过与"一带一路"沿线国家重要大学之一——阿联酋大学合作，培养具有国际视野的多学科交叉人才，服务国家对外开放大局、"一带一路"倡议、人类命运共同体建设需要。

"未来媒体与传播创新研究人才项目"为项目制选派模式，项目支持的留学身份包括高级研究学者、访问学者、联合培养博士研究生与联合培养硕士研究生四类。项目执行期为三年，在执行期内，每年拟选派高级研究学者1名、访问学者2名、联合培养博士研究生2名、联合培养硕士研究生2名。项目录取人员均为国家公派出国留学人员，由国家留学基金委提供资助。阿联酋是有样本意义的"一带一路"沿线国家，该项目可深化参加者对"一带一路"倡议的理解，亦可为"一带一路"倡议提供理论支持。此外，该项目亦可丰富开展未来媒体与传播创新研究的场景，并助力学校"双一流"建设。

最后是国际化教学项目、国际会议项目。除了将新闻类学生送到海外知名高校进行交换以外,北师大还积极推动联盟建设,提升国际影响力。学校为各院系积极搭建高端平台,加强和海外专家的合作,建立海外实习基地,重点加强与国际组织的合作,如金砖大学联盟等。北师大新闻传播学院教师申报的项目"国际传播学前沿:新方法、新范式""重构传播学:国际传播的新范式、新方法"获批北师大国际交流与合作处2019年、2020年校级高端项目;聘请十余名新闻传播领域海外专家学者进行教学交流,海外专家学者来自加拿大皇家大学、伊利诺伊大学香槟分校、香港城市大学、加州大学戴维斯分校、佛罗里达大学等国际知名高校。

此外,北师大新闻传播学院还积极提升国际化办学、国际化招生水平。在招生层面,北师大新闻传播学院开设 Digital Media, Global Cultures and Communication 国际硕士招生项目,Media and Communication 博士招生项目。此外,北师大新闻传播学院多年坚持开展青少年互联网大会、京师全球暑期学堂等国际交流活动。2023年,"AI 时代 数字化与青少年发展"为主题的第二届青少年互联网大会召开,该会议共同描绘青少年网络素养教育的未来发展前景,为提升青少年网络素养助力赋能,进一步推动未成年人网络素养提升。同年,北师大新闻传播学院开展以"未来传播的新范式、新方法"为主题的"京师全球暑期学堂"项目,该国际工作坊凝聚国内外新闻传播学、认知神经科学、计算机科学、行为经济学及其他学科领域内对交叉学科有浓厚兴趣的高水平研究者,运用创新的研究范式与前沿的研究方法,开展认知神经传播、计算传播、传播行为经济学等交叉学科研究,引领学术潮流,创新研究思路,开辟跨学科对话场域,以期推动中国交叉学科学术研究水平的整体提升。

海外交流对于新闻学子而言是一次开阔视野、活化思维的经历,使其在具身的教育经历、教育场景中深化对全球化的理解。海外交流项目对国家未来的新闻人才提供了国际化的视野和见识。综上所述,把大学生送到海外知名高校学习、体验和互动,是拓展新闻专业人才的国际视野,培养创新型、开放型和特色型的新闻专业人才,提升人才国际竞争力的有力且有效的途径。

案例六　清华大学：开展海外社会实践教学，推动国际化新闻人才联合培养

项目名称：海外社会实践教学
院校名称：清华大学
案例整理人：樊安妮

清华大学作为中国顶尖的高等教育学府，在国际人才培养方面，统筹规划校内、国内和海外一体化的国际化和跨文化人才培养过程，建立全学程贯通、全球培养的人才培养模式。根据"着眼于全球、立足于本土、成体系规划、全学程贯通"的思路，学校推进高水平课程和项目建设，努力在校内实现国际化培养，并统筹规划和开发海内外培养项目，推动学生全球流动学习。

联合学位、学期交换、海外实习、暑期实验室研修、暑期课程、国际会议和国际竞赛等多种形式，为学生创造更多的赴海外学习交流的机会，构筑出长短期项目相结合、学期派出与暑期项目相衔接、专业课程及文化交流并举的本科生海外培养体系。

在新闻人才的国际培养方面，清华大学新闻与传播学院秉持"建构一流的新闻与传播学科、培养优秀的新闻与传播人才、探索现代的新闻与传播理念"[①]的办学理念，重视与国家有关决策部门和国内外重要学术与媒体机构紧密合作，开展多种形式的交流。

清华大学新闻与传播学院与国际传媒界保持密切联系，邀请国外新闻与传播领域的著名专家、学者及记者来访、短期讲学或兼职从事教学科研工作；与国外知名新闻与传播学院和跨国媒体建立合作关系，开展学术交流与师生互访，引进先进的教材与教学方法，探索合作培养国际型人才的途径；积极筹备和举办国内及国际性的高水平学术会议，并积极开展横向科研项目的合作研究。多渠道、多层次、全方位的国际合作与交流，促进了学校的建设和发展，丰富、活跃了校园文化氛围。

自 2018 年开始，清华便在原有新闻人才国际教育的基础上，开始将海外社会实践的形式与实践教学相结合。以新闻学院和国际教育办公室联合开展的"全球胜任力海

---

① 学院简史[EB/OL].(2002-04-21)[2023-05-16].https://www.tsjc.tsinghua.edu.cn/xygk/xyjs.htm.

外实践课程"社会实践为代表,各个院系实践开始走向海外,将自身专业优势应用在"一带一路"建设之中。2018 年寒假,清华大学共 14 支支队、193 人次参加学生海外社会实践。海外社会实践足迹遍及 12 个国家和地区,既包括日本、德国、新加坡等发达国家,也包含阿联酋、印度、泰国、马来西亚、印度尼西亚和老挝等"一带一路"沿线重点国家。越来越多清华学子在社会实践中,走出国门,倾听世界,回望中国。

为了创新实践教学,清华大学将任课教师+业界导师的"1+1 实践教学模式"拓展到了海外。2018 年秋季学期以来,清华大学新闻与传播学院、清华大学马克思主义新闻学与新闻教育改革研究中心依托"融媒体融合传播教育背景下的新闻实践教学改革与创新"教改项目,与清华大学学生职业发展指导中心开展了合作探索。

清华大学新闻与传播学院王君超教授表示,这是学院将实践教学的视野首次拓展到国外,将"1+1 实践教学模式"的课堂搬到了海外。此行准备充分,在行前进行了比较充分的选题策划。抵达目的地后,采取分组采访、现场指导和总结分享的运作方式,让选题策划得到了较好的实施和落实,顺利达成了行前计划的各项目标。①

2019 年初,学生职业发展指导中心的两位负责人张超、金蕾莅与王君超教授带领研究生赴位于纽约、华盛顿的联合国、世界银行、国际货币基金组织等国际机构进行实践教学,访谈人数超 70 人,写出了 6 万多字的调研报告、新闻作品和对海外实践教学的感受及建议,反映了清华学子对国际机构的就业环境、中国雇员的现状及发展空间等的观察与思考。人民日报社海外网在"清华师生赴纽约、华盛顿实践教学记行"的标题下,发布了一组 6 篇相关作品。而清华内部的新闻网也将人民网及海外网对此行的报道辑为"清华师生赴联合国等国际机构实践教学"的专题,为推进教学改革、强化实践教学提供参考。

此行不仅探索了部处与教学单位的合作模式,还拓展了实践教学的空间,锻炼了学生在全球化的背景下运用融媒体技巧及多语种进行新闻报道的能力。清华大学放眼当下的人才培养模式仍面临的困境:媒体技术的变革潮流仍在滚滚向前,媒体环境早已突破单一的媒体介质形成了融合媒体的行业形态,融媒体时代背景下对当代传媒人才职业技能的要求也越来越多元。在这样的新闻人才培养困境中,清华大学新闻与

---

① 殷森.拓展"1+1 实践教学模式",加强人才培养和输送的国际合作:清华大学新闻与传播学院代表团访问联合国、世界银行和国际货币基金组织等机构[EB/OL].(2019-01-31)[2023-05-16].https://www.tsinghua.edu.cn/info/1704/70242.htm.

传播学院在国际新闻人才培养方面,紧密结合行业对新闻人才的需求,寻找到了一条极具创新和前沿性的国际实践教学道路。

案例七 厦门大学:立足地缘特色,开拓国际视野

院校名称:厦门大学

案例整理人:方思琦

厦门大学的新闻教育历史悠久,于1921年就开始了早期的新闻教育,开中国人办新闻教育之先河。1983年,厦门大学成立了新闻传播系,以"传播冠名",创办了国际新闻学专业,这也成为国内综合性大学的首个国际新闻专业。厦门大学俯临台海,地处闽南侨乡,与中国台湾和东南亚有着地缘、血缘、语言缘等的天然优势。厦门大学新闻传播系发挥地处沿海经济特区及毗邻东南亚等地缘优势,兼顾新闻专业教学与英语新闻教学,根据新形势的需要,建设面向台湾和东南亚的传媒人才培养体系。2007年,厦门大学成立新闻传播学院,标志着厦门大学新闻传播教育进入了新的快速发展时期。

(一)专业与研究机构设置立足地缘特色

厦门大学与台湾及东南亚密切的地缘关系和血脉渊源,为开展相关学科的研究和交流提供了得天独厚的条件。当前,厦门大学新闻传播学院在专业设置和研究背景上体现了自身的国际新闻传播教育特色。

首先,厦门大学新闻传播学院本科新闻学专业较为基础,依据新媒体的发展和全球化背景下国家对外传播人才的需求趋势,在原有的国际新闻专业培养方案的基础上,培养具有新闻传播理论和国际视野、掌握中英文新闻业务及网络传播技能、有较强的英语听说读写能力、宽广的知识面及高度社会责任感、胜任中英文媒体及行政企事业宣传部门工作的对内对外新闻传播高级人才。其次,在硕士培养中,新闻学专业下设国际传播与港澳台及东南亚华文媒体研究专业,致力于培养具有国际视野、精通专业理论实务、了解国情,熟悉世界华文媒体、英文媒体以及网络媒体的新闻传播特点,熟练运用外语的人才,为在国际舆论环境中打造华人话语权提供后备人才。在课程设

置中,也开设了全球传播政治经济学、台湾报业研究等具有国际视野的专业课程。最后,在博士培养中,新闻学与传播学专业都下设台湾传媒研究方向,利用对台区位优势,打造台湾新闻传播研究基地。

与此同时,近年来,厦门大学新闻传播学院在台湾地区新闻事业与东南亚华文传媒研究方面多有建树,先后成立了闽台新闻研究中心、华文传媒研究中心,截至 2023 年 5 月,厦门大学新闻传播学院已打造了一支包括 15 位教授、19 位副教授、11 位助理教授在内的年龄结构合理、知识结构较为完善的科研团队,其中多位教师有在台湾和东南亚研究、学习或在媒体工作的经历。2008 年,厦门大学新闻传播学院和海峡导报社、复旦大学新闻学院联合发起成立"海峡两岸新闻与传媒研究交流中心",为海峡两岸的国际人才培养和学术交流提供平台与发展空间。

(二)学生出国出境交流项目拓展国际视野

厦门大学新闻传播学院十分重视国际交流与合作,以适应全球化背景下国际新闻人才培养的要求。学院在积极引进来自国外境外一流大学的优秀学者前来讲学的同时,也努力寻求与港、澳、台地区以及国外兄弟院校在联合培养和学生交流方面建立长期合作关系。在校本科生和研究生能够通过联合培养和校际交流项目前往其他院校学习,以拓展国际视野、增长见识。

首先,厦门大学以其地理优势,与多所港、澳、台院校展开了良好的合作,尤其是与台湾高校间开展的学生交流项目的数量在全国高校中名列前茅。在 2021 年春季学期港、澳、台校际交流项目中,有 24 所台湾高校积极参与,其中包括台湾政治大学、世新大学、台湾辅仁大学、台湾铭传大学等台湾知名高校。曾前往台湾辅仁大学交换的厦门大学新闻传播学院 2016 级本科生朱同学,在交流期间主要修习了传播学院的课程,如纪录片制作、媒介批评等,她认为台湾的课堂氛围与大陆的不太一样,老师较少教授专业概念,更喜欢通过圆桌讨论等形式引导学生用批判性思维审视问题,审视生活。同时,台湾的课程内容也更加开放,如学院有一门课讲述跨性别认同,学生可以感受到不同的价值体系,课上还有来自澳门、香港地区的同学,大家能彼此了解对问题的不同看法和分析角度,这对认知的扩展和跨文化交流有很大好处。

除港澳台项目外,厦门大学新闻传播学院也与亚洲、欧洲以及美洲的高校建立了长期合作。2021 年春季学期交流项目的合作方包括亚洲的韩国高丽大学、日本筑波大学等,欧洲的牛津大学等,以及美国加州大学洛杉矶分校等。牛津大学展望计划已经连续几年与厦门大学合作,该计划由学术交叉课程、小班研讨会、拓展工作坊、独立研究学习组成。在跨学科课程中,学生将接触到跨文化的各种媒体信息,有机会参与文学、语言和传播方面的最新研究。对特定热门学术议题的纵深学习,以及跨学科式的广度学习,对新闻传播专业的学生来说,可以构建起他们对新闻传播领域更全面的理解和认知,有利于突破单一学科思维模式,为国际化、多元文化交流奠定良好的基础。

除此之外,厦门大学也同样与 SAF 海外学习基金会有着良好的合作关系,为新闻传播学子提供如 2020 年暑期 SAF 组织的同加州大学伯克利分校、洛杉矶分校等美国名校的交流项目。厦门大学新闻传播学院 2017 级硕士生黎同学曾前往加州大学洛杉矶分校交流学习,他在交流心得中写道:"随着课程的深入,各类作业、讨论、汇报接踵而至,在带来压力的同时,它们也给了我自我提升的机会。我依然清楚地记得我和来自不同国家的同学们组成小组,前往贫民区实地考察'食物荒漠'社会问题;在 AI 与新媒体课上第一次接触 Python 并学会了如何进行文本的情感分析;第一次进行 40 分钟的全英文 presentation 并收获了全班最高分……完成每一项任务的过程中,我的英语使用能力潜移默化地提高了,同时我也收获了之前没有接触过的理论知识。"① 由此可见,海外项目交流当中的新闻传播学生,无论是语言能力,还是跨文化交流能力、跨学科视野等方面都更容易获得提升,这对于国际化新闻传播人才的培养大有裨益。

(三)海外实习实践机会培养国际传播能力

国际新闻传播教育既包括专业知识的传授,也应该包括实践能力的培养。厦门大学新闻传播学院为学生提供了丰富的国际化主流媒体及海外实习基地,如菲律宾《世界日报》、中国国际广播电台、《人民日报》海外版、新华社、《大公报》等。此外,学院也注重开展培养国际化传播视野的社会实践。2019 年 7 月,厦门大学新闻传播学院马克思主义新闻观理论研修班赴德宏实践队②来到位于中缅边境的云南德宏傣族景颇族自治州,学习当地对缅传播成果。实践队队员在访问中参观了德宏传媒集团融媒体

---

① 黎楚鑫.赴加州大学洛杉矶分校交流心得[EB/OL].(2019-11-25)[2023-05-16].https://ice.xmu.edu.cn/info/1028/1996.htm.
② 福建省教育厅.厦门大学新闻传播学院实践队赴中缅边境参观学习[EB/OL].(2019-07-16)[2022-03-16]. http://jyt.fujian.gov.cn/jyyw/xx/201907/t20190716_4920994.htm.

中心,了解到其"对缅传播"和"中缅交流沟通"的多样化渠道,学习如何在"一带一路"倡议的推进下更好地讲述中国故事。

通过专业课程设置与细分,组织学生到境外、海外学习交流,以及提供国际化实习实践机会等方式,厦门大学新闻传播学院在国际新闻传播人才的培养上,立足自身优势,逐渐找到了自己的方式与途径,开拓学生国际化视野,为中国的国际新闻传播事业不断地输送力量、提供人才。

案例八　武汉大学:创办学术会议,开展跨国交流

院校名称: 武汉大学

案例整理人: 黄珩

武汉大学新闻系于1983年筹建,1995年更名为新闻学院。2000年,新闻与传播学院正式组建。2004年,在新闻传播学一级学科博士点的平台基础上,学院成功申报了跨文化传播二级学科博士点。同时,学院的专任教师有90%以上具有博士学位及在境外、国外学习、访问、交流和讲学的经历。武汉大学新闻与传播学院的综合办学实力位居国内同类专业院校前列。

早在20世纪80年代,武大新闻系就与美国、日本、澳大利亚、加拿大等国家和港、澳、台地区的高校先后建立了良好的合作交流关系。美国西东大学前传播系主任罗肯特教授、加州大学终身教授黄仲珊等先后在新闻系讲学交流,同时,新闻系曾与香港中文大学、台湾朝阳科技大学等共同举办学术研讨会。当下,武汉大学新闻与传播学院无论在国际会议举办,还是国际学术交流上,都已经形成了完整成熟的流程体系,为国际化新闻传播人才提供了充分的成长与发展空间。

(一)国际学术会议提供交流平台

武汉大学新闻与传播学院[①]自2001年来,共举办各类型的全国和国际性学术交流会议共40余次。2004年6月和法国波尔多三大组织传播中心联合举办的"跨文化传播国际学术会议"、2005年举办的"中美媒体生态与媒介改革学术会""两岸传媒迈

---

① 武汉大学新闻与传播学院[EB/OL].[2023-05-13].http://journal.whu.edu.cn/.

向21世纪学术研讨会",以及2007年举办的"政治传播国际学术会议""公共危机与跨文化传播国际学术会议",2008年的"广告与文化传播国际学术会议",2011年的"跨文化传播国际学术会议"等,在国内外产生了深远影响,获得了学者们的一致好评。

跨文化传播是武汉大学新闻与传播学院的特色研究领域。2002年,跨文化传播研究正式成为武汉大学新闻传播学院的六大研究方向之一。同时,教育部人文社会科学重点研究基地武汉大学媒体发展研究中心也正式成立,中心与法国波尔多三大组织传播研究中心合作,创办"跨文化传播国际学术会议",到2019年已举办至第十届。在第九届"跨文化传播国际学术会议"中,有近20位武汉大学的新闻传播学者及学子参会并发言,他们在会上还能聆听来自法国波尔多第三大学、美国加利福尼亚大学、台湾政治大学、香港中文大学等多个国家和地区高校的知名学者的发言与点评。从"国家形象建构"到"'一带一路'传播主体、话语与效果",再到"互联网时代的跨文化交流""人类命运共同体语境下的跨文化连接"等,"跨文化传播国际学术会议"的议题随着时代的发展而不断更新,为新闻传播学子提供新的跨文化视野与学术交流平台。

除"跨文化传播国际学术会议"外,武汉大学新闻与传播学院也与美国美中教育基金会及武汉大学媒体发展研究中心联合举办了中美媒体教育国际研讨会[①]。以第十届研讨会为例,会议邀请了中美传媒学界与业界大家进行跨界对话,学界专家包括来自密苏里大学、香港大学、清华大学等高校的学者,业界专家主要来自美国微软全国有线广播电视公司(MSNBC)和全国广播公司(NBC)、澎湃新闻等媒体。中美媒体教育国际研讨会的举办,对于推动武汉大学新闻与传播学院的新闻传播教育国际化、智能化发展起到重要作用,建立起学界与业界、中国与美国之间的互动关系,由此也引导着国际新闻传播教育的发展。

(二)国际学术交流呈现多样文化

武汉大学新闻与传播学院从20世纪80年代起就与多所国外、境外高校建立起良好的合作关系。在随后的发展过程中,国际交流与合作领域不断扩大,先后与美国伊利诺依大学、法国波尔多第三大学组织传播中心、英国桑德兰大学、新西兰坎特伯雷大

---

① 新闻与传播评论.数字时代媒体教育创新:博雅教育、融合教育与智慧教育 第十届中美媒体教育国际研讨会在武汉大学举行[EB/OL].(2019-06-24)[2023-05-13]. http://xwcbpl.whu.edu.cn/xszx/2019-06-24/73.html.

学、韩国成均馆大学、台湾铭传大学、台湾文化大学、香港城市大学、香港中文大学等30多所教育、科研机构,建立了长期稳定的交流合作关系。

目前,学院的出国(境)合作交流项目包括时间较长的学期/学年交流以及第三学期和寒暑假的短期项目,同时,学院也积极引入国家留学基金管理委员会的国家公派项目。2021年寒假,已经有加州大学洛杉矶分校、澳门大学、新加坡国立大学等高校的短期项目面向武大新传学子开放,2021年春季学期又新增了台湾铭传大学、台湾政治大学和台北大学等的交换项目[①]。

学院2017级硕士生殷同学曾前往法国里尔天主教大学的传播策略与技术学院交流学习。他提到,国外的大学只有少部分课程是跨越整个学期的,更多的是研讨会,学生用两三天时间修完课程,提交一个成果——课堂报告、视频作品或方案,不用花很长的时间就能拿到学分,但是能够出成果,这对未来申请学校和职业发展都更有帮助。法国的课程设置更实践化、国际化,比如"传播与可持续发展"课程,这是联合国2030可持续发展议程提出来的,而国内课程还是比较局限在传统的教学内容上,很少涉及这些国际议题。他认为这种国际交流非常有意义,在法国,国际学生和法国学生一起接受英语授课,能够感受到当地的学术氛围和不同国家学生的思维碰撞,而国内的留学生课程则是与中国学生课程分开的,也就失去了国际交流的意义。

在交流项目以外,中外夏令营也是学生接触不同国家社会文化、媒体发展状况的有效途径。武汉大学新闻与传播学院在举办"跨文化传播国际学术会议"的同时,还与瑞典跨文化生活研究中心(马斯顿山庄)及瑞典延雪平大学三方合作举办跨文化传播夏令营,让学生了解瑞典的政治、历史文化与社会生活,学习跨文化传播学术研究新方向以及瑞典媒介运作的情况。夏令营营员在谈及体会时,说:"此次夏令营使我们深入了解了瑞典的自然与历史,瑞典社会的风土人情,瑞典媒体的运作机制。我们满怀期待而来,满载收获而归。"

当前,武汉大学新闻与传播学院已形成理论研究与关注现实并重,服务国家新闻传播发展战略的科研思路,开创了富有特色的研究领域:"一带一路"战略构想与跨文化传播。在此研究背景之下,学院在国际新闻传播教育上,形成了纵横相交的国际学术会议和国际学术交流两条道路:一方面,以国际学术交流会议推动自身新闻传播研究与教育发展,为学生提供学术研究与交流平台;另一方面,以国际学术交换项目等活

---

① 武汉大学国际交流部[EB/OL].[2023-05-13].http://oir.whu.edu.cn/index.htm.

动让学生切身感受国际文化,拓展国际视野。武汉大学新闻与传播学院不断完善国际新闻传播教育体系,成为中国国际传播发展的中坚力量。

案例九　中国人民大学:跨学科的国际化新闻传播教育实践

项目名称:国新全英文实验班、国际新闻硕士/博士、跨学科人才培养特区
院校名称:中国人民大学
案例整理人:曹航宇

中国人民大学新闻学院按照国家"双一流"建设和教育现代化总体要求,以马克思主义新闻观为引领,积极构建面向新时代、面向新技术革命、面向全球化和人类命运共同体的新闻传播学科。

目前,中国人民大学新闻学院设有新闻系、传播系、视听传播系、广告与传媒经济系、国际新闻与传播学五个系,建立了涵盖本科、硕士、博士等的全方位人才培养体系。在教育部开展的四次全国一级学科评估中,中国人民大学新闻传播学科蝉联第一或获评"A+"。2017年,中国人民大学新闻传播学科进入国家"双一流"学科建设序列。

人大新闻学院目前已形成覆盖本硕博、学历教育与非学历教育、长期培训与短期交流于一体的国际化人才培养体系。在新闻传播的国际化教育实践上,已建设贯通本硕博国际新闻传播人才培养体系,包含本科的国际新闻与传播专业、"一带一路"全球新闻传播硕士项目、国际新闻硕士项目、国际传播博士项目等。

(一)国际新闻传播人才培养体系

1.国际新闻全英文实验班

人大国际新闻全英文实验班面向本科生开设,由新闻学院与外国语学院跨新闻传播学、英语两个学科联合培养,旨在培养具有新闻传播学知识、技能、发展潜质与英语专业技能的高端复合型本科国际新闻传播人才。

完成实验班的学习后,新闻学院毕业生会被授予文学学士学位和英语专业辅修专业证书;外国语学院毕业生会被授予文学学士学位和新闻学专业辅修专业证书。该项目要求毕业生拥有较强的中英文书面和口头表达能力,达到英语专业四级水

平。毕业生适宜在新闻媒体从事英语新闻报道、国际新闻报道工作,在党政机关、企事业单位从事公共传播与沟通管理工作,亦可从事跨文化传播、国际营销传播、国际公共关系、外交、翻译、国际商贸、国际文化交流等工作,或在相关领域从事教育与科研工作。

2.国际新闻硕士项目

人大国际新闻硕士班采用学界导师与业界导师双导师制的培养模式,既提供新闻传播理论课程,又以人民日报社、新华社、中央电视台、中国国际广播电台、中国新闻社、中国日报社六家央媒为主要实习基地,为学生提供锻炼国际新闻实务能力的实践机会。项目的课程设置秉承个性化的特色,针对本科不同专业背景的学生,设计了两套不同的培养方案:对于本科学习外语专业的学生,项目为他们提供新闻传播的相关课程,增强他们的外语应用能力;而对本科学习新闻等非外语专业的学生来说,项目为他们提供外语应用能力的训练,并进一步拓展其国际思维。

项目课程主要由新闻传播学科基础课和英语新闻实务课两部分组成。英语新闻实务课中有英语新闻编译、英语消息写作、英语特稿写作、英语新闻评论等一系列采写编评专业课;此外,学院特设"国际新闻传播前沿"系列讲座,定期邀请知名媒体专业人士做客国新课堂,提供来自业界接轨的新闻指导;每年春季,人大、清华、中传三所院校的国新学子共同参与国情教育系列讲座课,聆听国家各大部委有关领导从国内体制创新到国际局势变动两个维度讲解国情与世情。在选修课板块,同学们可以根据兴趣选择全院和全校的硕士选修课程,尤其被鼓励选择国际政治、国际经济、国际法律方面的课程。

3.国际新闻博士项目

人大新闻学院下设传播学(国际传播)博士点,主要研究方向为公共外交、国际传播与跨文化传播的理论实践等,关注习近平对外传播与国际人文交流思想体系,"一带一路"重点国家项目的公共外交与对外战略传播以及新中国成立以来重特大事故的传播机制等研究。

(二)跨学科的人才培养特区

1."新闻学—国际政治"专业方向

"新闻学—国际政治"专业方向由人大新闻学院和国际关系学院共同创办,这一跨学科联合人才培养项目的使命是造就全球化时代的国际新闻传播与国际关系人才。两个学院每年各自在本科一年级新生中遴选约15人参与联合培养项目。该专业学生需要进行国际传播与跨文化传播的专业学习,掌握政治学、国际关系学科的基本原理和实务能力。该方向旨在培养学生拥有开阔的国际眼光,能通透地分析国际事务,具备国际新闻报道、跨文化传播等能力。

2.未来传播学堂

该项目由人大新闻学院与亚洲最大的传播公司蓝色光标集团合作共建,旨在培养数字化、国际化的一流传播人才。这是一个跨界、跨文化的领英型人培养项目,每年在本科二年级学生中选拔约30人进入未来传播学堂。

未来传播学堂的专属课程主要包括数字传播前沿技术(如大数据、人工智能等)、创意表达和创新创业等。学生在大学三年级将由学堂资助赴国外一流名校留学半年以上。学堂开办于2016年,所培养学生的预期就业方向为数字新闻传播、数字营销传播领域最具影响力的机构的重要岗位。

案例十　北京大学:学界业界多方合作,开展国际化新闻教育

项目名称:部校共建、跨国联合培养双学位
院校名称:北京大学
案例整理人:杨芊

北京大学是国内最早开设新闻学课程的高等学府,中国新闻教育史上第一本新闻学著作、第一个新闻学研究学术团体和第一份新闻学期刊在这里诞生。北大也是新中国成立初期全国院系调整后第一所新设新闻学专业的大学,其间尽管几度经历了新闻专业合并与重设,仍为我国新闻传播领域培养了大批的优秀人才和中坚力量。

目前,北大下设新媒体研究院与新闻与传播学院,两个学院侧重不同的研究领域,致力于从自身研究领域出发开展特色新闻传播学人才教育实践。与此同时,北大依托自身的优势学科,积极整合校内各学院资源,探索出了一条具有特色学科优势的国际化新闻传播教育之路:如北大汇丰商学院设立的新闻与传播(财经新闻方向)硕士生参

与的金融前沿讲座系列课程,通过邀请国内外优秀的财经人才分享经验,进一步提升专业人才的学科水平等;另外,北大注重校内学生的人文学科通识教育与媒介素养培养,借助多种国际交流项目拓展学生的国际传播眼界,如联合国全球传播部 2021 上半年的暑期实习生开放遴选等项目。

(一)新闻与传播学院简介

2001 年,北京大学恢复成立新闻与传播学院。学院依托自身日益增强的新闻学和传播学学科基础,整合全校资源,逐步建成具有北大特色、适应时代发展的新闻与传播学研究和教学模式,形成了包括新闻学、传播学、广告学、编辑出版学、网络传播、广播影视、跨文化交流、公共关系、媒体经营管理等的学科群。经过二十余年的发展,学院在学科建设、人才培养、学术研究等方面获得了长足发展。学院办学宗旨是服务国家战略,为社会培养和造就具有国际视野、熟悉传播活动规律及制度、通晓新技术、具有现代管理观念的新一代新闻与传播人才;为国家解决新闻与传播领域中的重大课题提供科学依据;构筑民族优秀文化与世界先进文明交流的桥梁。

北京大学新闻与传播学院把基于互联网的传播活动与媒介形态研究作为学科建设突破口,针对数字化时代的社会科学研究提出前瞻性问题,进行原创性研究。研究方向聚焦于媒介研究(新闻、广电、新媒体);策略传播(广告、公关、战略);全球传播(国际传播、跨文化交流、公共传播、健康传播等),并在马克思主义新闻观、数字化与新媒体、广告产业等领域形成特色。

在新闻传播的国际化教育建设上,学院与多所国际知名大学建立合作,积极共享国际教学资源,课程设计与教学管理接轨国际的同时,开展如英语新闻阅读、英语新闻写作、马克思主义新闻观与新型国际传播等多方位关注新时代下的国际传播领域的课程,开拓学生的国际化视野,提升学院的国际影响力。

(二)新媒体研究院简介

新媒体研究院致力于打造特色学科和优势专业,专注于新媒体传播、新媒体产业政策、新媒体经营管理等领域的教学与科研。新媒体研究院与业界、学界广泛开展合作,建立了多个实验室和研究基地,在大数据舆情分析、数字生态圈建设、新媒体用户行为分析等方面打造产学研互动平台。

新媒体研究院目前招收硕士、博士研究生,在培养方案与课程设置上,充分与国际并轨、与行业对接,并聘请新媒体领域的国内外知名学者、优秀从业人员参与教学。研究院开设多门前沿课程,包括社会化媒体研究、数据挖掘与分析、社会网络分析、移动互联网研究等,致力于培养具有丰厚的人文、社会科学知识底蕴,具备扎实的新媒体理论和研究基础,具有现代意识、国际视野和创新精神的复合型人才。

新媒体研究院与哈佛大学、牛津大学等国际知名大学的新媒体研究机构建立了良好的合作关系,邀请国际知名学者来华开设讲座和授课,积极学习国外大学的优秀教学科研成果和经验,在课程体系、教学方法与教学管理上加强国际对接,并在部分课程中采用双语教学,适应教学科研国际化的需要,提升机构的国际影响力。面对日新月异的新媒体技术变革与思想创新,北京大学新媒体研究院秉承协同创新、开放办学的理念,努力打造高水平的教学科研平台,建设新媒体领域的科研高地与人才基地,推动我国新媒体产学研不断向前发展。

(三)特色项目

1."部校"共建:新华社与北京大学共建新闻与传播学院

2014年,新华社与北京大学签署共建新闻与传播学院协议,推进北大新闻传播教育与实践的深度融合,提高国际新闻人才培养质量,提升学科培养水平,培养具备国际视野、专业基础扎实、洞察能力敏锐的新闻传播人才。首先,北京大学的综合研究优势与新华社的内容生产及平台优势相结合,双方建设以问题和前瞻性研究为导向、国家战略传播为突破口的中国特色高端研究智库。其次,双方宣布联合打造教学实习和人才培养基地,在教学实习上,新华社安排学生到国内外新闻机构实习,以及选派优秀的国际传播业务人员对北大新闻与传播学院的学生进行指导,同时,北大也相应主办各种形式的职后培训。在机制上,建立联合领导、人员互派、学生就业三个机制,新华社可以通过实习环节选拔优秀的毕业生到新华社国内外机构工作。最后,新华社借助自身的实践优势,开设新闻采访、写作、编辑、评论等一系列精品课程。

2.新媒体研究院和美国印第安纳大学传媒学院双学位项目

2018年,北京大学新媒体研究院与美国印第安纳大学传媒学院签署协议,开展联合培养新闻与传播专业硕士(新媒体方向)双学位项目,双方将联合招生,学分互认,学制为3年。双方设立联合招生委员会,各自推荐符合已在本院完成至少1年全日制学习、成绩良好的学生,进入对方学院进行为期1年的全日制学习。完成项目要求后,北京大学的学生将获得印第安纳大学传媒艺术与科学硕士学位,印第安纳大学的学生将获得北京大学新闻与传播专业硕士学位。该项目有力地推进了北京大学新闻传播教育的国际化,有利于双方深化探索新闻传播人才的国际教育体系建设。

后 记

新时代呼唤着国际新闻传播教育理念、实践生态与知识模式的创新与拓展,我们幸运又充满希望地相聚于、同行于这一时代。媒体深度融合、人工智能应用发展,中国国际新闻传播教育正在寻访理论突破的新方向与教学实践的新定位,我们更希望在信息传播技术革命的浪潮中,百年未有之大变局的时代演进中,找到国际新闻传播教育与实践的全新思路。本书就是在此思考与探索中,紧密结合中传经验和中国实践的一次尝试性的经验书写与理念总结。

《时代之需:中国国际新闻传播教育前沿研究》的组稿与编撰工作经历科学的论证与系统的策划,对研究视角与个案进行了精心挑选与提炼。中国传媒大学新闻传播学部的高晓虹学部长,电视学院学术委员会主任赵淑萍教授和曾祥敏教授对本书的指导思想、框架、基调、观点进行总体把关、审核与统筹。

参与《时代之需:中国国际新闻传播教育前沿研究》文稿写作的有:高晓虹、冷爽、赵希婧(中国传媒大学,第一篇);曾祥敏、汤璇(中国传媒大学,第二篇);杨芊、吴炜华(中国传媒大学,第三篇);程素琴、张方媛(中国传媒大学,第四篇);高胤丰、石宇杭(北京联合大学、中国传媒大学,第五篇);姜俣、李尽沙(人民大学、中国传媒大学,第六篇);吴炜华、张守信(中国传媒大学、天津大学,第七篇);刘志成、余海森(中央广播电视总台、中国传媒大学,第八篇);李艾珂(中国传媒大学,第九篇);胡芳、邹佳丽(中国传媒大学,第十篇);李昉(中国传媒大学,第十一篇);丰瑞(中国传媒大学,第十二篇)。

《国际新闻传播教育案例篇》由黄珩、曹航宇、苗琨鹏、王昭阳、石宇杭、戴焰山、杨雨千、樊安妮、方思琦、杨芊等人完成。黄珩、杨雨千和樊安妮对本书校对亦有贡献。

本书编者

2024 年 1 月于中国传媒大学新闻传播学部